KB110943

제자리걸음을 멈추고

제자리걸음을
멈추고

사사키 아타루 지음 | 김소운 옮김

여문책

/ 차례

3부 야전과 영원의 지평 혹은 혁명

4부 책을 말하다

한국 친구들에게 보내는 편지

오늘은 2017년 3월 10일의 밤입니다. 해협을 사이에 둔 이 열도의 이 번화한 거리에도 앙상하긴 하지만 가지마다 파란 새싹이 움트는 봄기운이 완연합니다. 아직은 쌀쌀한 산들바람과 함께. 집으로 돌아오는 길에 올해 처음 딱할 정도로 가늘고 하얀 목련 꽃잎이 뒤틀어진 채 흐드러지게 피어 있는 것을 보았습니다. 천리향의 무겁고 달콤하면서도 살짝 겉돌아 남국의 정취마저 느끼게 하는 향기도 어디선가 흘러옵니다. 시리도록 차가운 어둠 속에서 잠시 꽃과 봄의 예감을 온몸으로 만끽하며 가만히 있었습니다.

기억납니다. 한국에서 두 번째 강연을 했을 때였던가. 뜻밖의 환대를 받아서 어리둥절했습니다. 서울의 어둠을 헤매면서 들렀던 가게들 중 한 곳에서 한밤중에 술잔을 기울였습니다. 취한 나머지 일본 수상과 정부와 재계의 지나친 횡포와 행동을 강하게 비판했나 봅니다. 헌법과 법의 지배의 무시, 배외주의拜外主義, 모든 차별의 허용, 격차, 원전사고, 과거에 대해 반성하지 않는 태도, 세습, 족벌 지배, 경박한 말, 공사 혼동, 비리. 그러자 손아랫사람인 한국 작가가 저의 팔꿈치를 꽉 잡으면서 말했습니다.

"사사키 씨, 우리나라도 마찬가집니다. 대통령도, 정부도 똑같아요"라고. 그때 따뜻하고 온화하며 미소를 잃지 않는 그의 눈동자에서 얼음장처럼 차가운 감정을 보았습니다. 차디찬 분노였습니다.

똑같지는 않았습니다, 결코. 작년 10월 말부터 한국의 광장으로 반복해서 끈질기게 몰려오는 무수한 '촛불 시민'의 불굴의 의지와 긍지를 우리는 보았습니다. 경탄할 만한 넓이와 깊이의 분노의 바다를. 이토록 많은 사람의 강력한 지성과 의지와 행동을 이 열도에서는 본 적이 없습니다. 아니, 전혀 없다면 거짓말이고, 더러는 있었습니다.

그리고 그 결과는 지금 누구나 압니다. 똑같지는 않았습니다. 우리가 하지 못한 일을 여러분은 행동으로 보여주었습니다. 저는 부끄럽습니다. 그리고 무엇보다도 여러분을 선망하고 동경합니다.

사태는 복잡합니다. 한국에서도, 일본에서도, 특히 오키나와에서도 그러하듯이 보통 방법으로는 안 될 것입니다. 반발과 반동이 있고, 실망하고 치욕을 느낄 것입니다. 아무것도 모릅니다. 그때 자신이 옳았는지, 지금의 자신은 옳은지, 그리고 미래는 어떻게 될지. 한 치 앞도 예상할 수 없습니다. 옳다고 믿고 한 일이 예상 밖의 결과를 초래하기도 합니다. 미래는 아무도 모르고, 그 누구도 모든 것을 꿰뚫어볼 수는 없으므로 누구에게나 망설이고 주저하는 밤은 있습니다. 하지만 인간의 곤란은 무엇이 옳은지, 무엇이 그른지 모르는 채, 그러나 행동해야 하는 것입니다. 지금 여기서 옳다고 확신하는 일을 하는 것입니다. 그 곤란을 극복하는 능력을 '용기'라고 부릅니다. 그리고 여러분은 용기가 부족하지 않았습니다, 절대!

허락된다면 친애하는 마음을 담아서

2017년 3월 10일 한밤중에

사사키 아타루

추신

이 책은 젊었을 때의 작품이어서 10년도 더 지난 에세이도 하나 들어 있습니다. 이제 와서 보니 다소 읽기 힘든 부분도 없지 않고, 더러는 문맥을 파악하기 힘든 부분도 있습니다. 그러나 제 책이 계속 한국어로 번역되는 것은 무엇보다도 제게 희망, 그렇습니다. 희망이라고 부를 수 있는 뭔가를 주는 것은 확실합니다.

1부

인문학의 역습

'인문학의 역습':
실패하는 혁명이여, 지식과 열광을 발산하라

여기는 교토세이카精華대학이라는 대학조직입니다. 25년 역사를 가진 인문학부의 재편을 맞이하여 내년도부터 '인문학의 역습'이라는 큰 제목으로 강연을 맡았습니다. 현재 대학에서 인문지人文知는 외부의 압력으로 위기에 놓여 있습니다. 그래서 '역습'이 이루어져야 한다는 취지입니다.

그런데 이 제목은 옳지 않습니다. 대학과 인문지는 원래 적대관계에 있으니까요. 적어도 양자의 결합은 자명하지 않습니다. 인문지 혹은 인문과학humanities은 많은 어원이 그러하듯이 당연히 키케로로 거슬러 올라갑니다. 그러나 여기서는 일단 르네상스기의 인문주의자humaniste의 인문연구Studia humanitatis에서 출발하기로 하겠습니다. 페트라르카, 에라스무스, 토머스 모어, 프랑수아 라블레, 몽테뉴, 피코 델라 미란돌라[01]...... 아무튼 인문주의자로 꼽히는 그 밖의 사람들은 원칙적으로 대학에 비판적이었습니다. 그러므로 대학에서 인문학이 중요하다, 대학에서 인

---

01 Giovanni Pico della Mirandola: 1463~1494, 이탈리아의 인문주의자이자 철학자. 저서로는 『인간의 존엄성에 대한 연설De hominis dignitate oratio』, 『일곱형상론Heptaplus』, 『존재와 하나De Ente et Uno』 등이 있다.

문지는 지켜야만 하는 기초라는 담론은 역사적으로 틀렸습니다. 물론 이 인문주의의 거인들은 모두 한때는 학생으로서 대학에 적을 두었습니다. 특히 에라스무스는 짧은 기간이나마 교수이기도 했습니다. 그러나 출판인쇄가 발전한 시기였으므로 대개 자신들의 사상을 대학 밖에서 서술하고 발표했습니다. 거기서 라틴어, 그리스어 혹은 히브리어로 회귀하고, 인문학 혹은 인문지를 창조한 것입니다. 당시 대학에서는 스콜라철학을 배웠으며 그 반동성, 보수성에 때로는 강하게 반발했습니다. 이른바 '신비주의'와 마술연구에도 몰두했다는 연구가 최근까지 유행했습니다만 사정은 같습니다. 대학에서 그들이 배제되었던 사실에는 변함이 없으니까요.

인문학자들은 고전으로 회귀해서 라틴어, 그리스어, 히브리어를 공부합니다. 그리고 어쨌거나 단테 이후의 사람들이므로 속어, 이탈리아어, 독일어, 프랑스어, 네덜란드어, 즉 당시는 라틴어보다 한층 더 떨어진다고 여겼던 언어도 못지않게 중시합니다. 단테, 페트라르카, 보카치오라는 트레첸토Trecento, 다시 말해 르네상스의 여명기인 14세기의 3대 작가가 속어로 집필했던 것은 다들 아시지요. 그러나 중세대학은 그 시기에 이르러서도 여전히 속어를 모욕했습니다. 일부 인문주의자들은 이러한 태도를 비난했습니다. 따라서 인문학과 대학은 애당초 뜻이 맞지 않았습니다.

어쩐지 다들 제가 밥상을 뒤엎기라도 한 듯한 표정이시네요. (웃음) 이것은 사상사에서는 오히려 상식에 속합니다. 오늘 강연의 역사적 지견에 관해서는 아무런 전문성을 주장하지 않겠습니다. 저는 역사가가 아니니까요. 지금부터 말하는 역사적 사실은 누구나 며칠만 주변의 공립도서관을 돌아다니면 얻는 지식에 불과합니다.

대학개혁, 경제 합리성, 유용성, 세계화에 적응할 수 있는 인재 육성, 의식이 높은 학생……, 당최 무슨 얘긴지 알아듣지도 못할 소리만 이러쿵저러쿵 해댑니다. 또한 중요한 것은 아마 이러한 말을 목이 쉬도록 외쳐대는 사람들도 정작 자신이 무슨 말을 하는지, 이 세상을 어디로 이끌어가게 될지 모른다는 사실입니다. 그러나 이 담론에 저항하는 사람들 역시 자신들이 한 말이 자신과 세계를 어디로 데려갈지 모르기는 피차일반일 겁니다.

여러분, 소리 높여 말하세요. 지금 잃어버리고 있는, 있어야 할 대학이 무엇인지를. 그것은 좋은 교양주의이며 연구와 교육의 일치다, 즉 전공만이 아니라 전인격을 도야하는 지知의 집단적인 행위이며 그것을 가능하게 하는 것은 대학의 자치이고 '고독과 자유'라고. 물론 이 '근대대학'의 이념은 훗날 재검토해야만 합니다. 이것은 1810년 베를린대학의 창설로 시작됩니다. 이 훔볼트의 이념에 입각한 이른바 '훔볼트형 대학'이 근대대학의 기원이라고 해도 무방합니다. 그러나 이제는 사라졌기에 이것으로 회귀하기는 불가능합니다. 훔볼트형 대학의 경우 교양주의를 표방합니다. 자치와 인문지, 교양과 고독, 연구와 강의, '논문지도'와 '세미나', 학생과 교수가 '실험실'에서 맺는 강한 유대관계와 자유로운 토론을 중심으로 하지요. 이 근대대학의 이념에 대해서는 대학과 '아카데미즘'을 보란 듯이 야유하는 것이 주특기인 대학 밖의 지식인조차 때로 동경심을 감추지 못합니다. 하지만 이 아름다운 옛날의 대학은 사라졌고, 결코 회복해서는 안 됩니다. 아무렴요. 이유는 결론으로 남겨두겠습니다.

그리고 프로이센에서 탄생한 훔볼트형의 근대대학에 전문적인 대학원을 부설한 것이 존스홉킨스대학에 생기고 하버드대학 등으로 계승되면서 20세기 미국형 대학이 탄생했다는 설명은 생략해도 괜찮겠죠. 다만 한 가지 지적할 것은 원래 인문학부Faculty of humanities라는 표현이 일반화된 것은 기껏해야 20세기 이후입니다. 그 이전에는 어떻게 불렀을까요. Faculty of arts, 일반교양학부라고 번역하거나, Faculty of arts and science라고 표기하고 문리학부라고 옮기기도 합니다. 아니면 문학부Faculty of letters나 철학부Faculty of philosophy라고도 하고요. 그런 표현이 일반적이었습니다. 따라서 인문학부라는 표현 자체가 20세기 이후에 날조된 것입니다.

그럼 순서대로 설명하겠습니다. 그 인문학자가 비판한 중세대학까지 거슬러 올라가서 대학의 역사를 함께 복습하도록 하지요. 중세 볼로냐에서, 파리에서, 옥스퍼드에서 대학이 탄생했다는 기술은 도무지 수긍할 수가 없습니다. 과연 그럴까요. 대학이 고도의 지식을 전달하는 기관이라고 정의하면 인도에는 기원전부터 불교 고등교육기관이 다수 존재했습니다. 탁실라Taxila는 대략 기원전 6세기부터 불교는 물론이고 힌두교철학에 관한 학문의 중심지였습니다. 그런데 기원전 4세기에 아득히 먼 서방에서 찾아와 점령했던 것이 누구인지 아십니까. 아리스토텔레스의 제자, 알렉산더 대왕이지요. 거기에서 그리스, 이집트, 페르시아, 인도라는 지극히 고도로 발달한 문명의 교류가 시작됩니다. 대왕의 이름을 딴 알렉산드리아 도서관에는 프톨레마이오스와 에우클레이데스, 아르키메데스가 모였고, 헬레니즘 제국의 내부에는 당연히 많은 학교가 있었습니다. 이 헬레니즘 문화를 형성한 문명이니만큼 그전에도 손색없는 고등한 교육기관이 없었다고 생각하기는 어렵습니다. 물론 이후에도 고대 그리스의 유산을 계승한 이슬람의 위대한 지적 체계가 있었으므로 무조건 볼로냐가 대학의 기원이라고 단언하는 유럽의 학자를 맞닥뜨리면 야만적인 우리 동양인은 '또 시작이군' 하고 고개를 갸우뚱하며 어깨 한번 으쓱하고 넘어갑시다. 저들의 황제와 왕이 문맹이었던 시대에 이곳 교토에는 무라사키 시키부[02]와 세이쇼 나곤[03]이 있었으니까. 그래도 대학이라는 어휘와 이념의 발상지가 유럽인 것은 명백한 사실이지요.

일단 13세기 초에 중세 유럽에 대학이 탄생합니다. 법학의 볼로냐대학; 신학과 교양학과liberal arts의 파리대학, 의학의 몽펠리

---

02 紫式部: 978~1016. 헤이안 중기의 여류작가. 주요 저서로는 장편소설 『겐지모노가타리』와 궁중생활을 기록한 『무라사키 시키부 일기』, 노래집 『무라사키 시키부슈紫式部集』 등이 있다.
03 清少納言: 966년경~1025년경. 헤이안 중기의 여류수필가. 주요 저서로는 『마쿠라노소시』와 노래집 『세이쇼 나곤슈清少納言集』가 있다.

에대학 그리고 옥스퍼드대학입니다. 그나저나 옥스퍼드는 수수께끼입니다. 어째서 그런 외진 곳에 대학이 생겼는지 알다가도 모르겠습니다.

그리고 또 하나, 일부 사람들의 꿈을 산산조각 내는 말이지만 교양학부에 과도한 기대를 갖는 사람이 있습니다. 요컨대 기업이나 국가의 유용성에 이바지하는 세계적인 인재의 육성을 운운하는 객쩍은 소리에 반항하기 위해 '사람을 자유롭게 하는 학문'인 교양학과를 칭찬하는 입장이 있습니다. 그래서 풍부한 교양을 익히고 전인교육을 하자고 합니다. 안타깝지만 이것은 역사적으로는 번지수가 틀렸습니다. 교양학과는 문법, 수사학, 논리학, 산술, 천문학, 기하학, 음악을 말합니다. '자유 7과목 혹은 자유학예自由學藝 7과목Septem Artes liberales'이라고 하지요. 그런데 왜 하필 이 7개 과목일까요. 중세 초기에 유럽인은 문맹인 것은 고사하고 학문과 책도 없었으므로 7개 과목밖에 교육시킬 수가 없었기 때문입니다. 단지 그 이유입니다. 중세 초기, 유럽인은 무지했습니다. 심지어 황제가 문맹이었어요. 로마와 그리스의 고전고대 세계의 붕괴가 유럽인에게는 엄청난 충격이었을 겁니다. 문맹률이 막대하게 높아져서 아무도 글자를 읽지 못하는 매우 무지몽매한 수준으로까지 전락합니다. 그나마 간신히 가르칠 수 있는 7개 과목이 교양학과의 실상입니다. 물론 출처가 되는 고전 그리스어 책도 턱없이 부족하고 단편적인 것이어서 원전은커녕 요약본밖에 없었습니다. 실상은 이러했습니다. 세상의 자유학예학부, 교양학부 혹은 환경인간학부든, 사회공

생학부든, 국제정보학부든, 영문 모를 교양학과의 연장 같은 학부의 학과가 대학개혁이라는 기치 아래 우후죽순으로 난립합니다. 역시 중세 초기처럼 무지몽매한 인간이 스스로 조악한 모조품을 대량으로 축소 재생산한 것이죠. 별것 아닙니다. 실로 중세 대학은 이러한 상황을 벗어나기 위해 창설되었습니다. 유럽인이 공부하기 시작한 것입니다. 이대로는 안 된다며.

그러나 이 중세대학을 오늘날의 대학과 동일시해서는 곤란합니다. 우선 건물이 없습니다. 흔히 대학이라고 하면 건물이 있지요. 교토세이카대학, 교토대학, 오사카대학, 도우시샤同志社대학이라고 하면 으레 떠오르는 건물이 있습니다. 대학이라고 지칭하는 것이 있습니다. 그러나 당시의 파리대학도, 볼로냐대학도, 옥스퍼드대학도 건물이 없습니다. 실체가 무엇인가 하면 학생조합입니다. 다시 말해 공부하고 싶은 학생들이 모여서 다 함께 돈을 내고 교수를 초빙하는 것입니다. 그렇게 장소를 빌리고, 돈이 없으면 광장에 모이거나 뭣하면 주변의 언덕 위에서 했습니다. 피에르 아벨라르[04]라는 위대한 학자는 에펠탑 근처에서 수백 명의 학생들을 거느리고 강의를 했습니다. 거기는 옛날에는 한낱 언덕이었습니다. 그런 식으로 자유로운 학생들이 모입니다. 유럽 전역에서 여행을 떠나 그 교수의 독자적인 지식을 찾아 계속해서 모여듭니다. 그리고 교수를 고용해서 배웁니다. 따

---

04 Pierre Abélard: 1079~1142, 프랑스의 스콜라철학자, 신학자, 성가 작자. 저서로 『철학자, 유대인, 기독교도 사이의 대화Dialogus inter Philosophum Judaem et Christianum』, 『나의 불행한 이야기Historia Calamitatum』 등이 있다.

라서 대학의 실체는 원래 학생조합입니다. 국가나 기업, 이사회가 아닙니다. 교수회는 더더욱 아니고요. 자발적인, 여행하는, 이동하는 학생들의 조합입니다. 물론 파리와 옥스퍼드에서는 교수조합이 비교적 강했다는 다양한 개별 사례가 있습니다. 또한 이렇듯 여행하며 편력하는 학생은 국민국가는 아직 출현하기 전이지만 유럽을 구석구석까지 지역별로 지배하고 있었던 '주교구a diocese'의 규정에 저항하는 존재였습니다. 그리고 옥스퍼드 출신의 교수와 일부 학생이 선호하는 쪽으로 따라가면서 케임브리지가 생깁니다. 그렇게 자유로이 이동합니다. 대학은 그런 세계였습니다.

이야기가 좀 부풀려졌네요. 사실 이것은 13세기의 이야기입니다. 11세기에 출현한 음유시인들은 기사도 이야기를 노래했습니다. 귀부인을 향한 정신적인 연정을 가슴에 간직하고, 여러 나라를 편력하며, 강자를 꺾고 약자를 돕는 기사도를 노래했습니다. 13세기 이후 이 기사도 이야기는 쇠퇴하기 시작합니다. 그러나 그 자리를 지의 여신의 모습을 가슴에 간직하고 각국을 돌아다니며 토론으로 오류를 깨는 '지의 기사들'로서의 학생과 교수가 대신 차지했다고 한다면 지나친 몽상일까요. 어차피 기사도 이야기 자체가 허구니까요. 아무튼 그런 사람들이 모여서 파리, 옥스퍼드, 볼로냐 혹은 몽펠리에서 교수를 찾아 강의를 들었습니다.

이 13세기 중세대학이 주춧돌을 놓게 된 것에는 뚜렷한 배경이 있습니다. 학자마다 부르는 명칭은 다양합니다. '12세기 혁명', '중세의 봄', '12세기 르네상스', '중세의 각성', '중세 해석자혁명'05 등등. 거기에는 분명한 변혁이 있었습니다.

우선 톨레도와 프로방스라는 지명을 거론해야 합니다. 톨레도는 지금의 스페인이지요. 프로방스는 남프랑스입니다. 톨레도와 프로방스에 커다란 번역소가 설치되고, 이슬람에서 유럽으로 방대한 지식이 유입됩니다. 이제는 극히 일부라고 믿고 싶지만 유럽의 지식인은 여전히 자신들의 지적인 조상은 고대 그리스라고 합니다. 고대 그리스의 직계 후예라고 자처하면서. 그러나 여러분도 아시다시피 그것은 정확한 사실이 아닙니다. 고대 그리스 문명이 멸망했을 때나 혹은 고대 그리스와 고대 로마의 후계이며 7세기에는 그리스어를 공용어로 채택한 동로마제국이 있었을 때도 일반적으로 유럽인은 그리스어를 읽을 수 있는 상태가 아니었습니다. 오죽했으면 "그리스어는 해석할 수가 없다"라는 법 격언이 길이길이 전해졌겠어요. 고대 그리스의 철학, 문학, 과학, 예술, 그 찬란한 유산을 계승한 것은 이슬람이었습니다. 무하마드혁명을 거친 그들에게는 그만한 능력이 있었습니다. 우마이야 왕조부터 아바스 왕조까지 그리스어에서 아랍어

---

05 다른 이름은 교황혁명으로, 이것이 갖는 의의는 매우 크다. 11세기 말에 발견된 『로마대법전』을 기초로 집대성한 『그라티우스 교령집』 덕에 중세 유럽은 세례, 교육, 구빈, 혼인, 성범죄, 고아, 과부, 병자, 노인 보호 등을 포괄하는 '삶의 규칙'을 세웠고, 국가의 본질인 아이를 낳아 기르는 물질적·제도적·상징적 준비를 갖추고 대비할 수 있었다. 또한 유럽 전체를 통일하는 그리스도교 공동체로서 '교회'가 성립하여 근대국가의 원형이 되었으므로 관료제는 교황청에서 기원한다. 한편 법학의 탄생으로 유럽의 첫 '과학'이자 모든 과학의 원천이고 준거를 명시하는 실증주의 역사학이 태동했다.

로 번역하는 작업인 이른바 '대번역운동'이 이루어집니다. 영리하고 비범한 제7대 칼리프 알 마문al-Ma'mun은 그리스를 동경한 나머지 아리스토텔레스의 사상을 꿈꿨을 정도였습니다. 그리스어를 옮기는 것은 곧 헬레니즘 문화를 흡수하는 것이므로 당연히 페르시아와 인도의 것도 번역합니다. 그래서 경탄할 만한 속도로 단련에 단련을 거듭한 아랍어는 400년에 걸쳐서 지식의 언어, 세계의 언어로서 군림합니다. 유럽인이든, 유대인이든, 전세계에 통용되려면 아랍어로 써야만 했습니다. 그 이슬람제국 내부에서 유대인이 활약합니다. 유대인이라고 하면 줄곧 유럽에서 차별을 당했다는 막연한 선입견이 강한 것 같은데, 당시 유대인의 태반은 유럽보다 관대한 이슬람권에 있었습니다. 세금만내면 학문도, 장사도 가능했으니까요. 그들은 애초에 나라를 잃었으므로 분산전략을 취합니다. 아무리 이슬람이 관대하다고는 하나 지적인 부와 물질적인 부가 한곳에 집중되어 있으면 탄압을 받았을 때 여지없이 무너지므로 다양한 도시에 분산되어 거점을 만듭니다. 당연히 어학에 능통했습니다. 그 유대인의 도움도 받아서 이슬람은 고대 그리스의 거대한 지식과 예술을 급속히 소화하여 뼈와 살로 만들고 아비센나Avicenna, 즉 이븐 시나[06]와 아베로에스Averroes, 다시 말해 이븐 루시드[07]라는 위대한 학자들을 배출합니다. 유대 최대의 철학자 마이모니데스Moses Maimonides, 곧 랍비 모세 벤 마이몬[08]도 이슬람 스페인에서 태어나 활동하고 아랍어로 저술했습니다. 아울러 마이모니데스는 아베로에스보다 아홉 살 아래로 같은 코르도바 태생입니다. 그들이 유럽에 학문을 가르칩니다. 감히 단순하게 도식화하면 이슬람이 그리스를 전한 아버지이며, 유대인이 그것을 번역해준 형이고, 유럽은 그 '아들'입니다.

여러분, 유럽인이 반유대주의anti-Semitism(=Antisemitismus)를 외치며 유대인과 아랍인을 왜 그리도 본능적으로 싫어하고 사갈蛇蝎처럼 증오하는지 잘 모르시죠. 어째서 아우슈비츠 같은 수용소에서 그토록 끔찍한 폭력을 휘두를 정도로 증오하는지 아시아인은 도무지 선뜻 이해가 안 갑니다. 제가 대학원생일 때 그 이유를 묻자 한 프랑스 문학 연구자가 당황하면서 "유럽의 풍토병 같은 것"이라고 했던 말을 들은 적이 있습니다. 그러나 제 생각에 이것은 칸트의 말을 빌리면 '미졸로기Misologie'입니다. '학문, 이성, 지식에 대한 증오'를 의미합니다. 다시 말해 과거의 유럽인은 지적으로 굉장히 열등하지만, 스스로를 방대한 지식을 타고

---

06 Abū Alī l-Husayn Ibn Sīnā: 980~1037, 아리스토텔레스 학문의 대가인 이슬람의 의사이자 철학자. 중세 유럽의 의학과 철학에도 큰 영향을 미쳐서 학문의 왕, 근대의학의 아버지라고 불린다. 저서로 철학백과사전의 일종인 『치유의 서*Kitab Al-Shifā*』, 의학이론, 약물이론, 병리학과 치료법, 외과 처치법, 독물과 해독법 및 최초의 안구 해부도와 함께 미생물과 바이러스가 있다는 사실을 추정하여 전염병에 대비하도록 한 『의학규범*al-Qānūn fi al-Tibb*』 등이 있다. 후자는 17세기까지 의과대학의 기본 참고서가 되었다.

07 Ibn Rushd: 1126~1198, 스페인 출신의 아랍 철학자, 의학자. 아리스토텔레스 철학의 권위자로서 아리스토텔레스의 철학을 보존하고 발전시켜서 단테도 『신곡』에서 "위대한 주해를 저술한 이븐 루시드"라고 했을 정도로 르네상스에 크게 공헌했다. 대표작으로 『파괴의 파괴*Tahāfut at-tahāfut*』, 서유럽과 라틴 세계에 지대한 영향을 끼친 아리스토텔레스 주석서 『상해詳解, *rafsir, shar*』, 『요해要解, *talkhī*』, 『약해略解, *jāmi*』 등이 있다.

08 Moshe ben Maimoneh: 1135~1204, 스페인 출신의 사상가, 의사, 법률가, 철학자, 과학자. 저서로 구전율법 성문집에 대한 해석 『마쉬나 주석』(원제는 빛의 책*Kitab Al-Siraj*), 스콜라철학에 큰 영향을 준 『방황하는 자들을 위한 안내서*Moreh Nevukhim*』 등이 있다.

난 지적인 주체로서 조작했습니다. 반유대주의는 거짓말을 해서까지, 스스로를 속이면서까지, 자신의 역사를 '수정'해서까지, 그 지적인 열등감을 없었던 것으로 만들고 싶은 욕망에 뿌리 내린 증오입니다. 미졸로기, 곧 지적인 열등감은 실은 터무니없는 폭력의 참화를 낳을 수 있습니다. 이 사실을 명심하십시오. 지적인 열등감과 원한 때문에 말하는 인간을 믿어서는 안 됩니다. 칸트의 말마따나 정말로 '이성의 활용에 능한 사람', 즉 일반적인 의미에서는 지적으로 뛰어나다고 여기는 사람들 중에 이런 열등감에 사로잡힌 인간이 많습니다. 그러한 인간을 구별하는 눈을 길러야 합니다. 특히나 지금 이 열도에서는. 어째서인가 하면 이슬람, 유대, 유럽, 이 관계는 또 하나의 다른 관계와 병존하기 때문입니다. 중국, 한국, 일본의 관계와. 여러 말 필요 없습니다. 이미 말씀드렸듯이 기원인 그리스와 인도는 알렉산더 대왕의 원정으로 접촉했습니다.

다시 처음으로 돌아가겠습니다. 12세기에 유럽은 드디어 각성합니다. 이슬람을 통해 철학과 과학을 대량으로 들여옵니다. 그리스어 문헌도 이슬람을 경유해서 입수하고, 번역도 합니다. 학문의 준거가 될 책의 양과 질이 비약적으로 향상합니다. 그중에서 특히 주목할 것은 『로마법대전』의 발견입니다. 11세기 초 그 일부인 『학설휘찬學說彙纂』의 사본이 피사에서 발견되지요. 동로마제국의 유스티니아누스 대제가 트리보니아누스Tribonianus라는 법학자에게 편찬하도록 한 것으로서 로마가 인류에게 남긴 최대의 유산이라고 일컬어집니다. 이것을 성전에 비견하는 것으로 여기고 100년 이상의 세월을 거쳐서 주석을 답니다. 이렇게 해서 나온 책으로 교육을 시킨 것이 대학의 시조인 볼로냐대학입니다. 그들은 경탄할 만한 노력을 거듭해서 로마법을 흡수하고 음미하여 기독교의 '교회법'에 접합시키고 반복해서 익힙니다. 그리고 이러한 노력은 1140년 『그라티아누스 교령집*Decretum Gratiani*』으로 결실을 맺습니다. 여기에 로마법과 교회법을 쌍두마차로 하는 어마어마한 법체계가 출현합니다. 피에르 르장드르의 말처럼 "서양의 또 다른 성서"라고 해도 과언이 아닙니다. 이것이야말로 우리가 그 내부에서 살고 있는 '근대법'의 초석이자 기원입니다. 여기서 얼마나 많은 것이 발생했는지를 실감하려면 안타깝게도 오늘은 시간이 조금 부족합니다. 이것을 피에르 르장드르는 '중세 해석자혁명'이라고 부릅니다. 물론 이 사태를 혁명이라고 부른 것은 피에르 르장드르만이 아닙니다. 가브리엘르 브라[09], 해럴드 버먼[10], 오이겐 로젠슈토크-휘시[11] 등 여러 석학이 이것을 혁명이라고 부릅니다. 그뿐만 아니라 12세기에 다분히 큰 변혁이 일어났다는 주장은 경제사 연구자를 포함해서

---

09 Gabriel Le Bras: 1891~1970, 프랑스의 법학자, 종교사회학자, 법사회학자. 저서로 『교회와 마을*L'Église et le village*』, 『프랑스 종교 규율 준수의 역사 입문 제2권*Introduction à l'histoire de la pratique religieuse en France, 2 vol.*』, 『중세 기독교 세계 교회제도 *Institutions ecclésiastiques de la Chrétienté médiévale*』, 『종교사회학 연구 제2권*Études de sociologie religieuse, 2 vol.*』 등이 있다.

10 Harold Joseph Berman: 1918~2007, 미국의 법학자이자 하버드대학 로스쿨 교수. 저서로 『법과 혁명: 서양법 전통의 형성*Law and Revolution: The formation of the Western legal tradition*』, 『러시아의 정의: 소련법의 해석*Justice in Russia: an interpretation of Soviet law*』, 『법과 종교의 해석*The interaction of law and religion*』 등이 있다.

대부분의 역사가가 일치합니다.* 법학을 비롯한 모든 분야에서 주석을 달아야 할 '원전text'이 폭발적으로 증가했습니다. 13세기 중세대학의 성립에는 이러한 커다란 지적 배경이 있었습니다.

그럼 그 결과로서 탄생한 중세대학은 어떠했을까요. 당연히 학생들 대부분은 젊은 나이에 고향을 떠나왔는지라 대체로 취해 있었습니다. (웃음) 시골 사람이 파리에 왔으니 취해서 여자를 집적거리고, 술집에서 행패를 부립니다. '술과 소송과 여자와 싸움'이 사는 낙이었다고나 할까요. (웃음) 꼬락서니는 가관이었지만 그럭저럭 공부했으니 머리는 좋았나봅니다. 그들은 같은 고향 출신인 사람들끼리 모여서 '동향단同鄕團'이라는 조합을 결성했습니다. 이를 '나티오natio'라고 합니다. 정말로 '국민nation'의 어원과 같은 말입니다. 파리의 경우는 프랑스, 노르망디, 피카르디Picardie, 영국, 이렇게 네 개의 동향단으로 이루어졌습니다. 이 전체를 '우니베르시타스universitas', 곧 대학university이라고 불렀습니다. 맹세코 이 당시에 우니베르시타스는 우주universe나 보편성universality과 하등 관계가 없습니다. 그냥 조합 전체라는 의미입니다. 구둣방이든 가수든 뭐든 아무튼 '조합 전체'를 말합니다.

---

11 Eugen Rosenstock-Huessy: 1888~1973, 독일의 역사가, 사회철학자로 해럴드 조지프 버먼의 스승이다. 저서로 『혁명으로부터: 서양인의 자서전Out of Revolution: Autobiography of Western Man』, 『나는 불순한 사상가I am an Impure Thinker』, 『생명선: 오이겐 로젠슈토크-휘시의 명언들Life Lines: Quotations from the Work of Eugen Rosenstock-Huessy』, 『언어의 기원The Origin of Speech』 등이 있다.

* 사사키 아타루, 『잘라라, 기도하는 그 손을—책과 혁명에 관한 닷새 밤의 기록』, 가와데쇼보신샤, 2010, 넷째 밤을 참조. (원주)

그리고 그 안에서 공부하면서—필시 동향단끼리든 혹은 동향단 안에서든 취해서 난동을 부리고 드잡이하며 대판 싸웠을 테지만. (웃음) 그래도 그 정도면 양반입니다. 학생이 모이면 인구가 늘어서 공급이 따라가질 못하므로 집주인이 학생이 빌린 집세를 올린다든지 해서 물가가 오르기 마련입니다. 특히 서책의 가격을 인상하면 즉각 영향이 나타나므로 학생들은 단결해서 저항합니다. 가장 좋은 방법은 사라져버리는 것입니다. 학생들끼리 공모해가지고 거리에서 일제히 사라집니다. 책이 전혀 팔리지 않을뿐더러 집세가 들어오질 않으며, 술집은 파리만 날립니다. 이래저래 골칫거리죠. (웃음)

심지어 일부 학생은 무기를 휴대하고 다니는가 하면, 이따금씩 술 마시고 싶어서 술집을 습격했다는 기록도 남아 있습니다. 또한 '교수자격시험Licentia docendi'을 치르게 해서 교수자격을 독점했던 파리 대주교와도 대립하지요. 자신들이 뽑은 교수에게 배우게 해달라는 겁니다. 상황이 이 지경에 이르자 파리 시는 반란으로 어수선하기만 합니다. 하여간 안에서나 밖에서나 싸움닭들이었어요. (웃음) 그래서 어찌되었을까요. 머리 좋은 사람들이니 당연히 라틴어도 가능했겠죠. 따라서 교황에게 직접 호소합니다. 1231년 교황이 '어학의 아버지'라는 대칙서를 보내서 그들과 교수의 자치를 승인합니다. 이것이 바로 '대학자치'의 기원입니다. 교활합니다. 그야말로 영리한 불량배지요. 그들이 몸소 일궈낸, 보이지 않는 대학의 빛나는 승리입니다.

어째 오늘은 꿈을 깨는 말만 하는군요. (웃음) 익히 아시겠지만 이 중세대학을 매우 이상화하는 견해가 있습니다. 다시 말해 자유로운 학문을 추구하고, 국경을 초월해서 편력하며, 머리 좋고 싸움도 잘하는, 고약하지만 상당히 멋진 녀석들입니다. 더욱이 나티오 위에 대학이 존재한다는 것은 네이션(국민, 국가, 민족) 위에 대학이 존재한다는 말이 됩니다. 혹자는 여기서 국민국가를 뛰어넘는 대학의 가능성을 찾는 것을 모르지는 않습니다. 실제로 국민국가가 성립하기 이전이긴 해도 주교구를 초월한 자유가 분명히 존재했으니까요. 그런 입장에서 생각하는 사람은 전 세계에 있습니다. 세계화에 저항하는 대학인의 운동도 시작되었습니다. 그래서 중세대학을 이상으로 하는 견해를 제기하는 성실한 대학인이 있다는 사실도 소개하겠습니다.

그런데 까놓고 이야기해서 저는 이 중세대학이 그리 탐탁지 않습니다. 우선 최신 연구에 따르면 학생은 그리 자유롭게 이동하지 않았습니다. 앞에서 파리대학은 프랑스, 노르망디, 피카르디, 영국의 동향단으로 이루어진다고 했습니다만 피카르디는 벨기에 근처의 지방입니다. 대략 지금의 프랑스지요. 도버해협을 넘어오는 괴짜는 상당수 있었지만 알프스를 넘어오는 괴짜는 없었습니다. 현재의 독일은 없습니다. 이탈리아와 스페인도 없고요. 가까운 곳이어서 의아하지만 옥스퍼드대학도 대개 영국인, 그레이트 브리튼섬Great Britain I.(잉글랜드, 스코틀랜드, 웨일스)의 학생들로 성립되었습니다. 볼로냐대학도 대체로 이탈리아 반도의 학생입니다. 그러니 실은 그리 자유롭게 편력한 것은 아닙니다. 장학금도 없는 마당에 가난한 집의 아들은 언감생심이지요.

그리고 또한 교수는 여러분 같은 학생, 청강생에게 위협을 받았습니다. 하나를 보면 열을 안다고 동네 사람들과 주교를 굴복시킨 학생들이 교수라고 곱게 놔두었겠어요. (웃음) 물론 최후의 수단은 마찬가지로 집단 강의 거부였습니다. 청강료가 들어오지 않으니 교수로서는 굴복할 수밖에 달리 방도가 없거든요. 어디 그뿐인가요. 일단 휴강을 할 수가 없었습니다. 사무소의 중개 없이 직접 돈을 냈습니다. 그러니 기세등등하게 휴강이 웬말이냐고 따질 수 있는 것입니다.

그리고 교수가 거리 밖으로 못 나오도록 감시를 붙입니다. 도망갈 수 없게끔. 물론 시간을 엄수합니다. 종이 울리면 자리에 앉아 있어야 합니다. 오히려 교수가. 물론 종이 울리면 당장 끝내야 합니다. 학생들은 커리큘럼 내용에도, 시험 내용에도 참견합니다. 하지만 그래서야 어디 교육이 되나요. 강의계획을 말하면 '농담 마'라고 합니다. '오늘은 일진도 좋고'라며 농담을 할라치면 '얼른 강의 해'라며 야유합니다. (웃음) 그렇게 좋은 것이었을까요. 아벨라르 같은 위대한 학자와 학생들의 개인적인 결속은 아름다웠지요. 필시 예외라고 할 만하지만.

처음 제 얘기를 들으시고 왠지 중세의 학생들이 분명 활달하긴 해도 약간 들떠 있다 싶지 않으세요? 맞습니다. 13세기는 장기간에 걸쳐서 엄청나게 호황을 누렸지요. 당연히 그 배경에는 12세기의 지적인 약진과 법 정비, 뒤이은 인프라의 정비가 있었다고 할 수 있습니다. 어쨌든 거품경제까지는 가지 않지만 역시 호황이어서 다들 좀 들떠 있었습니다. 그런 경제적인 기반이 있었기에 중세의 대학이 성립했다는 말입니다.

그런데 13세기 파리대학에 침입한 것이 있습니다. 수도회입니다. 교황의 허락을 얻어야 하는 파리대학이니 당연합니다. 도미니코 수도회나 프란체스코 수도회에서 우수한 수도사가 공부하러 옵니다. 파리대학의 중심에는 신학부가 있으므로 머잖아 그들이 신학부의 교수가 될 게 뻔합니다. 그래서 문제가 생깁니다. 무엇인가 하면 그들은 승려입니다. 수도사입니다. 궁극적으로는 신과 교황청이 하는 말밖에 듣지 않습니다. 다시 말해 대학의 자치에 무지했기에 교황이나 대주교가 하는 말에 순종합니다. 이리하여 대학의 자치는 그 즉시 흔들리고 맙니다. 그럼 13세기 파리대학 신학부의 교수라고 하면 누구일까요. 사상 최초의 신학자, 천사 같은 박사 토마스 아퀴나스입니다. 이런 상황에서 대학의 자치 따위는 뒷전이었을 교수가 이런 수준이었습니다. 파리대학은 교황청에 호소하여 대학의 자치를 획득하고 교황권에 의해 대학의 자치를 잃어버린 것입니다.

그리고 13세기부터 시대를 내려갈수록 대학의 자치는 유명무실해집니다. 교권만이 아니라 속권secular arm, 俗權도 개입합니다. 토마스 아퀴나스가 너무나 출중해서 질투심에 수업을 방해하는 교수들과 학생들이 있었다는 이야기가 남아 있거든요. 기껏 교황청에 허가를 받아 기뻐했건만. 꼴불견이죠. 말짱 도루묵이 되어서 13세기부터 속권에 의한 고등기관이 설립됩니다. 1224년 황제 프리드리히 2세는 사상 최초의 국립대학이라는 나폴리대학을 창설합니다. 그러나 엄밀히 말하면 다르지요. 대학universitas은 아닙니다. 이것의 공식명칭은 스투디움 제네랄레 Studium Generale였습니다. 학문연구소라고 번역하면 되려나. 대학 같은 고등교육기관이긴 하지만 대학은 아닌 것을 설립했습니다. 그리고 잇달아 속권의 대학, 즉 국립대학이 창설됩니다. 우선 프랑스의 툴루즈로, 특히 눈부신 것은 이베리아 반도입니다. 살라망카Salamanca, 리스본, 바야돌리드Valladolid, 레리다Lérida 등에 13세기부터 14세기에 걸쳐 잇달아 대학이 창설됩니다. 모두 국왕과 귀족이 만든 '왕립대학'입니다. 대학이라고 이름은 붙어 있지만 대학자치라는 이념은 없었습니다. 왕립이므로 있을 리가 없지요. 요컨대 대학의 자치라는 것은 현실에서는 그야말로 일순간밖에 존재하지 않았습니다. 교권에 허가받고, 그 교권 때문에 깨져버렸습니다. 대학의 자치라는 전통일랑 환상에 가깝습니다. 아시겠습니까. 대학의 자치에 반대하는 것은 아닙니다. 전통으로서 주어진 자명한 것으로 생각해서는 곤란하다는 말입니다. 그것은 오히려 부단한 투쟁의 결과였고, 지금도 그래야만 합니다. 외부에서 유래하는 규제에 대한 또한 내적인 규제에 대한 투쟁입니다.

먼저 중세대학이 획득한 대학의 자치와는 무관했을 살라망카 대학을 중심으로 후기 스콜라철학이 활짝 꽃핀 것은 특필할 만하지요. 반종교개혁, 제 식으로 표현하면 '대항 대혁명'의 아성 중 하나가 되어 프란시스코 수아레스[12], 프란시스코 데 비토리아[13], 도밍고 데 소토[14], 루이스 몰리나[15] 등의 걸출한 인재를 배출합니다. 그들은 지극히 고도의 신학적·철학적 토론을 했을 뿐만 아니라 국제법의 큰 초석이 되었고, 나아가 경제학의 기원을 이룩했다고 역설하는 사상가도 있을 정도입니다.

시대를 약간 앞질러버렸죠. 원래대로 돌아가겠습니다. 13세기의 호경기도 잠시, 14세기 유럽에서는 페스트가 대유행하여 경기가 악화일로를 걷습니다. 대학도 경직화해서 중세대학의 정체가 시작됩니다. 가령 이미 13세기에 단테가 나타나서 토스카나어로 『신곡』을 썼건만 대학은 여전히 속어의 사용을 부정합니다. 또한 계속해서 역사학을 경멸합니다. 역사학은 새로운 학문입니다. 엄밀히 말해 사료비판에 기초한 실증주의 역사학이 생긴 것은 19세기입니다. 위대한 역사가 카를로 긴즈부르그[16]가

---

12 Francisco Suarez: 1548~1617, 스페인의 철학자, 신학자. 토마스 아퀴나스의 학설을 중심으로 스콜라학을 종합적으로 체계화하고 신학, 철학, 법학에 큰 영향을 준 인물이다. 저서로는 『법률과 입법자인 신에 대한 논고Tractatus de legibus ac Deolegislatore』, 교황이 이단의 군주를 사형시킬 권리를 신학의 입장에서 역설한 『영국 교회파의 오류에 대한 가톨릭 신앙의 옹호Defensis fidei catholicae et apostolicae adversus anglicane sectae errores』가 있다.

13 Francisco de Vitoria: 1483~1546, 르네상스기 스페인의 신학자이자 철학자, 법학자. 소토와 나란히 살라망카 학파Escuela de Salamanca의 창시자이며, 자연법에 입각한 국제적 도덕질서를 제창하여 '국제법의 아버지'로 불린다. 저서인 『신학 특별강의Relectiones Theologicae』 중 '최근 발견된 인디오에 관하여De indis recenter inventis'와 '스페인인의 야만인에 대한 전쟁의 법에 관하여De iure belli hispanorum in barbaros'는 국제법의 고전으로서 귀중한 자료다.

14 Domingo de Soto: 1494~1560, 르네상스기 스페인의 신학자, 철학자, 법학자. 토마스 아퀴나스의 『신학대전』의 주석서를 저술했고, 스페인 식민정책의 비판적 분석을 통해서 인디오의 권리를 옹호했다. 저서로 고리대금, 스페인 국내 상업의 일반적 형태, 공정가격, 가격 변동과 그 원인, 기타 해운, 생명보험까지 광범위한 내용이 담긴 『공정과 법De Justitia et jure』, 『아리스토텔레스 논리학의 주석서In diakecticam Aristoelis』가 있다.

15 Luis de Molina: 1535~1600, 스페인의 신학자이자 철학자로 자유의지의 실천을 위한 개인의 노력을 중시했다. 저서로 『은혜의 선물과 자유의지의 조화Concordia liberi arbitrii cum gratiae donis』, 『계약론Disputationes de contractibus』 등이 있다.

말한 대로 실증주의 역사를 기록하는 방법은 법학을 본뜬 것이지요. 실로 12세기 중세 해석자혁명 이후의 엄밀한 법학의 기록법이라고 해도 좋습니다. 오늘날의 수학과 물리학 같은 순수한 자연과학 논문의 작성법이 정해진 것도 20세기에 들어서고 나서이므로 우리가 생각하는 많은 학문의 틀이 잡힌 것은 상당히 최근입니다. 그 이전의 역사학 서술은 이른바 성인전이나 영웅담과 진배없어서 시바 료타로司馬遼太郎와 별반 다르지 않습니다. 읽을거리로는 그만이지만 『료마가 간다』를 역사적 사실이라고 생각해서는 곤란하죠.

아무튼 중세대학은 역사를 부정합니다. 교권의 영향이 강해서 기독교의 역사가 엄밀히 검증되면 곤란하기 때문입니다. 일본 궁내청이 천황릉의 발굴을 금하는 것과 같은 이유입니다. 문예도 부정하는데 정밀과학 따위는 말할 나위가 없지요. 그들에게 과학이란 고대 그리스의 과학이지 그 이후에 발전한 과학은 절대 인정하지 않습니다. 더욱이 12세기의 변혁의 여파가 두절된 탓에 15세기에 이르는 동안 교회는 갈수록 부패합니다. 성직자는 세습되는 기득권이 되어서 금전으로 성직과 성스러운 것을 매매하고, 자기 주교구의 농민의 딸을 욕보이고 부당한 과세로 서민을 괴롭힙니다. 심각한 부패로 말미암아 루터의 혁명까지 이르는 과정은 전작에서 기술했으므로 재차 설명하지 않겠

16 Carlo Ginzburg: 1939~, 이탈리아의 역사가로 미시사Microstoria(=Microhistory)의 창시자이며, 이탈리아 르네상스와 근현대사의 전문가다. 저서로는 『치즈와 구더기』, 『실과 흔적Il filo e le tracce』, 『베난단티I benandanti』 등이 있다.

습니다.[*] 물론 루터 이전에도 종교개혁을 요구하는 사람들은 있었습니다. 그중에는 신비주의자라고 불리는 사람들도 있었습니다. 그러나 대학은 이러한 사람들의 출현과 개혁의 요청에 응답할 힘이 없었습니다. 조사해온 것은 아니고 지금 문득 생각났는데, 예를 들면 마이스터 에크하르트[17]도 존 위클리프[18]도 얀 후스Jan Hus도 저마다의 방식으로 저항한 대학교수였습니다. 그리고 이단이라고 박해를 당하며 체포되거나 화형당했습니다. 얀 후스 때는 후스 전쟁으로까지 사태가 확대되었습니다. 그런데 대학은 그때 무엇을 했을까요. 하기야 대학의 자치는 교권에 주어진 것이니 저항에도 한계가 있기 마련이지요. 실상은 그러했습니다.

중세대학이 이토록 썩어빠진 것입니다. 교회와 함께. 그래서 서두에 말씀드렸다시피 14세기 중반부터 에라스무스와 토머스 모어 같은 인문주의자들이 나타나서 이를 비판합니다. 루터도

---

* 사사키 아타루, 『잘라라, 기도하는 그 손을』, 둘째 밤을 참조. (원주)

17 Meister Eckhart: 1260~1327, 도미니크회에 속한 스콜라 학자로서 독일 신비주의의 대표적 인물. 주요 저서로는 『신적 위로의 책*Das Büchlein der göttlichen Tröstung*』, 『영성 지도*Reden der unterweisung*』, 『마이스터 에크하르트 독일어 설교*Deutsche Predigten und Traktate*』 등이 있다.

18 John Wycliffe: 1320~1384, 영국 신학자이자 종교개혁의 선구자다. 교황에 대한 납세 반대, 교회 재산의 몰수와 국가 귀속, 영국 왕실 재정의 자주권, 정부 권력에 반대하는 성직자 비난, 교회에 대한 국가의 기득권 등의 반反교황정책과 교회로부터 정치적 독립을 주장했다. 가톨릭교회 신앙의 근간을 뒤흔드는 성찬 논쟁에 불을 붙였고 후스와 루터에게 영향을 미쳐서 개신교 교회가 탄생하는 토양을 마련하여 '종교개혁의 새벽별'이라고 불린다. 주요 저서로는 『성찬에 관하여*De Eucharistia*』, 『성서의 진실에 관하여*De vertitate sacrae scripturae*』, 『보편자*De Universalibus*』 등이 있다.

동시대 사람입니다. 거듭 말하지만 인문지와 대학은 뜻이 맞지 않았습니다. 따라서 그들은 출판인쇄기술의 확대와 더불어 대학 밖에서 자신들의 사상을 말합니다. 더는 반복하지 않겠습니다.

그러나 재미있게도 구식 대학과 지식의 실상을 비판하고 혁신적인 일을 벌이려고 할 때 그들은 어떻게 했을까요. 고전으로 회귀합니다. 중세대학도 12세기 혁명에서, 즉 고전으로 돌아가는 것에서 시작합니다. 그것은 이슬람에서 배운 고대 그리스로 회귀하는 것이었습니다. 그것을 타도하려고 하고, 또 새로운 것을 시작하려는 사람들도 역시 고전 고대로, 그리스로, 로마로, 히브리로 돌아갑니다. 언제나 수단은 같습니다. 항상 회귀하는 것만이 '진정으로 새로운 것'의 개시를 고합니다. 어리석은 향수도, 통속적인 유행도 아닌 진정한 회귀와 진정한 새로움의 개시를. 그래서 '르네상스'입니다. 뭔가 시작하려고 생각했다면 '전대미문의 고서'를 발견해서 거기로 회귀하는 것이 가장 빠릅니다. 가장 빠르다기보다는 이 세상에서 진정한 혁명의 유일한 시발점입니다. 그랬기에 루터는 성서를 '발견'했습니다. 거의 아무도 읽지 않았던 성전을. 『잘라라, 기도하는 그 손을』 등에서 누누이 말했으니 그냥 넘어가겠습니다.

인문주의자에 의한 인문지의 비판으로 교권에 의거한 대학과 그 지식은 크게 흔들립니다. 또 하나 루터의 '대혁명'에 의해서도 쇠망의 위기에 처합니다. 당연합니다. 대학도 가톨릭과 개신교로 분열하기 때문입니다. 그리고 예수회를 비롯한 수도회도 독자적으로 대학을 만듭니다. 동시에 조금씩이나마 '과학혁명'

의 단서도 나타남으로써 대학은 서서히 쇠퇴합니다. 일단 여기서 질문하겠습니다. 대학은, 적어도 대학의 이념은 대체 이제까지 몇 번 사라졌을까요. 두세 번 사라졌나요.

17세기에서 18세기가 되어도 대학은 근대지식에 대응하지 못합니다. 의학, 군사학, 과학, 공학이라는 빈약한 교양학과에는 들어가지 않지만 기본적인 학문입니다. 대혁명과 종교개혁 이후의 법학의 변혁에도 따라가지 못하는 대학도 여기저기 보입니다. 그리고 거기에서 발흥한 절대주의 국가는 대학이 아닌, 기존과 다른 새로운 고등교육기관을 만듭니다. '아카데미'를. 과학, 음악, 예술 관련 아카데미가 영국, 프랑스, 프로이센, 스웨덴, 스페인 등지의 다양한 곳에 창설됩니다. 현존하는 것으로는 여섯 가지 노벨상을 수여하는 '스웨덴 왕립 아카데미'가 유명하지요. 그러나 직접적으로는 교육기관이 아닙니다. 우선 방대한 장서를 자랑했던 도서관이며, 명예로운 지식인의 사교장입니다. 또한 업적을 인정하고 학위를 수여하는 기관으로서 군주에게 조언을 했습니다. 따라서 대학과 아카데미는 별개입니다. 만약 아카데미즘을 '아카데미에 의거한 지적 권위'라고 정의하면 아카데미즘과 대학은 역사상 관계가 없습니다. 그러므로 지식인 비판, 아카데미즘 비판, 대학 비판을 동시에 하는 경박한 지식인을 신용해서는 안 됩니다. 오일러[19], 몽테스키외, 달랑베르, 디드로, 볼테르, 라이프니츠…… 너무 많아서 일일이 셀 수가 없지만 그들은 아카데미의 회원이었습니다. 그래서 새로운 근대적 과학지식에도 대응할 수 있었습니다. 그뿐만이 아닙니다. 토목학교, 광산

학교, 공과학교 같은 과학기술을 가르치는 직업전문학교가 설립됩니다. 이야기 순서가 다소 뒤바뀌었지만 칼뱅파도 목사 양성을 위해 아카데미라고 불리는 학교를 만듭니다. 가톨릭도 대학의 신학부로는 상황변화에 신속하게 대처하기가 역부족이라고 판단했는지 가톨릭 신학교 세미나리오seminario와 콜레지오colegio를 설립합니다. 당연히 여기에는 중세대학이 꿈꿨던 대학의 자치는 없습니다. 왕권과 교권이 개입합니다. 교과과정과 과목은 고사하고 교수인 자는 사냥 모자를 써서는 안 된다는 둥 시시콜콜 간섭합니다. 학생하고 서로 고함치는 것과 어느 쪽이 더 좋을까요. 그야 뭐 교수 개개인의 자질에도 기인하겠죠. (웃음)

몰락 일변도를 걷던 대학은 이제 숨이 간당간당합니다. 나티오, 동향단도 소멸의 길을 걷게 됩니다. 관료의 인사권이라는 형태로 취직자리도 국가가 장악합니다. 그리고 30년 전쟁이라는 독일 국민의 3분의 1이 사망할 만큼 무참한 종교전쟁이 일어나서 결국 학생의 이동이, '유학'이 제한됩니다. 이유는 스파이 방지를 위해서입니다. 중세대학과 그 이념은 거의 파괴되고 극도로 부패한 지경에 빠집니다. 어떤 실정이었느냐 하면 요컨대 부정이 횡행하지요. 네덜란드의 대학에 입학한 영국 귀족 자제의 기록이 남아 있습니다. 그는 입학해서 졸업할 때까지 대학에 딱

---

19 Leonhard Euler: 1707~1783, '오일러의 정리'로 유명한 스위스의 수학자이자 물리학자. 삼각함수의 생략기호(sin, cos, tan)를 창안했다. 저서로 『독일 왕녀에게 보내는 편지Letters a' Une Princesse d'Allemagne』, 『대수학 원론』, 『미분학 원리Institutiones Calculi Differontial』, 『적분학 원리Institutiones Calculi Integrelis』 등이 있다.

한 번 갔습니다. 원서는 우편으로 내고, 강의에는 출석도 하지 않았습니다. 논문과 시험은 대필과 대리시험으로 합격하고, 졸업식만 했습니다. 그런데도 높은 평가를 받았으니 귀족의 아들에게는 순전히 거저먹기지요. 그럼 교수는 어떠했느냐면 아예 의욕이 없으니 묵인합니다. 아니 묵인은커녕 최악의 경우 강의하러 오지를 않았습니다. 토론은 말하나마나지요. 연간 30회하기로 계약하고는 일주일에 달랑 두 번만 학교에 나오는 경우도 있었답니다. 이런 대학교수는 일본에도 득실득실하지요. (웃음) 학생도 대학교수도 진즉에 그만두는 편이 낫습니다. 실제로 이미 끝났습니다. 진정으로 학문에 뜻을 둔 사람은 대학 밖이 적합합니다. 살롱이나 연구회, 지금 제가 이야기하는 대학 밖에 개설된 이런 강연회나 독서회에 참석해서 직접 찬찬히 공부하세요. 학문은 대학 밖에서도 가능합니다.

17세기부터 18세기의 위대한 지식인 가운데 대학교수가 아니었던 인물을 열거할까요. 베이컨, 데카르트, 파스칼, 스피노자, 라이프니츠, 홉스, 참고로 존 로크는 34세에 대학강사를 그만둡니다. 그리고 루소, 디드로, 볼테르…… 등 모두가 그렇습니다. 유일한 예외는 뉴턴입니다. 병적학[20]에서 말한 대로 또한 그의 전기적 사실에 정통한 분이면 익히 아시는 대로 아이작 뉴턴은 조현병Schizophrenia이어서 케임브리지라는 풍성한 누에고치 안

---

20 pathography: 예술가나 기타 유명한 인물의 전기나 작품, 업적 등을 정신의학적으로 해명해서 정신적 이상성이 그 인물의 창조활동에 미친 영향을 연구하는 학문.

에서밖에 살 수가 없었던 사람입니다. 그나마도 뉴턴 정도가 전부입니다. 현대의 우리 상식으로 보면 놀랍게도 대학에 적을 둔 위대한 학자는 없습니다. 이미 대학은 여러 번 죽고 또 죽어서 소생이 불가능합니다. 죽은 채로 있는 편이 낫습니다.

18세기 계몽주의자들은 대학을 경멸합니다. 그리고 18세기 특히 독일 개신교권에서 '대학개혁'이 이루어집니다. 하도 같잖아서 18세기부터 했다니까요. (웃음) 어떠한 일을 했느냐 하면 우선 국가의 인사권을 장악하고 대학을 관리합니다. 물론 국가의 역할에 유용한 학부만 남기고 쓸모없는 학부는 폐지합니다. 그리고 유연하게 승마와 춤, 데생 같은 이른바 귀족 자제라는 '고객의 요구'에 맞춘 과목을 늘립니다. '현대적인 과목', '유용한 과목'을 늘리는 일도 합니다. 왠지 모르게 돋보이는 인간환경과학이나 문화구상학, 표상문화론 같은 아무짝에도 쓸모없는 과목을 늘리고 학생을 모집합니다. 똑같은 일을 그대로 답습합니다. 대학개혁이란 줄곧 이러했습니다. 시체가 된 대학을 소생시키려고 백방으로 손을 씁니다. 대학은 죽었다는 말조차 비꼬는 말이 못 될 정도로요. 물론 책은 읽을 수 있습니다. 왜냐하면 앞서 열거한 사람들이 책을 썼거든요. 그들이 읽은 책들은 혁명을 수반하고 혁명을 옹호하며 또한 재검토합니다. 그리고 다음 혁명을 준비하는 밑거름이 됩니다. 바로 두 차례의 영국혁명과 미국독립혁명이며 프랑스혁명입니다.

프랑스혁명이 발발하자 1793년 9월 15일 국민공회에서 어떤 의결을 합니다. 프랑스 전역에서 대학을 폐지한다는 의결을. 여기서 프랑스의 대학은 모두 사라집니다. 일단 전부. 처음부터 다시 시작합니다. 결국 여기까지 왔습니다. 그동안 대학은 몇 번 죽었나요.

그리고 죽어가던 대학이 갑자기 기사회생합니다. 1810년 프로이센의 베를린대학 창설로. 프로이센은 나폴레옹이 이끄는 프랑스군에 패배를 당하지만 마침내 격퇴하는 데 성공합니다. 그 나름대로 빛나는 승리였습니다. 그런데 아무리 생각해도 프랑스혁명의 이념은 틀리지 않습니다. 새로운 학문, 새로운 사상을 흡수해서 보급하고 싶지만 그 사상은 프로이센 왕국을 뒤흔들지도 모릅니다. 그러나 프로이센은 이 위기 속에서 교육의 근대화를 모색합니다. 그래서 빌헬름 폰 훔볼트라는 언어학자이자 정치가인 철학자에게 베를린대학을 창설하게 합니다. 일종의 천재지요. 칸트를 본보기로 해서 배웠으며, 5년간 세 번 칸트 전집을 읽었다고 합니다. 이 훔볼트 이념에 바탕을 둔 베를린대학이야말로 우리가 잃어가고 있는 '왕년에 잘나가던 교양국가Bildungsstaat'로서 동경하는 그 근대대학의 시조입니다. 물론 이러한 기원에는 으레 '신화'가 따라다니기 마련이므로 훔볼트가 실제로는 얼마나 근대대학의 이념 성립에 기여했는지 의문시하는 의견도 있습니다. 이를테면 '전통의 창출'이 있었던 것은 아니냐는 신화에 따라다니는 '신화비판'이 있습니다. 분명 사료史料를 보면 그가 얼마나 베를린대학의 창설에 직접 관여했는지는 의심스럽습니다. 하지만 일단 제쳐두고 넘어가겠습니다.

그럼 이 훔볼트의 이념에 관해 살펴보도록 할까요. 어차피 훔볼트의 업적 전체가 아니라 훔볼트의 대학이념뿐이고, 자칫 하나의 연구분야가 될 수도 있으므로 일부만 간략하게 이야기하겠습니다. 훔볼트가 지향한 교육은 한마디로 일반 인간교육 allgemeine menschenbildung입니다. 실은 다들 잘 알고 계시는 얘기입니다. 요컨대 국가와 사회에 쓸모 있는 사람이 되기 위한 전문적이고 국한된 지식을 제공하는 직업교육이 아니라 전인적인 향상을 촉진하고, 모든 인간에게 필요한 교양을 제공하는 교육을 말합니다. 그래서 일반인 것이죠. 곧잘 쓰는 또 다른 표현으로는 물고기를 주는 것이 아니라 낚는 방법을 가르쳐주는 것입니다. 소재와 내용에 관계없이 그것에 대한 '형식'을, 틀을 가르치는 것입니다. 어때요. 익히 아시는 얘기죠. 진부해서 하품이 나올 지경입니다. 그러나 반대로 생각하면 이 훔볼트 이념이 워낙 강력해서 상식이 될 정도로 보급되었다는 것을 의미합니다. 이 '멘슨빌둥menschenbildung'의 Bildung이라는 말도 꽤나 골치 아파서 교양, 도야, 교육, 형성 등 다양하게 번역할 수 있습니다.

간단히 말하면 '편력하면서 자아를 찾는 여행을 떠나 다른 사람의 경험을 겪고, 다시 자기 자신으로 돌아온다'라는 말인데, 번역론을 설명할 때 상세히 논했으므로 생략하겠습니다.*

훔볼트가 일반 인간교육과 함께 내세운 또 다른 하나는 연구 중심주의입니다. 즉 대학의 교육자는 연구자여야만 합니다. 한

* 사사키 아타루, 『춤춰라 우리의 밤을 그리고 이 세계에 오는 아침을 맞이하라』, 가와데 쇼보신샤, 2013, 56쪽[한국어판 39쪽] 이하 참조. (원주)

낱 완성된 지식을 파는 사람이 아니라 전대미문의 지식을 발견하고, 미래지향적인 지식을 발명하는 인간이어야 합니다. 그리고 동시에 교육은 그 발표의 장이어야 합니다. 따라서 훔볼트에게 교육과 연구는 상반되지 않습니다. 또한 학생도 완성된 지식을 사는 사람이 아닙니다. 학생 역시 미래를 향해 전대미문의 지식을 발견하고 연구해야 합니다. 교수는 학생을 위해 존재하는 것이 아니라 학생과 함께 생소한 지식을 위해, '학문'을 위해 존재하고 협력하는 것입니다. 고매하지요. 물론 이 고매한 이념에 필요한 것은 '고독'과 자유'입니다. 고독은 무엇보다 대학의 외부, 국가와 시장의 간섭을 받지 않습니다. 그래서 자유입니다. 그런 까닭에 '세미나'를 중시합니다. 연구하고 연구 발표를 하며 토론하는, 다시 말해 '연구를 통한 교육'이 이루어지는 장소이기 때문입니다. 그렇게 해서 미래의 지식을 위해, 인류의 비약을 위해 전인적으로 서로를 향상시켜가는 것입니다. 간단히 말하면 이것이 훔볼트대학의 이념입니다.

그러나 훔볼트 이념은 당초부터 기묘한 양면성을 내포하고 있습니다. 순서대로 이야기하겠습니다. 이 훔볼트 이념에 입각한 근대대학은 낡은 폐습을 일소할 수 없는 기성 대학에 대한 비판으로서 출현했습니다. 그럼 그 수많은 낡은 폐습 중에서도 유달리 자주 보는 낡은 폐습은 무엇이었을까요? 맞습니다. 대학은 속권과 교권에 지배당하고 있었습니다. 앞날이 어땠을지 금방 예상이 되시죠. 교수직이 세습됩니다. 혈연으로 선거 기반을 계승하므로 능력은 일체 따지지 않는 세습의원, 아베 신조安倍晋

三나 아소 타로麻生太郎 같은 사람이 됩니다. 일단 귀족은 '장원'을 재산으로 소유하기 때문에 대학 직책에는 으레 영지가 딸려옵니다. 따라서 토지를 세습하고, 매매하듯이 교수직도 매매하는 것입니다. 썩을 대로 썩었지요. (웃음) 누구이 말했듯이 대학은 '자신만 죽은 것을 모르는 시체'입니다. 부패하는 것은 당연합니다. 어쨌든 훔볼트는 이러한 세습제를 비판합니다. 그래서 업적주의를 도입하고 연고주의를 단절하려고 한 것입니다. 하기야 당시나 지금이나 가당키나 한 일인지 깊은 의구심이 들긴 합니다. 2세 의원, 3세 의원도 많지만 2세 학자, 3세 학자도 여러분이 생각하시는 것보다 많거든요. 어쨌거나 훔볼트는 업적주의를 도입합니다. 당연히 곪을 대로 곪은 연고주의보다는 낫습니다. 그런데 뭔가 꺼림칙합니다. 업적주의는 그야말로 업적의 질을 정확히 판단할 수 있는 사람이 인사권을 장악하지 않으면 간단히 관료화할 게 뻔합니다. 시답잖은 논문을 양산하는 인간과 너절한 '관록이 붙은' 인간이 득세하게 되니까요. 여기서 방향을 틉니다. 물론 훔볼트는 '고독과 자유'를 강조한 사람입니다. 그런 까닭에 다른 이념에 의해 '대학의 자치'를 강력히 내세우지만 대학의 인사권은 주지 않았습니다. 대학이 아닌 정부에 위임해버립니다. 왜냐하면 대학을 신뢰하지 않았으니까요. 여전히 대부분의 대학교수는 '세습교수'이므로 그들에게 맡겨봤자 자식들만 좋은 일 시키는 꼴입니다. 그래서 훔볼트는 대학에 인사권을 주지 않았습니다.

맞습니다. 이러한 국가와의 뒤틀린 관계가 훔볼트형 근대대학의 특징입니다. 훔볼트는 대학의 인사권을 국가에 넘겼습니다. 말할 필요도 없이 대학은 국가에 의존합니다. 대학은 국가를 위한 인재를 생산하는 곳이며, 국가의 성장을 위한 발명을 하는 곳입니다. 그렇기에 단순한 직업훈련 같은 전문적인 교육을 해서는 안 되며 전인적인 교양을 기르는 '일반 인간교육'이 필요하고, '연구와 교육의 통일', '고독과 자유'가 필요한 것입니다. 따라서 훔볼트 이념은 그것 자체가 일종의 '엄숙한 줄타기'입니다. 국가에 의존하고, 국가에 유용한 사람이 되기 위해서만 국가로부터의 '고독과 자유'가 필요하다는 논리가 나옵니다. 여기에 근대대학의 위험성은 이미 전부 드러나 있습니다. 그러나 훔볼트의 이념은, 적어도 '이념'은 전 세계에 보급됩니다. 그 증거로 지금까지 말씀드린 훔볼트의 이념을 알고 계셨죠. 훔볼트라는 이름은 몰랐어도 막연하게나마 알고 계셨을 겁니다.

물론 이 무렵 유럽 열강은 식민지를 갖고 있었으므로 그 식민지의 대학도 훔볼트 이념을 흡수합니다. 그리고 이후에도 부득이하게 다양한 개혁을 합니다. 프랑스도 지극히 중앙집권적인 방식으로 대학과 고등교육기관을 재편하고, 19세기에 개혁에 착수했다가 실패합니다. 19세기 말에는 훔볼트 이념의 영향을 받아 대학원을 독립시켜서 전문교육에 대응하고, 또한 대중교육에 대응하는 미국형 대학이 생깁니다. 그리고 19세기부터 20세기에 걸쳐서 영국에서는……, 열거하자면 한이 없으니 이쯤에서 그만하겠습니다. 훔볼트 이념에 의한 근대대학의 설립으로 돌아가겠습니다. 줄타기긴 해도 분명 고매한 이념과 강한 영향력을 가진 새로운 고등교육기관의 성립이었습니다. 어째서 이런 일이 가능했을까요. 베를린대학의 초대 총장은 피히테로, 그는 자신의 저서에서도 훔볼트의 이념을 적극 공유합니다. 슐라이어마허도 이에 협력합니다. 그럼 그 훔볼트 전에, 베를린대학 창설 전에는 누가 있었을까요. 칸트가, 괴테가, 쉴러가, 헤르더가, 클라이스트[21]가 있었습니다. 응당 바흐도, 하이든도, 모차르트도 있습니다. 동시대에는 피히테와 슐라이어마허 외에 셸링도, 횔더린도, 그림 형제도 있습니다. 슐레겔도 있고, 노발리스도, 쇼펜하우어도 있습니다. 베토벤과 웨버와 슈베르트도 있습니다. 헤겔은 베를린대학의 총장을 역임합니다. 하인리히 하이네는 그 헤겔의 강의를 열심히 청강하고 훗날 혁명의 시인으로서…… 이만하면 충분하시죠. (웃음) 어영부영하다 보니 베를린대학이 창설된 지 20년도 안 된 사이에 슈티르너[22]도, 바그너도, 마르크스도, 엥겔스도 태어납니다. (웃음) 굳이 여러 사람 열거하지 않아도 빵빵한 배경이 여실히 드러나죠. 앞서 말씀드렸다시피 13세

---

21 Heinrich von Kleist: 1777~1811, 실존주의 문학의 선구자 또는 20세기 문학의 원류로 평가하는 독일의 극작가, 소설가, 저널리스트. 저서로는 『깨어진 항아리』, 『펜테질레아』, 『헤르만 전쟁』, 『미하엘 콜하스』, 『홈부르크 왕자』 등이 있다.

22 Max Stirner: 1806~1856, 독일의 철학자. 개인주의적 무정부주의자로서의 사상이 담긴 "유일자란 개인으로서, 나는 어떤 관념이나 체제로부터도 자유로운 존재다. 오직 나만이 구체적이며, 다른 모든 것은 유령이자 도깨비에 불과하다. 국가는 유령이다! 신의 것은 신의 것, 인간의 것은 인간의 것이다. 나는 신의 것이든 인간의 것이든 아무런 관계가 없다. ……나는 오직 나 자신과 관계가 있을 뿐이다. 나는 보편자가 아니라 유일하다. 나는 유일하다"라는 말로 유명하다. 저서로는 『유일자와 그 소유Der Einzige und sein Eigenthum』, 『우리 교육의 잘못된 원칙Das unwahre Prinzip unserer Erziehung』, 『예술과 종교Kunst und Religion』, 『반동의 역사Geschichte der Reaktion』 등이 있다.

기 중세대학의 성립에는 이슬람을 통해서 그리스철학을 흡수하고, 로마법을 발견하는 거대한 지적 뒷받침이 있었습니다. 그리고 훔볼트 이념에 바탕을 둔 근대대학의 성립에도 마찬가지로 이러한 지적 기반이 있었습니다.

그러나 이 훔볼트 이념에 의거한 근대대학은 고작 100년도 못 가서 파멸합니다. 1840년대가 되자 독일의 근대대학은 훔볼트의 '줄타기'가 갖고 있던 긴장을 급속히 상실하고 실학 중심, 전문교육 중심으로 무너져갑니다. 그리고 나폴레옹 전쟁 이후 빈 체제가 성립합니다. 아시다시피 이것은 복고주의적인 것으로 프랑스혁명을 '실패'로 치고 없었던 일로 치부하며 그 이전의 유럽을 회복하자는 것이었습니다. 이 빈 체제에 저항해서 1848년 혁명이 일어납니다. 프랑스의 2월 혁명, 독일의 3월 혁명이지요. 이것은 부르주아지가 아니라 학생과 노동자, 시민이 주도한 혁명입니다. 독일 각지에서 봉기한 시민들은 때로는 군과 충돌하면서 승리를 쟁취합니다. 프랑크푸르트에 독일 국민의회가 설립되고, 독일국 헌법을 제정하는 등의 성과를 거둡니다. 그리고 '민족들의 봄Völker frühling'이라는 혁명적 상황이 찾아옵니다. 그래서 대학인은 어떻게 행동했을까요.

유명한 소수의 철학자가 갖고 있는 자유사상에 강하게 공명하며 지지합니다. 그러나 거의 대다수의 보수적인 대학인은 침묵하며 아무것도 하지 않았습니다. 심지어 기록에 따르면 당국에 밀고한 교수도 있다고 합니다. 기다려주면 좋았으련만.

칸트는 엄연히 프랑스혁명을 지지했습니다. 괴테는 프랑스혁명에 종군해서 "여기서 새로운 세계사가 시작된다"라고 했다는 일화를 남겼습니다. 젊은 헤겔도 열광적으로 프랑스혁명을 지지했습니다. 그런데 그 후계자들이 어째서 이 모양일까요. 다시금 심하게 부패합니다. 조상의 업적 덕에 그토록 복록을 누리면서 그것을 기득권 삼아.

독일 대학은 부르주아지와 귀족에게 점령당하고 맙니다. 고독과 자유는 체제의 변혁 따위를 용납하지 않는 그들만의 기득권이 되고 맙니다. 그보다 낮은 계급이 대학에 오는 이유는 역시 취직이므로 대학은 직업학교로 변해버립니다. 독일에서는 관료가 되는 것이 출세의 지름길이므로 여기서도 취직자리는 국가가 장악합니다. 국가에 쓸모 있도록 산학 연계를 추진하고, 1887년에는 베를린제국 이공학연구소가 설립됩니다. 어김없이 같은 광경이 반복된 것입니다. 그러한 대학 중에서도 거듭해서 혁명적 상황의 선두에 섰던 학생운동의 계보는 계속됩니다. 그러나 비스마르크는 귀족 계급과 대립하는 '자유학생단'을 '학생 프롤레타리아'라고 단정 지어 철저히 탄압합니다.

그리고 지금 비상근 강사 문제가 거론되고 있지요. 『블랙대학 와세다ブラック大学早稲田』라는 책 덕에 이슈가 되기도 했고요. 와세다대학에서 비상근 강사를 하고 있는 제가 산증인입니다. (웃음) 와세다대학은 분명 60퍼센트 정도의 강의를 비상근 강사가 합니다. 급여도 싸고 사회보장도 없는 것이나 매한가지입니다. 신문기사인가 뭔가에서 읽었는데 어떤 사람이 계산해보니 전임 교수와 동일한 액수의 급료를 받으려면 비상근 강사는 하루에

48시간을 일해야 한다고 하더군요. 참으로 기막힌 노릇 아닙니까. 그런데 이것도 실은 독일에 선례가 있습니다. 1914년 니히트오디나리우스Nicht-Ordinarius 운동이라는 것이 일어납니다. 직역하면 '비상근 강사 운동'입니다. 말 그대로지요. 진저리나는 이야기지만 줄곧 이 꼴입니다. 훔볼트 이념에 입각한 대학이 부패했듯이 우리도 부패한 것입니다.

그리고 결정적인 파멸이 찾아옵니다. 정권을 쥐기 훨씬 전인 1920년대 말의 일입니다. 독일의 대학은 다른 어떤 사회단체보다도 가장 빨리, 순순히 나치에 굴복합니다. 세계대전 전의 빛나는 독일제국에 대한 향수에 사로잡혀서 애국심이 고취된 어리석은 교수들은 나치의 침입을 쌍수를 들고 환영했습니다. 심지어 히틀러처럼 제1차 세계대전에 종군한 학생도 있었습니다. 그 패배의 굴욕 때문에 극우 활동가가 되고, 스페인의 파시스트 의용군으로 참전한 사람도 많았습니다. 그들 때문에 대학은 순식간에 극우화했습니다. 나치는 다른 어떤 단체보다도 손쉽게 대학을 길들였습니다. 그래서 교수와 학생은 희희낙락하며 좌익과 유대인을 박해하고 추방합니다. 독일의 대학은, 그리고 훔볼트 이념에 입각한 근대대학은 이때 붕괴했습니다. 이 얼마나 끔찍한 패배입니까. 물론 여기 일본도 사정은 같습니다. 반복하겠습니다. 대학 따위 죽으면 그만입니다.

하스미 시게히코蓮実重彦라는 사람이 있습니다. 전 도쿄대학 총장이지요. 그는 총장 시절 연설에서 이런 말을 합니다. 신학이나 형이상학 따위를 기반으로 하는 시대에 뒤떨어진 중세대학으로 돌아가는 것은 무의미하다. 고로 "철저히 근대국가의 성립과 불가분한 제도로서의 19세기적인 대학을 기점으로" 해야만 한다고.

다시 말해 19세기의 첫해에 성립한 훔볼트 이념에 기반을 둔 대학으로 회귀해야 한다는 뜻입니다. 말도 안 되죠. 이 19세기적인 근대대학이 얼마나 급속도로 체제에 굴복하고 타락했는지, 그리고 나치에, 파시즘에 얼마나 어이없게 굴복했는지 우리는 똑똑히 봤으니까요. 이 역사적인 사실에 관한 유보도 없이, 아무런 대책도 궁리하지 않은 채 이런 말을 하는 것은 다름이 아니라 뼛속까지 길들여져 있다는 말입니다. 직무상 몰라도 되는 것이 아닙니다. 파시즘에 굴복하는 것 아닙니까. 이 자리에 계신 여러분은 아시죠. 후쿠시마 원자력발전소 사고 이후 도쿄대학의 공식 사이트에 방사선은 "인체에 영향을 주는 수준은 아니며 건강에 아무런 문제가 없다"라고 적혀 있었습니다. 당연히 비판을 받았습니다. 물론 도쿄대학의 교수들 중에도 건실한 사람은 있으므로 서명을 모아 총장에게 질문장을 제출해서 이 문구를 고치도록 했습니다. 최종적으로는 70여 명의 서명이 모였다고 합니다. 그러나 칸트라면 '상위학부'라고 부를 공학부와 법학부 교수의 서명은 하나도 없고, 의학부는 익명으로 단 두 명이었다는 사실은 우리를 실망시키고도 남습니다.

그럼 어떻게 하면 좋을까요. 되돌아갈 장소가, 회귀할 장소가 틀려서는 안 됩니다. 아닌가요. 칸트를 다시 읽어봅시다. 어쩌면 걸출한 인재인 훔볼트가 놓친 부분이 있을지도 모르니까요. 칸트가 가장 말년에 쓴 「학부들의 논쟁Der Streit der Fakultäten」이라는 논문으로 돌아가겠습니다. 그는 대학의 학부를 상위학부와 하위학부 두 가지로 나눕니다. 상위학부는 신학부, 법학부, 의학부입니다. 하위학부는 '철학부'입니다. 칸트에 따르면 이 철학부에는 지금으로 말하면 역사학, 지리학, 언어학, 수학, 자연과학도 포함됩니다. 그러나 '상위'학부는 실은 그것 자체로 독립된 것이 아닌, 어떤 것의 아래에 있어서 복종하게 된 것이 분명합니다. 칸트는 이 학문들은 전부 자기 학설의 이성에서만 도출할 수 있다고 합니다. 즉 신학자는 '성서'에, 법학자는 '국가법'에, 의학자는 '의사법'에 의거하지 않을 수 없습니다.

교회 혹은 국가라는 외부의 규정을 따라야 하므로 이성에만 따를 수는 없다는 뜻입니다. 즉 '진리'가 아니라 국가가 요구하는 '유용성'에 따라야만 합니다. 극히 간략하게 말해서 현행법이 아니라 정당한 법을 위해 순직하려는 법학자가, 의사법과 공중위생을 담당하는 관청의 규제에 반해서 인체의 과학적 진리에 입각한 의료를 추구하는 의사가 물론 없지는 않죠.

하지만 역시 한계가 있을 겁니다. 이른바 "법령 자체가 옳은지 그른지 되묻는 것은 필시 법률가들이 불합리하다고 거부할 것이기 때문이다." 이 말은 거꾸로 이야기하면 칸트가 그러한 법학부와 법학자를 비판한 것이라고 이해하셔도 됩니다. 또한 그는 특히 법학자와 신학자에 대해 이렇게 말합니다. 그들은 책임을 지지 않는다고. 법률 실무가들은 의뢰인에게 그릇된 조언을 해서 손해를 입혀도 책임을 지지 않습니다. 또한 신학자들 역시 내세에서 심판받는다고 입에 발린 소리를 하지만 장담컨대 현세에서 본인들이 한 말이 정말로 진실이라고 언명할 수가 없습니다. 그런 책임을 질 수도, 질 이유도 없으니까요. 칸트는 오히려 의사가 낫다고 하는데 과연 그럴까요.

인간은 행복을 추구하는 법입니다. 혹은 성공을. 신학은 '사후의 행복'을, 법학은 현세의 권익을 지키는 행복을, 그리고 의학은 생명의 건강과 장수라는 행복을 제공하려는 것입니다. 철학자는 오로지 진리만을 말합니다. 따라서 행복에 관해 오직 다음과 같이 말합니다. "정직하게 생활할 것. 어떤 불법행위도 하지 말 것. 향락은 절제하고, 병은 견뎌낼 것."

시시하지요. (웃음) 맞습니다. 하지만 진실이 시시해도 진실을 말해야만 합니다. 그것이 철학자입니다. 칸트는 행복과 성공은 우연의 산물이며 중요하지 않다, 자신이 옳다면 행복과 성공은 나중 문제라고 생각한 사람이거든요. 좀더 구체적으로 말하면 '행복해지는 것', '성공하는 것'이 으뜸가는 목표인 사람은 선에 대한 이념이 없다는 말입니다. 왜냐하면 실은 자신이 옳지 않은 일을 하는 것을 알고 양심의 가책을 느끼며 살고 있건만, 그 때문에 실패하고 불행해졌다면 비참하지요. 고립무원이 됩니다.

옳은 일을 하면 실패하든 불행해지든 끄떡없을 것입니다. 옳은 일의 정의를 포함해서 칸트가 왜 그런 식으로 생각했는지는 안타깝지만 이야기할 시간이 없습니다. 그러나 칸트의 됨됨이가 고스란히 엿보입니다. 아니 칸트만이 아닙니다. 철학자인 사람은 응당 그렇게 생각해야 합니다. 하찮은 처세훈을 쏟아내며 사행심을 부추기는 인간은 철학자가 아닙니다.

그리고 여기서 칸트는 약간 익살맞은 문체로 사람들의 말투를 흉내 내며 "당신들이 철학자입네 하고 떠들어대는 소리는 삼척동자도 알아. 차라리 우리가 궁금해 하는 것을 가르쳐줘. 가령 개차반으로 인생을 살았어도 어떻게 하면 문이 닫히기 직전까지 천국행 입장권을 손에 넣을 수 있는가? 불법을 저지르고도 재판에서 이기는 방법은? 어떻게 하면 신나게 마음껏 쾌락을 누리며 정력을 남용해도 건강하게 장수할 수 있는가? 등을"이라고 합니다. 한마디 덧붙이면 저는 약간 촌스러운 칸트의 유머를 바람직하게 여기는 사람입니다. 이 말에 대해 칸트는 이렇게 언명합니다. 이런 사람들은 학자를 '점쟁이wahrsager'나 '마법사'처럼 생각한다고. 뻔뻔스러운 학자는 자신이 이러한 '기적을 행하는 사람Wundermann'이라고 선전합니다. 그래서 사람들은 그 학설의 '마술적인 힘'을 '미신'으로서 믿습니다. 이런 학자를 믿으면 이성을 쓸 필요가 없습니다. 즉 머리를 쓰지 않아도 됩니다. 칸트는 상위학부의 학자 중에 이런 인간이 있다고 꼬집은 것입니다.

역시 어느 시대에나 이런 족속은 있나 봅니다. 요즘도 수두룩합니다. 신비한 다이어트법과 건강법을 동네방네 선전하고 다니는 의사. 정부가 채택해서 시행한 경제정책이 효과를 거두기는커녕 빈부격차만 벌어져 경기 악화로 자살하는 사람이 증가하건만 일말의 책임도 지지 않고 잔뜩 숨죽인 채 꿀 먹은 벙어리처럼 함구해버리는 경제학자들. 성공하는 비결, 행복해지는 비결이라며 목청 높이는 저속한 심리학에 의거한 처방전을 팔아 넘기는 경제학자. 바로 자기계발이나 생활의 요령, 이른바 라이프 핵life hack이지요. (웃음) 그런 족속들을 일컫는 말이라고 생각하면 됩니다. 농담이 아닙니다. 많은 점에서 대립한다고 볼 수 있는 피에르 르장드르와 질 들뢰즈가 공통적으로 '경영관리'를 통렬히 비판하고, 미셸 푸코가 가장 말년에 했던 강의에서 일찌감치 신자유주의를 정밀하게 분석하고 비판한 의미를 생각해보세요.* 이러한 유행에 희희낙락하며 자진해서 뛰어들어 '사는 방법'인지 뭔지를 설명하는 자칭 철학자마저 있으니까요. 이것이 '상급학자'의 실체입니다. 이런 족속은 쎄고 쎘습니다. 여러분의 주위에 그리고 눈앞에. 여러분은 진리를 빼앗기고 있습니다. 인생을 사는 참된 힘을 수탈당하고 있는 것입니다. 이러한 마술이나 미신에. 칸트가 무려 200년이나 앞서서 비판했는데도 말이죠.

이러한 비이성적인 것에 대해 진리와 이성에 의해서만 사유하는 철학자와 철학부는 어떻게 할까요. 이성에 입각하지 않은 유용성이나 권위 혹은 사람들의 사행심을 부추기는 마술적인 속임수 등에 철학은 어떻게 대처할까요. 투쟁입니다. 이 "논쟁은 결코 종료할 수 없으며", "철학은 상시 논쟁에 대비하고 있어야 한다." 그리고 칸트를 접한 적이 있는 사람이면 그리워지는, 실

---

* 사사키 아타루, 『야전과 영원—푸코·라캉·르장드르』, 가와데쇼보신샤, 2011, 7장 이하를 참조. 자기계발과 푸코의 자기배려가 어떻게 다르고 같은지에 관해서는 8장을 참조. (원주)

로 그다운 야유를 서슴지 않고 합니다. "이 논쟁은 정부의 위신에 결코 손상을 주는 것이 아니다. 왜냐하면 그 논쟁은 정부와 학부들의 논쟁이 아니라 학부와 학부의 논쟁에" 불과하므로 "정부는 조용히 방관하고 있으면 된다." 이길 작정이지요. 그러니까 칸트죠. 거듭해서 그는 이렇게 말합니다. "상위학부들의 학급Klasse은 (학식Gelahrheit을 논하는 의회의 우익으로서) 정부의 조례를 지지하지만 그럼에도 진리가 문제인 경우 불가결한 자유로운 헌정체제에서는 반드시 철학부의 의석인 반대당파(좌익)도 존재해야만 한다."

칸트에 의하면 철학자와 철학부는 원래 '투쟁을 멈추지 않는 지식의 좌익'일 수밖에 없습니다. 그리고 그는 언젠가 하위학부가 상위학부를 대신하는 날이 올 것이라고 말합니다. 그뿐만이 아닙니다. 고작 그 정도의 말만 했다면 칸트는 읽을 필요가 없습니다.

칸트는 제2부 '철학부와 법학부의 논쟁'에서 다음과 같은 말을 꺼냅니다.

"우리는 지금 '재기발랄한geistreich 국민의 혁명'—프랑스혁명을 말합니다—이 발생하는 것을 보아왔다. 그 혁명이 '성공하든 실패하든'(필자가 강조) '이 혁명이 비참하고 잔학한 행위로 가득하다고 해도 나는 말한다. 이 혁명은 모든 관찰자의 마음속에 '열광Enthusiasmus'과 '소망하는 공감'을 낳는다."

실은 칸트는 이 '열광'을 『판단력 비판Kritik der Urteilskraft』에서 분명히 정의합니다. "열광은 격정Affekt과 함께하는 선의 이념이며,

이러한 마음의 상태는 숭고하다. 열광 없이는 위대한 것은 무엇 하나 이루어지지 않을 것이다."

열광이라고 하면 미덥지 못하거나 괜찮을지 의심스럽기도 합니다. 그래서 냉정하고 침착한 칸트도 『학부들의 논쟁*Der Streit der Fakultäten*』에서 일단 "열광은 모든 정서가 그 자체로서는 비난을 받기 때문에"라며 유보를 둡니다. 그러나 다음 줄에서 곧장 이렇게 단언합니다. "참된 열광은 언제나 이상적인 것, 순수하게 도덕적인 것에만 관계하며, 그와 같은 것이 법 개념이고 사익에 접목될 수 없다." "혁명가들에게 반대했던 자들은 금전 보상을 받았지만 그럼에도 혁명가의 마음에 순수한 법 개념을 낳은 위대한 열정과 영혼에 필적할 만큼 정신을 고취시킬 수 있는 것은 없었던 것이다"라고. 그리고 "이러한 인류는 아주 보편적이고 이타적인 공감 때문에 환호성을 지르며 성공을 향해 시도한다. 이는 혁명의 한 현상이 아니라 자연법적 헌정체제의 진화현상이다." 또한 이들은 "호전적일 수 없는 체제, 즉 공화제를 추구한다"라고. 기억나세요. 칸트는 『영원한 평화를 위하여*Zum ewigen Frieden*』에서 '적극적인 이념'으로서의 영원한 평화를 위해서는 모든 국가를 전제專制에서 해방시키고 공화제로 이행해야 한다고 했지요.

혁명이 낳는 이 열광은 인류가 정당한 법을 향해 진화하고 있다는 징조이며, 그 도래할 법과 체제는 결코 전쟁을 용납하지 않습니다.

그리고 프랑스혁명을 없었던 일로 치부했던 빈 체제의 성립을 목전에 두고 칸트는 이렇게 말합니다. "인류의 역사에서 이러한 진화현상은 인간적인 자연(본성) 속에 있는 더 나은 상태를 위한 하나의 소질과 능력을 열어 보여준 것이므로 더는 망각할 수 없다." "설사 이 사건으로 의도했던 목적이 지금 달성되지 않는다 해도, 즉 한 민족의 헌정체제의 혁명이나 개혁이 결국에는 실패하거나" "다시금 모든 것이 이전의 궤도로 되돌아간다 할지라도." 왜냐하면 "그 사건은 참으로 중대해서 인류가 지대한 관심을 가지며, 어떤 계기로 적절한 상황들을 일으켰을 때 전 세계에 영향을 주고 다양한 민족들에게 이러한 방식의 새로운 시도들을 반복하도록 환기시킬 것이다."

"이와 같이 그 의도된 헌정체제는 인류에게 중요한 사건이므로 기필코 언젠가 빈번한 경험을 통한 교훈이 모두의 마음속에 확고하게 자리 잡아 작용을 미친다."*

선에, 영원한 평화에 이르는 이념으로서의 열광, 그 공감은 망

---

* 물론 정밀한 재검토가 필요하다고 여겨지는 부분이다. 열광은 일찍부터 칸트의 저서에 등장하는 개념이다. 가령 초기의 『미와 숭고한 감정에 관한 고찰』에서는 '광신Fanaticism'과 엄밀히 구별하고 있으며 『판단력 비판』의 본문에서도 기술했듯이 분명히 긍정적으로 제기하고 있긴 하다. 그러나 '열광'은 '심미적으로 숭고'할 뿐이며, 무격정성Affektlosigkeit, 즉 무정념apatheia을 더 높이 평가한다. 원래 숭고라는 개념이 대상과 '거리'를 둔 '심미적'인 '태도'로 되돌릴 수 있는 것이며, 또한 그럴 수밖에 없는 것도 감안해야 할 것이다. 그 숭고함을 가능하게 하는 '방관자적 태도'도 아직 「학부들의 논쟁」에서는 볼 수 있다. 다만 이 논문의 역사비판적인 논점에서는 애초에 이 역사의 밖은 존재하지 않았을 것이며, 완전한 '관찰자' 역시 그러할 것이다. 여기서 '열광'은 분명히 새로이 선에 대한, 영원한 평화의 이념에 대한 인류의 진보를 엿볼 수 있는 역사적 조짐으로서 기존의 유보를 불식시키고 이제껏 없는 긍정적인 개념으로서 제기하고 있다. (원주)

각할 수가 없으며, 기필코 만인의 마음속에 작용을 미친다. 옳은 일이므로. 실패한다 해도.

아무렴요. 2010년대는 열광의 시대, 혁명과 항의행동protest의 시대입니다. 그것은 폭발적으로 증가하고 있습니다. 지금 우리는 세계시민의 저항을 목격하고 있을뿐더러 그 운동은 한창 진행 중입니다. 실제로. 이것은 단순한 사실의 확인에 불과합니다. 선동이 아닙니다. 선동은 상급학자가 하는 짓이지 우리와는 무관합니다. 20여 개국에서 일어난 '아랍의 봄'23, 그리고 82개국에서 이루어진 '점거운동Occupy movement'만이 아닙니다. 아이슬란드, 아일랜드, 멕시코, 스페인, 영국, 터키, 인도, 미합중국, 홍콩, 타이완, 일본······, 너무 많아서 일일이 셀 수가 없습니다. 지금 우리는 열광의 시대를 살고 있습니다. 칸트적 열광의 시대를.**

결론입니다. 대학도, 인문지도, 교양학과도 필요치 않습니다. 그것들을 연관시킬 필요는 없습니다. 정동을 수반하는 선의 이념, 영원한 평화의 이념에 열광하는 지식집단이 일부 인간의 이

---

23 Arab Spring: 2010년 말 튀니지에서 시작되어 아랍 중동국가들과 북아프리카로 확산된 반정부 시위의 통칭. 아랍의 각성Arab Awakening, 아랍의 봉기Arab Uprising, 아랍혁명 Arab Revolution이라고도 한다. 원인은 집권세력의 부패, 빈부격차, 청년실업으로 말미암은 젊은이들의 분노다. 튀니지의 반정부 시위는 2011년 1월 재스민혁명으로, 이집트는 2월 코사리혁명으로 번졌으며 각각 정권교체에 성공했다. 또한 리비아에서는 10월 무아마르 카다피의 사망으로 42년간의 독재정치가 막을 내렸고, 예멘은 알리 압둘라 살레 대통령이 권력이양안에 서명하면서 33년간의 철권통치가 막을 내렸다.

익이 아니라 세계공민을 위해 이성을 사용하는 자가 모이는 칸트적 대학이 필요합니다. 아직은 나타나지 않았습니다. 훔볼트적 대학에는 열광이 결여되어 있습니다. 이념이 그리고 혁명이, 영원한 평화가 결여되어 있습니다. 이 상급학자들, 경제학자, 경영학자, 사이비 물리학자, 사이비 심리학자, 자기계발을 강요하는 지식인 족속들에게 진저리가 나시죠. 어용학자에게 절망하셨을 테고, 그날의 지진, 그날의 사고 이후 여러 번 학자를 경멸하셨을 겁니다. 당연합니다. 거짓말을 일삼고 일부 계급의 이익만을 생각하며 이기심만 발동해서 마술적인 미신을 강제하는

** 이 직접행동의 시대에 어떻게든 회피해야 할 것은 바로 이 책에서도 이미 기술했던, 칸트가 말하는 '미졸로기'다. 칸트는 말했다. '이성의 사용에 능한 사람'만이 '미졸로기'에 빠진다고. 더없이 타락한 대학, 전문가, 지식인에게서 지식과 이성을 대신하는 것은 없다. 이탈리아의 시인 피에르 파올로 파졸리니[24]는 경찰과 대치하는 학생을 야유하고, 학생은 부르주아지이자 엘리트이고, 경관이 될 수밖에 없었던 가난한 프롤레타리아를 지지한다고 말했다. 그러나 이러한 아이러니는 실수이며 '미졸로기'다. 파졸리니를 비꼬려면 본문에 있는 비스마르크의 말 '학생 프롤레타리아'를 이용하는 것이 적당할 것이다. 현재 학생은 학자금 대출과 부당한 학비로 괴로워하며 아르바이트라는 비정규노동에 제격인 공급자가 되었다. 학생도 노동자도 마찬가지다. 다시 말해 우리는 마찬가지로 동등하게 신자유주의적인 '수탈'의 대상이다. 우리는 학생 프롤레타리아다. 자, 학생 프롤레타리아, 즉 노동자와 학생과 지식인과 예술가…… 등등과의 연대를, 혹은 길거리와, …… 등등 사이의 연대를 방해하고 분단시키려고 하는 자야말로 '지적이지 않은 것을 주특기로 하는 못된 지식인'이며 '지식인 비판을 주특기로 하는 지식인'이다. 그들은 미졸로기에 사로잡혀서 그러한 자신조차 깨닫지 못한다. 그들은 자의적으로 분단과 연대를 선택한 뒤 나중에 지적으로 근거를 부여할 수 있다. 하지만 분단과 연대를 판단하기 위한 지적인 근거를 부여할 필요는 없다. 그런 까닭에 쉽사리 이중 잣대에 빠진다. 현재 상급학자이거나 아니면 상급학자에게 알랑거리는 그들이 초래하는 것은 당파싸움과 굴종과 참화다.   2014년 10월 25일 (원주)

24 Pier Paolo Pasolini: 1922~1975, 이탈리아의 시인, 소설가, 영화감독, 평론가. 권력과 종교의 결탁과 끔찍한 살육을 표현한 영화 〈살로 소돔의 120일Salò O Le 120 Giornate Di Sodoma〉과 저서 『폭력적인 삶』(콜롬비이 쿼돗티상 수상) 등으로 유명하다.

사람들을 어떻게 존경할 수 있단 말입니까. 지진[2011년 3월 11일에 발생한 동일본 대지진] 이후 신비학occult과 유사과학이 만연하는 것과 상급학자가 발호하는 것은 모순되지 않습니다. 모순되지 않기는커녕 동일한 현상입니다. 칸트의 말마따나 그들은 점쟁이이며 마법사이므로! 이것에 대한 부단한 투쟁이야말로 철학자의 일이며 '철학부'에 결집하는 진정한 학자들의 책무입니다.

기억합시다. 이 열광에 대해 칸트가 이미 『판단력 비판』에서 정의했다는 것을. 근대미학의 주춧돌을 놓고, 모든 예술에 관한 사유가 한 번은 합류하는 거대한 호수 같은 이 책은 여전히 현대예술을 조망하는 투철한 식견으로 넘쳐납니다. 그 책에서 열광을 말했습니다. 철학부에는 예술도 속하지 않느냐고 저는 말하고 싶습니다.

피에르 르장드르가 말합니다. 경영관리가 아무리 발호하려 해도 "결코 우리가 예술을 맞이하기 위해 지핀 불을 꺼뜨리지는 않는다."

지금까지 말한 것을 정리하겠습니다. 그저 사실만 정리하겠습니다. 각성하는 12세기가, 중세 해석자혁명이 중세대학을 낳았습니다. 인문주의가 대학을 통렬하게 질타하고, 루터가 일으킨 독일대혁명이 대학을 해체했습니다. 근대 시민혁명이 대학을 경멸하면서 외부에서 일어나 급기야 프랑스혁명이 대학을 분쇄했습니다. 그러나 바로 그 프랑스대혁명이 훔볼트 근대대학을 창설했습니다. 그리고 근대대학은 파멸했습니다. 혁명과 대학의 운명은 항상 반드시 관련되어 있으며 혁명은 대학을 파괴하기도

하지만 대학이 새롭게 태어날 때에는 항상 혁명이 선행합니다. 따라서 결론은 이렇습니다.

칸트가 되든가, 그렇지 않으면 혁명이다.

끝으로 훔볼트 이념에 입각한 독일 대학이 나치에 굴복하고 점거당하는 와중에 뮌헨대학의 젊은이 다섯 명이 1942년부터 3년에 걸쳐 뮌헨대학에서 전단을 뿌리고 나치를 비판하는 저항운동을 했습니다. 그리고 다섯 명 모두 체포되어 심문과 재판을 받은 후 불과 나흘 만에 단두대에서 처형당합니다. 이를 '하얀 장미 저항운동Weiße Rose'이라고 합니다. 그들이 목숨 걸고 뿌린 소책자를 읽어드리겠습니다.

"어째서 독일 민족은 추악하고 비인간적인 이 모든 범죄를 모른 척하고 있는 것일까요? 이 문제에 대해 진지하게 생각해보는 독일인을 도무지 찾을 수 없습니다. 사실을 사실로만 받아들일 뿐입니다. 독일 민족의 이성은 또다시 둔하고 약해졌습니다. 잠에 빠져 헤어 나오지 못하고 있습니다. 독일인들은 이러한 군부 독재의 범죄들이 활개 칠 수 있도록 용기를 불어넣고 범죄자들이 미쳐 날뛸 수 있는 기회를 제공하고 있을 뿐입니다."

"만약 독일인들이 지금과 같은 아둔함을 끝내 떨쳐버리지 못한다면 그 증거는 확실해질 것입니다. 그들이 잔인무도한 범죄에 맞서 언제든지 저항할 수 있음에도 저항하지 않는다면, 그리하여 죄 없이 죽어가는 수십만 명의 희생자들에게 일말의 연민을 느끼지 못한다면 그들이 깊은 잠에 빠져 있다는 증거가 더욱 분명해질 것입니다.

독일인들은 희생자들에 대해 연민을 느끼는 것만으로 그쳐
서는 안 됩니다. 아니, 이보다 더 큰 것이 필요합니다. 그것은 범
죄에 대해 독일인들 모두가 가져야 할 공동의 죄책감입니다. 독
일인은 지금까지 무심하게 방관하는 태도를 보임으로써 이 사
악한 인간들에게 그러한 범죄를 저지를 수 있는 가능성을 안겨
주었으니까요. 끝없는 죄의 짐을 자신의 어깨 위에 첩첩이 쌓아
올리고 있는 이 정부를 참아내기만 했으니까요. 이렇게 저열한
정부가 이 땅 위에 존재할 수 있다는 것은 독일인들 모두의 공
동 책임이 아닌가요?

하지만 독일인은 누구나 그러한 공동의 죄책감에서 벗어나려
고만 했습니다. 죄책감으로부터 멀리 도망가 두 눈을 감은 양심
과 함께 또다시 깊은 잠에 빠져 있습니다. 그러나 아무리 애를
써도 죄책감에서 자유로울 수는 없는 법입니다. 독일인이라면
누구나 죄를 지은 것입니다. 그 누구도 부정할 수 없는 죄를!"

"전쟁이 터지기 직전까지는 국가사회주의자들에게 현혹당하
는 것이 독일 민족의 일상생활이었습니다. 전쟁이 일어나기 전
까지는 그들이 정체를 드러내지 않았으니까요. 하지만 이제 모
두 그들의 정체를 파악해버렸으니 주저할 게 없습니다. 이 짐승
보다 못한 독재자를 제거하는 것이 모든 독일인의 유일하고도
지고한 의무이자 가장 신성한 과제입니다[『아무도 미워하지 않는 자
의 죽음』(평단문화사) 참조]."

이러한 전단이 몇 개 있습니다. 멤버가 초안을 쓴 여섯 번째
전단을 뿌린 나흘 후 중심 멤버인 한스 숄Hans Scholl과 여동생

조피 숄Sophie Scholl, 크리스토프 프로브스트Christoph Probst는 참수형으로 이 세상을 떠납니다. 이 하얀 장미 저항운동 중의 두 명은 남매였습니다. 바로 조피 숄이라는 21세의 여성이었지요. 그녀에게 민족재판소의 장관이 이렇게 심문했습니다.

"대체 어째서 이런 짓을 했나?"

그녀는 이렇게 대답했다고 합니다.

"누구든 결국 시작해야 할 일이었다."

이상입니다. 들어주셔서 대단히 감사합니다.

2014년 가을, 교토세이카대학 인문학부 재편 기념 강연회 기록

삶에 대한 모욕, '죽음의 이야기'의 반복: 『1Q84』는 문학적으로 잘못되었다

이 소설은 문학적으로 잘못되었습니다. 픽션에서 그러한 옳고 그름이 문제가 되는지 의문이 들 것입니다. 그러나 그전에 이미 이 소설은 결정적으로 잘못되었습니다. 어째서일까요.

예전에 무라카미 하루키는 옴진리교 사건에 강한 충격을 받았다고 했습니다. 또한 옴진리교의 아사하라 쇼코[01]가 말했던 강력한 이야기에 저항하는, 원리주의적인 사교집단의 주장에 대항하는 글을 짓는 것이 소설가인 자신의 책무라고 했습니다. 저는 진지한 발언이라고 생각하며, 그 목표 또한 옳습니다. 이 점에 여러분도 별로 이의는 없을 것입니다.

이 소설에 등장하는 '선구'처럼 신좌익이 붕괴한 이후에 출현한 사교집단에 공통되는, 특히 옴진리교에 전형적인 형태로 등

01 麻原彰晃: 1955~, 1984년에 생긴 사이비 종교단체 '옴진리교'의 창시자. 본명은 마쓰모토 치즈오松本 智津夫. 현재 1995년 도쿄 지하철 살인사건을 지시한 것을 비롯해 각종 범죄에 연루된 혐의로 사형선고를 받고 복역 중이다. 옴은 '우주의 창조유지 파괴'를 뜻하는 다라니로서 주신은 파괴의 신인 힌두교의 시바다. 신도들에게 신적 권위를 행사하며 '절대자유' 상태인 해탈에 이르기 위해 요가와 티베트의 밀교의식을 도입한 수행을 쌓을 것과 출가 시 전 재산을 교단에 기부하고 단체생활을 할 것을 교리로 내세우며 강요했다.

장하는 말이 있습니다. 아사하라 쇼코가 〈바르도의 인도〉[02]라는 세뇌 비디오에서 직접 말했다시피 "너는 죽는다, 반드시 죽는다, 기필코 죽는다. 죽음은 피할 수 없다"입니다. 공포심을 부추겨서 죽음을 선동하는 이야기. 더욱이 여기서 죽음의 위협을 받고 하는 행동도 실은 죽음, 멸망과 표리일체인 구원을 위해서입니다. 막판까지도 죽음과 멸망인 것입니다. 원래 종말론은 이 세상에 끝이 있다는 사고방식이므로 자신이 살아 있는 동안에 종말이 오지 않아도 종말론이라고 합니다. 그런데 옴진리교적인 종말론은 자신이 살아 있는 동안에 종말이 오기를 바랍니다. 그들 논리의 저변에 흐르는 것은 '어차피 죽을 목숨이니 당장 죽고 싶다. 그리고 기왕이면 자신과 전 세계가 한날한시에 절대적인 죽음, 즉 멸망을 맞이했으면 좋겠다'라는 기묘한 욕망입니다. 자신과 세계가 한날한시에 죽어서 모든 것이 일제히 종말을 맞이하는 꿈같은 절대적인 향락의 순간이 누구나 바라는 종말의 순간이라는 것입니다.

죽음에 대한, 죽음의 공포를 부추기는 꼬임에 넘어가 다시 죽음으로, 그리고 자신과 세계가 동시에 멸망하는 절대적인 순간으로. 영락없이 나치가 하는 말입니다. 토마스 만[03]은 일찍이 언

---

02 バルド_の導き: 바르도Bardo는 '틈새'라는 뜻의 티베트어로 죽은 뒤 환생하기까지 49일간 머무르는 중간계를 뜻한다.
03 Paul Thomas Mann: 1875~1955, 사상적 깊이, 높은 식견, 연마된 표현, 짜임새 있는 구성에서 최고인 독일의 작가이자 평론가이며 소설가. 저서로 노벨문학상을 받은 장편소설 『부덴브로크 가의 사람들』, 단편집 『토니오 크뢰거』, 『마의 산』, 『요셉과 그 형제들』 등이 있다.

명했습니다. 나치의 본질은 전쟁을 위한 전쟁, 자신을 포함한 모든 이의 죽음과 멸망을 위한 전쟁이라고. 푸코와 이후의 다양한 사람들이 말한 대로 역시 나치는 자살을 목표로 했습니다. 게다가 세계와 함께 스스로를 죽이는 짓을. 히틀러는 전보 71호에서 이 세상의 다른 모든 민족을 멸종시키고 동시에 독일 인민의 생존조건을 파괴하라고 명령했습니다. 자신이 죽는 순간이 모든 타인이, 전 세계가 죽는, 다시 말해 멸망하는 순간과 일치하는 것을 절대적인 향락으로 꿈꿨습니다. 이 죽음의 이야기, 죽음을 선동하는 이야기, 그리고 모든 죽음이 일치하는 순간으로 가는 이야기가 바로 무라카미 하루키가 대항해야 할 이야기의 전모입니다.

무라카미 하루키는 옴진리교적인 이야기에 저항하겠다고 분명히 밝혔습니다. 그런데 과연 이 『1Q84』가 죽음의 이야기에 대항하는 소설일까요? 천만의 말씀입니다. 오히려 이 죽음의 이야기를 반복하며 강조하고 있습니다.

주인공 중에 아오마메靑豆라는 여성이 있습니다. 자신과 이 세계의 삶을 모욕하고, 역으로 삶을 말살하는 죽음과 멸망을 사랑하고 심지어 그에 매료됩니다. 아오마메는 한 노부인이 이끄는 단체에 소속되어 있습니다. 이 단체는 강간과 가정폭력 피해자인 여성을 보호하는 한편 강간과 가정폭력을 저지른 남자를 연이어 살해합니다. 그 살인을 집행하는 사람이 아오마메입니다. 극명하게 남근을 상징하는 얼음송곳이라는 무기로 남성을 살해하는 남근사냥을 합니다. 그리고 때로 롯폰기 등지의 바에서 남자를 낚습니다. 파트너인 여경 아유미도 권총을 매우 좋아합니다. 실로 남근형 성격[04]을 가진 소녀들의 지루하고 평범한 이야기죠. 그 정도는 너그럽게 봐줄 수 있어요. 그러나 이 피로 얼룩진 남근사냥을 하면서 남근형 성격의 두 여성이 다음과 같이 말합니다.

아오마메가 "내 생각에 이 세상은 부조리하고 너무 각박한 거 같아"라고 하자 "하지만 이제 와서 교환할 수는 없어. 반품 유효기간이 진즉에 지났거든"이라고 아유미가 대꾸합니다. 이어서 "영수증도 내다버렸어. 그래도 괜찮아. 이만 세상은 순식간에 끝장날 테니까"라는 아오마메의 말에 아유미가 "생각만 해도 무지 신나겠는걸. 그리고 왕국이 임하지. 얼른 그런 날이 왔으면"이라고 말합니다.

이런 내용은 정확히 두 번 반복됩니다. 아오마메는 종말과 죽음에 심취해 있습니다. 말끝마다 죽고 싶다고 하며 지독하게 삶을 모욕합니다. 1980년대의 경제적으로 풍요로운 사회를 향유하며 무엇 하나 부족함이 없건만 자기 인생을 무의미하고 역겨운 찌꺼기라고 합니다. 노부인의 의뢰로 선구의 교주를 살해해야 하는 힘든 임무를 앞두고도 이렇게 말합니다. "저는 잃을 게

04 phallic character: 남근기에 오이디푸스 콤플렉스를 성공적으로 해결하지 못해 부분적으로 고착된, 즉 연령변화에 따라 다음 발달단계로 이행하지 못한 사람들에게서 흔히 목격된다. 거세불안을 갖고 있어서 친밀함과 사랑을 두려워한다. 또한 성별에 따라 남근형 성격이 발현되는 방식에 차이가 있다. 남성은 항상 자신의 남성성과 정력을 과시하고 증명하려 하며 정복욕이 강하다. 한편 여성은 성적 관계에서 순진하고 무지한 것 같으면서도 바람기가 있어서 남자를 유혹하고 성적 방종에 빠지는 경향이 있다.

전혀 없어요. 일도, 이름도, 도쿄에서의 지금 생활도 제게는 별반 의미 없는 것들이에요"라고. 공허하고 역겨운 인생이라는 묘사는 다른 곳에도 등장합니다.

아오마메는 삶을 경멸하고, 죽음에 끌리며, 종말을 동경합니다. 남근을 상징하는 흉기로 남근이 있는 남성을 살해하고 그러다 지치면 남근사냥을 하며 시간을 보냅니다. 아유미는 심리적 요인이 결핍되어 있다고 묘사됩니다. 그 보상심리로 죽음과 남근을 원하는 것입니다. 그러나 아오마메에게는 하나의 구원이 존재합니다. 아유미와 달리 자신의 마음속에는 결핍이 아닌 사랑이 있다고 말합니다. 열 살 때 종교단체에 속해 있다는 이유로 따돌림을 당하던 자신을 감싸준 또 다른 주인공 덴고에 대한 20년간의 사랑이.

삶을 모욕하고 죽음과 종말을 갈망하며 팔루스적 향락으로 점철된 아오마메를 그 세계에서 구원해주는 유일한 것은 덴고에 대한 사랑입니다. 죽음과 종말의 이야기의 탈출구로서 오랫동안 간직해온 사랑, 사랑의 이야기. 그런데 덴고에 대한 사랑을 이야기할 적마다 으레 아오마메는 죽음을 말합니다. "그에게 안기면 그 자리에서 당장 죽어도 좋아. 진심으로"라고. 망설이면서 "어쩌면 만나자마자 죽이고 싶을지도 몰라. 그 사람 먼저 헤클러 코흐Heckler & Koch 권총으로 쏴 죽이고 내 머리통에도 총구멍을 내버릴까. 하지만 그를 위해 대신 죽을 수 있어. 그걸로 충분해. 난 웃으면서 죽을 수 있어"라고 합니다. 덴고에 대한 그녀의 사랑은 내면에서 결정적으로 죽음과 결부되어 있습니다. 다른 예를 들어보겠습니다. 『1Q84』는 이야기를 하면 다른 현실이 창조된다는 주제로 일관되어 있습니다. 그리고 『1Q84』의 세계가 탄생한 출처로 짐작되는 「공기 번데기」라는 소설이 존재합니다. 덴고가 후카에리의 원고를 완벽하게 가필해서 탄생시킨 소설이지요. 그 소설을 읽는 장면에서 아오마메는 소설의 내용과 장면에 걸맞게 이렇게 말합니다. "나는 지금 덴고 안에 있어. 그의 체온에 감싸여 그의 심장박동에 이끌리고 있어. 그의 논리와 규칙에 따라 이끌려가. 아마도 그의 문체에 이끌려가는 거겠지. 너무도 멋져. 그 사람 안에 이렇게 들어 있다는 것이." 바로 뒤에 이렇게 이어집니다. "이게 왕국이야, 그녀는 생각한다. 나는 죽을 준비가 되었어. 언제라도."

결국 덴고에 대한 아오마메의 사랑은 죽음입니다. 아오마메의 이야기는 한없이 피로 얼룩지고 죽음과 남근에 갇혀 있습니다. 일부러 '무거운 소재'와 '가벼운 소재'를 병치해서 보여주는 하루키 특유의 아이러니컬한 표현이 이 작품에도 등장합니다. 아오마메는 가정폭력을 일삼는 비열한 남자들과 편협한 정신을 가진 종교적 원리주의자들 못지않게 이 세상에서 가장 혐오스러운 것으로서 변비를 꼽습니다. 아오마메는 가정폭력을 일삼는 비열한 남자들을 죽이고 종교적 원리주의에 대항하기 위해 살인을 합니다. 그렇다면 변비 때문에도 사람을 죽일 수 있다는 말입니다. 하루키적인 아이러니는 여기서는 전혀 먹히질 않으니 재미도 감흥도 없습니다. 또한 하루키는 아오마메의 입을 빌려 동경하는 목표, 다시 말해 팔루스에 대한 직접적인 폭력이 세계의 종말이라고 말합니다. 가벼운 유머랍시고 했는지는 몰라도 썰렁하기 그지없습니다. 사실 아오마메의 사랑 이야기는 죽음, 팔루스, 종말만으로 이루어져 있다는 증거에 불과합니다.

결코 등장인물의 행동이 윤리적으로 잘못되었다는 이야기가 아닙니다. 아오마메의 행동과 사상이 정치적으로 이상하다고 해봤자 아무 소용도 없습니다. 이 소설은 정치적으로나 윤리적으로 잘못된 것이 아니라 문학적으로 잘못된 것입니다. 무라카미 하루키는 본인 입으로 아사하라 쇼코적인 죽음의 이야기에 저항할 만한 글을 쓰겠다고 했습니다. 그러나 이제까지의 아오마메 이야기는 저항하기는커녕 오히려 옴진리교의 죽음의 이야기에 힘을 실어주었습니다.

덴고 이야기의 문제점으로 넘어가겠습니다. 한마디로 주인공이자 아오마메를 구원해줄 사랑의 대상인 덴고가 하는 일은 선구의 교주가 하는 일과 동일합니다. 아오마메는 선구의 교주를 살해하러 갑니다. 그러나 기묘하게도 그 교주에게 공감하는 마음이 싹틉니다. 엉겁결에 "당신을 죽이지 않아도 되는 1984년이 있었는지도 몰라"라고 할 만큼. 실제로 후카에리의 아버지이기도 한 교주는 덴고에 대한 사랑도, 어떤 시점에서 갈라져 나온 1Q84년의 세계에 있다는 사실도, 아오마메가 알아차린 사실도 모두 알고 있었습니다. 아오마메가 선구의 교주를 죽이러 간 이유는 그가 자신의 딸인 후카에리를 포함한 교단의 어린 소녀들을 강간했기 때문입니다. 그러나 교주의 말을 들어보면 사실 후카에리를 비롯한 소녀들은 '공기 번데기'가 만든 복제품입니다.

더구나 그의 행위는 강간이 아니라 신의 계시처럼 리틀 피플의 목소리를 듣는 '다의적인 교접'이라고 했습니다. 퍼시버(지각하는 사람)인 소녀들과 리시버(수신자)인 교주의. 그리고 수신된 목소리로 이야기를 지어냅니다. 그런데 덴고도 그와 똑같은 행동을 합니다. 후카에리라는 퍼시버와 덴고는 그야말로 교접을 합니다. 가필이라는 의미에서도, 육체적으로도. 그렇게 해서 지어낸 이야기로 현실세계를 창조하는 것도 똑같습니다. 분명 리틀 피플이 만든 '공기 번데기'에 의해 후카에리의 실체인 마더와 그 복제품인 도터는 분열하고, 전자는 덴고와 후자는 친아버지인 교주와 교접합니다. 그런데 후카에리 자신이 "어디에선가 도터와 바뀐 게 아닐까"라며 자신과 도터의 차이가 부정확하다는 사실을 말합니다. 그래서 똑같이 행동한다고 한 것입니다.

교접도 마찬가지입니다. 교주는 자신의 딸(의 도터)을 강간합니다. 요컨대 근친상간이죠. 이때 그는 "리틀 피플의 의지에 거역할 수가 없었어. 내가 원해서 한 게 아니야"라며 시키는 대로 했다고 우깁니다. 마찬가지로 후카에리와 교접하는 장면에서 덴고는 심한 무력감을 느끼면서 "나 자신의 의사로 컨트롤할 수가 없다"라고 합니다. "모든 것은 그의 손이 닿지 않는 곳에서 이루어지고 있었다." "몸은 완전히 마비되어서 손가락 하나 까딱할 수가 없었다"라고 묘사됩니다. 아오마메 역시 어릴 때 가입했던 '증인회' 탓에 어쩔 수 없이 이런 인생을 보내게 된 양 묘사하고 있습니다. 결국 이 책에서는 모두가 피해자입니다. 무라카미 하루키는 옛날에 자신이 가해자가 되는 상황에 공포를 느낀다고 했습니다. 이 소설에서는 모든 가해자가 하나같이 자신을 피해자라고 생각합니다. 시키는 대로 했다, 어쩔 수가 없었다는 말만 주워섬깁니다. 모두 시스템에 종속된 달걀(하루키가 예루살렘상 수상식에서 한 연설 "높고 단단한 벽에 부딪혀 깨지는 달걀이 있다면 나는 언제나 달걀 편에 설 것입니다"를 빗대어 표현한 것)입니다. 그 달걀이 강간을 하고 사람을 죽이는데도.

네가 죽으면 덴고는 구원받는다는 교주의 말을 믿고 아오마메는 마지막에 자살을 합니다(자살 미수일 가능성도 남아 있지만). 사랑 때문에 하는 자살입니다. 무라카미 하루키는 죽음의 이야기에 사랑 이야기나 사랑을 상실한 이야기로 대항할 수 있으리라 생각했나 봅니다. 하지만 결국은 유한성의 이야기 '어차피 너는 유한하다, 따라서'라고 공갈치는 이야기입니다. 앞에서 서술한 대로 아오마메의 사랑은 죽음 자체이므로. 그리고 그 사랑의 대상인 덴고도 교주와 똑같은 짓을 합니다. 거기서 중요한 사실이 밝혀집니다. 1Q84의 세계, 달이 두 개 떠 있는 세계는 덴고와 후카에리가 지어낸 이야기로 이루어진 양 묘사하고 있습니다. 소설 첫머리의 제명epigraph에서 "여기는 구경거리의 세계. 처음부터 끝까지 모두 다 꾸며낸 것. 하지만 네가 나를 믿어준다면 모두 다 진짜가 될 거야"라고 했듯이 이야기를 들려주면 진짜 현실이 됩니다. 실제로 아사하라 쇼코의 말이 사람을 죽였듯이. 그리고 덴고와 후카에리가 했던 이야기로 생긴 이 『1Q84』속 현실의 진짜 세계도 결국 죽음과 공포의 세계이며, 죽이거나 살해당하며 죽음을 열망하고, 종말을 갈망하는 것이지요. 어쨌거나 덴고의 이야기도 죽음의 이야기이니 아사하라의 이야기와 별반 다르지 않습니다. 아니 한술 더 떠서 이 죽음의 이야기를 그대로 반복하고 강조했습니다. 무라카미 하루키 자신은 이 소설을 전 세계에 살포해서 대체 어떤 현실을 만들려는 것일까요. 과격하게 표현하면 하루키가 하는 행동은 아사하라 쇼코의 행동과 차이가 없지 않나요. 덴고가 하는 행동이 교주와 다르지 않듯이. 누차 반복하지만 이 소설이 윤리적·정치적으로 잘못되었다는 말이 아닙니다. 이야기로 현실을 만드는 문학전쟁에서 스스로 대항하겠다고 확언했던 죽음의 이야기를 반복하고 강화했다는 의미에서 문학적으로 완전히 잘못되었다는 말입니다.

애초에 이야기로 이야기와 싸운다니 말이 되느냐, 20세기 문학의 유산을 무시하는 행동이 아니냐고 따지고 싶지만 생략하겠습니다. 그런데 이 소설은 구성상 세 권을 쓸 수 있습니다. 하루키 자신도 이어서 쓸지를 곰곰이 생각 중이라고 합니다. 필시 출간될 것입니다.[05] 아사하라 쇼코에게 저항하는 이야기를 만들겠다고 단언한 이상 무라카미 하루키는 이 소설을 이렇게 끝맺어서는 안 됩니다. 그것은 소설가로서의 의무입니다. 무라카미 하루키라는 세계적인 작가가 이런 사실을 모를 리 없습니다. 그

---

05 『1Q84』는 도스토옙스키처럼 다양한 사람의 시선과 전망, 세계관이 뒤얽혀 있는 소설을 쓰고 싶었다는 하루키 최초의 3인칭 장편소설이다. 왜곡된 일과 기억과 재생을 주제로 조지 오웰의 『1984』적인 사상통제의 공포와 근본악을 추구했다. 현실과 허구의 경계가 사라지고 인과관계가 반전하는 것이 특징이다. 1, 2권은 2009년 5월에, 3권은 2010년 4월에 출간되었다. 시대적 배경은 이란-이라크 전쟁이 이어지는 거품경제기인 1984년이다.

가 다음 권에서 저의 의심을 모두 불식시키고 아사하라적·원리주의적·나치적인 죽음의 이야기를 전복시킬 수 있는 진정한 소설을 완성시키리라 믿습니다. 그 완성을 바라 마지않습니다.

가와데쇼보신샤 편집부편,
「무라카미 하루키의 『1Q84』를 어떻게 읽을 것인가」, 가와데쇼보신샤,
2009년 7월.

/ 삶에 대한 모욕, '죽음의 이야기'의 반복, 『1Q84』는 문학적으로 잘못되었다 /

어떻게 죽을 것인가?

세미나 개요

하이데거는 "사람은 타인의 죽음을 경험할 수 없다"고 말한다. 자명한 이치다. 누가 타인의 죽음을 경험할 수 있겠는가. 죽어가는 모습을 지켜볼 때조차 세상 그 누구도 그의 죽음을 자신의 죽음으로 받아들일 수는 없다. 대신 죽겠다고 나서거나 영웅적인 행위를 할 때마저도 그 누군가가 죽지 않는 것은 아니다.

타인의 죽음을 경험할 수 없는 것은 맞다. 그렇다면 과연 자신의 죽음은 경험할 수 있을까. 한걸음 더 나아가서 자기가 죽은 사실을 확실히 아는 망자가 한 명이라도 존재할까. 남자건 여자건 간에 자신이 죽은 사실을 알면서 사망하는 것이 가당키나 한 일인가.

(죽음의 문제, 죽음을 처리하는 문제는 유사 이래 인간의 방대한 지식을 아낌없이 투입해서 연구해온 문제다. 일신교도 그리고 실은 심오한 불교도, 어떤 의미에서는 죽음을 무효화하기 위해서 참된 죽음에 기반을 둔 것일지도 모른다. 누구나 참된 죽음을 맞이하는 것은 아니다.) 죽음에는 '저쪽'도 '이쪽'도 없다. 필시 죽음의 피안彼岸은 존재하지 않지만, 죽음

의 차안此岸도 존재하지 않는다. 결론은?

언젠가 솔직하고 담담하게 죽는다고 말할 수 있을지도 모른다는 말이다. 앞에 '어차피'나 뒤에 '그러니까 뭘 해도 소용없어'라는 객쩍은 말을 덧붙이지 않고.

한 치 앞을 모르는 게 인생이다. 이 글을 쓰는 나나 읽는 여러분도. 꼭 세미나 당일까지 살아서 만나기를 진심으로 바란다. 믿자. 믿지 못하면 어떤 약속도 불가능하며 어떤 인간적인 삶도 영위할 수 없다. 모두가 날마다 하는 몇 월 며칠 몇 시에 어디어디서 만나자는 시시한 약속조차 실은 그때까지 네가 살아 있다고 믿는다는 간절한 신앙의 표명이 아닐까? '성스러운'이라는 수식어조차 수긍이 갈 만큼 경건한 신앙의? 아무렴. 그렇고말고!

* * *

저는 작년 늦가을에 『야전과 영원—푸코, 라캉, 르장드르』(이분샤)라는 책을 출간했습니다. 오늘은 그 책에서 말한 내용과 가급적 다른, 별개의 이야기를 하려고 합니다. 책에서는 엄밀히 주석을 달아서 논했으므로 비교적 허심탄회하게 진행하겠습니다. 다소 논술과 논거에 혼란이 있더라도 자리가 자리인 만큼 분위기를 살리기 위해서 잡담하는 느낌으로요.

1. 옴진리교와 죽음의 절대적 향락

어떤 사람이 이런 말을 했습니다. 가령 사람들에게 '진주만 공격'과 '제1차 세계대전 발발' 같은 대단히 충격적이고 세계사적인 사건이 발발했을 때 무엇을 하고 있었느냐고 물으면 의외로 백이면 백 기억한다고. 그 순간 어디서 누구랑 무엇을 했는지 또렷이. 빨래를 했다, 학교 옥상에서 낮잠을 잤다, 연인과 사랑을 나눴다…… 등등 영상으로서 극명하게 기억한다고 합니다.

제가 비상근 강사로 가르쳤던 대학교 1학년 남녀 학생들 역시 기억하더군요. 옴진리교가 일으킨 지하철 사린가스 사건을. 당시에 초등학교 3학년 정도였는데도 '엽기적인 사건이 일어났어. 내가 사는 세상에서 그런 끔찍하고 해괴한 일이 벌어지다니' 하며 경악했던 기억은 그 소식을 전해 들었을 때 목격했던 광경과 더불어 상당히 선명한 영상으로 기억했습니다.

제 오랜 지인 중에 미학이랑 현대미술을 전공한 녀석과 무분별한 농담을 하는 녀석이 있습니다. 이 두 명의 일본인은 전 세계의 건전한 대학에서 사용하는 현행 교과서에 반드시 이름이 실리는 최근 인물이지만 정작 본인은 그 사실을 의심스러워합니다. 바로 아카세가와 겐페이[01]와 아사하라 쇼코입니다. (웃음) 두 사람의 공통점이라고는 달랑 이것뿐이니 허무맹랑한 헛소리지만. (웃음) 어쨌거나 실려 있습니다. 유감스럽게도 영어, 프랑스어 교과서에서 본 게 전부지만 아카세가와 씨는 젊었을 적부터 전위예술가로서 많은 업적을 남겼으므로 충실한 현대미술사 교과서와 통사에는 대개 실려 있지요. 그리고 아사하라 쇼코는 현대 최초로 대도시에서 대규모 화학병기 테러를 일으킨 작자이니 전 세계의 모든 경찰, 특수 경찰 혹은 군대, 사관학교 교과서에 빠짐없이 실립니다.

그 정도로 지하철 사린가스 사건은 역사적인 사건이었습니다. 여간 섬뜩하지 않았습니다. 여러분도 기억하시죠? 그 시각에 무엇을 했는지 기억하실 겁니다. 숫자는 문제가 아닙니다. 훨씬 많은 수의 사상자를 낸 사건이 수두룩하니까요.

급작스러운 대형 참사와 그 사건을 저지른 단체가 오죽 섬뜩했으면 자크 데리다[02]가 다급히 우카이 사토시[03]에게 국제전화를 했던 모양입니다. 그토록 섬뜩한 연유가 대체 뭘까요. 여러 가지가 있지만 핵심 중 하나는 역시 〈바르도의 인도〉라는 비디오에 집약되어 있는 듯합니다. 대충 말하면 세뇌용 비디오입니다. 동서고금의 영상자료나 영화를 짜깁기한, 산더미처럼 쌓

---

01 赤瀬川原平: 1937~2014, 현대미술가이자 소설가. 1960년대에는 전위예술 단체 하이레드센터High Red Center를 결성하여 '수도권 청소정리 촉진운동'이라는 행위예술을 했고, 1970년대에는 『아사히 저널』과 만화 전문잡지 『가로ガロ』에 독자적 비평을 담은 화보를 연재하며 일러스트레이터로 활약했다. 저서로 『신기한 돈』, 『나라는 수수께끼』, 『사각형의 역사』 등이 있다.

02 Jacques Derrida: 1930~2004, 사르트르, 푸코와 더불어 20세기 프랑스를 대표하는 철학자. 에드문트 후설의 『기하학의 기원』을 번역한 공로를 인정받아 장 카아비예스상을 수상했다. 저서로는 『아듀 레비나스』, 『해체』, 『그라마톨로지』, 『마르크스의 유령들』, 『법의 힘』 등이 있다.

03 鵜飼哲: 1955~, 히토쓰바시 대학원 언어사회학연구과 교수. 일본의 대표적인 진보학자이며 자크 데리다 연구로 특히 저명하다. '티치 인 오키나와Teach-in Okinawa'라는 집회 형식의 연속 토론강좌를 이끌고 있다. 저서로 『주권의 너머에서』, 『반일과 동아시아』 등이 있다.

인 시체 장면이 끝없이 흘러나옵니다. 불쾌하고 파렴치하기 짝이 없는, 용서할 수 없는 영상입니다. 그런데 이러한 영상에 본인의 음성을 더빙해서 아사하라 쇼코는 이렇게 말합니다. "너는 죽는다, 반드시 죽는다, 기필코 죽는다. 죽음은 피할 수 없다"라는 말을 영상을 보는 내내 되풀이합니다. 결론은 어차피 죽는다는 것입니다. 어차피 다들 죽을 운명인데 80년 살 인생 30년 산들 뭐 그리 대수냐. 대문 밖이 저승이고, 죽는 것은 기정사실이다. 죽음으로부터는 도망칠 수 없다. 그러므로 너의 무의미한 삶을 도사님을 위해 바쳐야 한다고. 도사님이 설교하는 진리를 위해 바치라고. 그런 식으로 몰아가는 것입니다.

당시 옴진리교의 외신부장이었던 미륵Maitreya 조유 후미히로 上祐史浩라는 사람이 있었지요. 그는 알았을 것입니다. 왜냐하면 아사하라가 체포된 직후에 그는 기자회견 석상에서 이렇게 말했습니다. 이번에는 아사하라가 체포되었지만 그래도 역시 우리는 모두 반드시 죽는다는 이 절대적인 진리를 중심으로 포교해 나가겠다고. 저는 텔레비전에서 방영한 이 기자회견을 아주 똑똑히 기억합니다. 짐작대로 그는 아사하라 쇼코의 교의의 핵심을 파악하고 있었던 듯싶습니다. 아사하라 쇼코의 교의는 다양한 교의의 기묘한 혼합물이므로 원칙적으로 일단은 불교가 아니지요. 겨우 힌두교의 시바[04] 신앙의 한 유형에 불과하다고 할 수 있으려나……

그래도 당시 그 교의를 보고 위안을 얻었던 사람들이 여럿 있었는데 그것은 역시 문제였다고 생각합니다. 정상이 아닙니다.

한마디로 공부가 부족한 것입니다. 『야전과 영원』에서 상세히 설명했듯이 개인적인 체험을 핵심으로 삼고 특권시하는 종교는 원리주의지 종교가 아닙니다. 사실 전 세계 종교의 교주는 이구 동성으로 이런 경험주의empiricism를 탈구축déconstruction, 혹은 산 종05하는 듯한 말을 하고 있습니다.

'죽음은 피할 수 없다'라는 명제

하지만 그 말은 차치하고 넘어갑시다. 여전히 문제는 남으니까

04 Siva, Shiva: 본래 원시불교는 석가모니까지 합하여 일곱 불타를 인정하며, 여덟 번째 미륵은 수 억겁 후에 부처가 될 미래불이다. 그러나 불교의 환생 이야기는 이슬람교 침략 후에 힌두교의 화신론과 융합되었고 여러 힌두교의 신들이 불교의 신들로 수용되면서 그 성격이 바뀌었다. 그중 대흑천Maha-kala은 비슈누, 브라흐마와 함께 힌두교 3대 신 중 하나인 시바신의 화신으로서 만물 또는 생명의 파괴자이고 난폭하다. 아홉 개의 얼굴을 가진 흑색 나형의 형상으로서 시체를 밟고 춤을 춘다. 또한 기도를 올릴 때는 해골의 탈을 만들어 쓰고, 사람의 피를 이겨서 향을 만들며, 머리를 풀고 나체로 기도한다.

05 dissémination: '뿌림과 파종'을 뜻하며 산개散開, 즉 '뿌림과 꽃피움' 혹은 '뿌림과 염開'과 같은 말이다. 공간적 차이와 시간적 지연의 합성어인 차연差延, differance과 함께 데리다의 핵심 개념으로서 재구축reconstruction을 기대하지 않는 탈구축déconstruction이라는 개념과는 달리 '구축'에 대한 희망을 포기하지 않는 해석 가능성의 의미를 담고 있다. 탈구축은 하이데거가 썼던 해체destruction라는 용어를 데리다가 번역한 것이다. 하이데거는 떨쳐버린다, 무無에 묻어버린다는 부정적인 의미가 내포된 '파괴'와 구별해서 하나하나의 구성요소를 역사적인 유래로 거슬러 올라가 '해체'하라고 제창했다. 반면에 데리다는 파괴적이고 부정적인 인상을 주는 해체라는 말 대신 기존의 문맥을 재설정해서 처음부터 다시 한다는 개념을 내포하고 있는 산종이라는 용어를 즐겨 썼다. "언어란 스스로의 의미를 구별 짓고 미루며 그 뜻을 널리 뿌리고 의미의 발자취를 길게 남기는 생명체다." "텍스트의 의미는 본질적으로 차연에 의해 달라지기 마련이어서 본질적으로는 원전 그 자체에는 도달할 수 없으므로 결정이 불가능하지만 최대한 개방(산개)함으로써만 일말의 접근 가능성이 주어진다고 본다." 요컨대 절대적이고 필연이라고 여겨온 기존의 문맥을 있을 수 있는 패턴의 하나에 불과하다고 재인식함으로써 사고를 재차 활성화시키는 것이 산종이 의미하는 바다.

요. 과연 우리는 이 명제에 반론할 수 있는가 하는 문제가. '우리는 모두 죽는다. 죽는 것은 피할 수 없는 운명이자 절대적인 사실이다. 그러므로⋯⋯.' 이 명제에 어떻게 반론할까요?

누구나 하는 말 아닌가요. 대학의 철학교수님부터 욕구불만을 가진 또래의 중학생까지 툭하면 어차피 죽는다는 시시한 소리를 합니다. 그러나 앞질러서 말하면 이 '어차피'라는 단어는 불필요합니다. 정말 미묘한 차이지만 '어차피'가 붙으면 무엇을, 어떻게 변명하든 소용없습니다. 아사하라 쇼코가 한 말은 뻔합니다. 죽는다는 운명을 내세워 오로지 착취와 공포와 고달프고 비참한 착란으로 몰아넣는 지극히 사악한 이야기입니다. 아니, 이렇게 말하기는 아직 이르지요.

그래도 끈질기게 버팁시다. 비록 죽을 운명이지만 그래도 '사람은 언젠가 반드시 죽지만 내 차례는 당분간 오지 않을 것이다.' 모두들 그렇게 생각합니다.

지금, 이 『존재와 시간Sein und Zeit』의 51절을 그대로 낭독했습니다. 일단은 내 차례가 아니라고 하고 살아갑니다. 그러나 죽지 않는 사람은 없습니다. 여기에 계신, 오늘 오신 분 중에서 죽지 않는 사람이 있습니까. 마찬가지로 이 중에 죽은 적이 있는 분이 계십니까? 그만두세요. 농담이라도 손들지 마세요. (웃음) 임사체험을 한 적이 있는 분이라면 계실지도 모르죠. 그러나 그것은 죽음이 아닙니다. 갔다가 돌아오지 않는 것이 죽음의 정의이므로. 돌아왔다면 그냥 살아 있었던 것입니다. 그뿐입니다. 그렇습니다. 우리는 죽습니다. 한 명도 남김없이 죽습니다. 100년만

지나면 아마 이 자리에 계신 분은 아무도 없을 것입니다. 이것은 확실하고 절대적인 진리입니다.

자신과 세계의 멸망이 일치하기를 바라는 욕망

죽음이라는 것, 죽는다는 것. 이것을 계기로 옴진리교는 무엇을 하고자 했는가. 내부 자료를 읽으면 역시 그들은 자살하려 했던 듯합니다. 그런 인상을 풍기는 기록이 있습니다. 물론 처음에는 "우리는 선택받은 백성이며, 옴진리교에 들어가지 않은 사람들만 죽는다. 우리에게는 그런 놈들을 죽일 권리가 있다⋯⋯"라고 말합니다. 그런데 결국 그 특권성은 어딘지 도가 지나칩니다. 자폭이랄까, 자신과 함께 이 세계를 멸망시켜버리겠다는 생각에 점점 빗나갑니다. 그렇지 않았다면 사린 따위를 썼을 리 만무합니다. 사린은 아시다시피 나치가 개발한 화학병기지요. 나치도 저장은 했을망정 강제수용소에서도 좀처럼 사용하지 않았을 만큼 위험천만한 물질이거든요.

그들은 일종의 자살행위, 더 구체적으로 말하면 '자기가 죽는 순간이 이 세상이 멸망하는 순간과 무한히 겹치는 한 점'을 '절대적인 향락'으로서, 즉 '죽음의 향락', '멸망의 향락'으로서 욕망했을 겁니다. 전 세계의 갖가지 병든 종말론에는 이 욕망이, 향락이 있습니다. 자신이 죽는 순간이, 자기가 사는 세상이 멸망하는 순간이기를 바랍니다. 자신이 죽는 순간 모든 사람도 그 자리에서 죽기를 바란다는 뜻이죠. 이것과 연장선상에 이런 생각도 있습니다. '내 삶의 시간이 역사가 종말을 맞는 시간이기를 바란다', '내 삶의 시간이 절대적인 종말이자 시작이며, 특권적인 시대이길 바란다', 전부 유아적인 발상입니다. 종교사상만이 아니라 근대철학도 현대사상에서도 이러한 생각이 발견됩니다. 한통속이죠.

장담컨대 다들 의외로 이 사실을 모릅니다. 예수는, 저 신의 아들 예수 그리스도 자신은 뭐라고 했을까요. 성서의 원전을 낭독하겠습니다. 예수 가라사대 "그러나 그날과 그 시간은 아무도 모른다. 하늘에 있는 천사들도 모르고, 아들도 모르고, 오직 아버지만이 아신다." 이것은 마가복음 13장 32절입니다. 그 직전에 예수는 "내가 진실로 너희에게 말하노니 이 세대가 지나가기 전에 이 일이 다 일어나리라"라는 말의 의미조차 단언합니다. "하늘의 종말의 기한을 정하는 자는 악마다"라고 잘라 말해도 상관없겠죠. 종말이 온다고 예수가 말하긴 했습니다. 하지만 몇월 며칟날 온다는 말은 없었으며, 지금 자신들이 살아 있는 동안에 온다고 말하지도 않았습니다. 이것은 대단히 큰 차이가 있습니다. 예수가, 다름 아닌 예수가 말했다는 오늘 말씀드린 이 한마디는 여러분의 가슴에 품고 돌아가십시오. 기독교라고 자칭하며 유아적인 종말론을 내세우는 사교나 사상에 속지 말아야 하니까요.

그나저나 어째서 이런 인간은 아마겟돈을 좋아할까요. 하르마게돈Harmagedon, 즉 아마겟돈은 '메기도Megiddo의 언덕'이라는 의미인데 예수가 살았던 나사렛 근처에 있는 그저 평범한 언덕으로 당시에 자주 전쟁의 무대가 되곤 했습니다. 지방에 전해지는 이야기지요. 그러나 영화든 소설이든 만화든 뭐든 걸핏하면 세계의 운명을 걸고 싸웁니다. 그게 뭡니까? 꼭 그렇게 해야만 흥미진진해지나요? 그렇다면 불감증 아닌가요? (웃음)

그것은 뿌리 깊은 욕망일지도 모릅니다. 내가 죽는다. 나는 죽는다. 따라서 모두 죽어라. 깡그리 죽어라. 죽으면 좋으련만—그런데 그런 생각을 하는 나도 죽으면 좋으련만. 그야 자신이 죽는 순간과 세계의 종말이 일치하면 최고겠지요. 혹시라도 자신이 죽은 뒤에 세계가 황금기를 맞이할지도 모르니까요. 억울해서 환장할 노릇이지만 세상은 자신이 죽었든 말든 전혀 개의치 않고 무심하게 잘 굴러갑니다. 당돌하게 말하겠습니다. 전생은 존재합니다. 자신이 태어나기 전의 시대입니다. 내세는 존재합니다. 자신이 죽은 후의 세계입니다. 사는 게 고역인데 앞날도 암담해서 더는 못 버티겠다 싶은 순간이 문득 찾아옵니다. 그것을 해소하는 것이 '자신과 세계의 멸망이 일치하는 절대적인 순간'이라는 것이죠.

2. 파멸에 이르는 죽음의 욕망을 수렴하는 방법

자, 어떻게 하시겠습니까. 이러한 관념을 비판하기는 쉽습니다. 종말론 비판이야 개나 소나 하잖아요. 하지만 죽음의 이 압도적인 사실성에는 모두 쩔쩔맬 수밖에 없죠. 종말론을 비판했다고 죽지 않는 것은 아니니까요. 그럼 구체적으로 '모두 죽는다'에서

'모두 죽어라'로 비약하는 파멸로 이르는 이 욕동欲動, Trieb, 즉 충동을 인간은 어떻게 수렴해왔을까요.

추측건대 방법은 두 가지입니다. 하나는 불교, 특히 원시불교라는 것이죠. 또 하나는 일신교입니다. 유대교, 기독교, 이슬람교가 실행한 방법입니다. 사람은 죽는다는 압도적 사실, 뒤집을 수 없는 이 사실을 그래도 어떻게든 모종의 논리로 뒤엎어야만 이 '어차피 죽을 테니'라며 학살과 죽음을 부르는 가공할 이야기를 파괴할 수 있습니다. 어떤 방법을 썼을까요.

정직하게 말하겠습니다. 정말 부끄럽고 창피하지만 저는 산스크리트어도, 팔리어06도 못합니다. 그뿐인가요. 헤브라이어도, 아랍어도 못합니다. 한마디로 지금부터 하는 이야기는 말할 자격이 없습니다. 성서와 불전에 관한 이야기인데 본격적으로 하면 아주 골치 아프죠. 다행히 종교학과라는 이상한 곳을 나온 덕에 선배나 후배 중에는 팔리어나 산스크리트어, 헤브라이어를 유창하게 구사하는 멋진 마니아가 많습니다. 그래서 그들에게 틀렸는지, 맞았는지 이모저모 물어보며 어렵사리 알았다고 할까요. 그래서 약간 가벼운 잡담 식으로 진행하겠습니다. 매우 안타깝지만 원어, 원전과는 대조해보지 않았습니다. 언젠가는

---

06 pāli: 기원전 3세기경 스리랑카에 전파된 상좌부 불교 경전의 언어를 말한다. 중세 인도어, 아리아어인 프라크리트Prakrit에 속하며, 언어학적으로는 인도 서쪽 지방의 민중어인 파이샤치어Paiśācī의 일종이다. 팔리란 선線·성전聖典이라는 뜻이다. 참고로 삼장이란 부처의 가르침을 기록한 경장經藏, 부처가 제정한 계율을 기록한 율장律藏, 이 두 가지를 주석을 달고 연구해서 정리하고 요약한 논장論藏을 말하며, 고대 인도인들이 이 세 가지를 나뭇잎에 새겨 바구니 속에 보관한 데서 비롯되었다.

해야지 마음은 먹고 있지만.

그럼 불교부터 시작하겠습니다. 연말연시에 원시불전을 닥치는 대로 다시 읽었는데 역시 부처는 엉뚱한 사람이다 싶더군요. 솔직히 감동은 받았어요. 요즘 나도는 '죽음의, 파멸의 향락 이야기'를 박살내는 지극히 아슬아슬한 논리를 제시했습니다. 무시무시한 곡예지만 조리 있습니다. 소박하게 말해서 훌륭하다고밖에 달리 표현할 길이 없을 듯합니다. 그야말로 옳거니, 이거다 싶은 제법 쓸 만한 논리를 한 가지 제시하고 있습니다.

니체가 불교에서 본 것

지금부터 인용하는 것은 이른바 원시불전입니다. 현재 태국과 스리랑카 등지에 전파된 상좌부 불교上座部佛敎라는 불교가 중시하는 것입니다. 니체는 『수타니파타Suttanipata』[07]라는 초기의 가장 대표적인 불전을 일찌감치 영역본으로 읽었죠. 니체가 어떤 판본을 소장하고 읽었는지도 정확히 압니다. 그래서 니체는 부처의 교리를 알려면 유럽인은 앞으로 족히 100년은 더 걸릴 만큼 수준이 월등하다고 했습니다. 불교는 궁극의 허무주의라고 합니다. 그러나 니체의 말마따나 허무주의를 초월하려면 철저히 허무주의를 실천할 수밖에 없지요. 그런 의미에서 부처의 '궁

---

07 suttanipata: 팔리어 sutta는 경經, nipāta는 모음이라는 뜻이므로 경집經集이라고 번역한다. "무소의 뿔처럼 혼자서 가라"는 구절로 유명한 이 경전은 부처님이 열반에 든 후 제자들이 운문형식으로 간추린 것으로서 5장 72묶음 1,149편의 시로 짜여 있다. 석가모니의 진언에 가장 근접한, 현존하는 가장 오래된 불교 경전이다.

극의 허무주의'는 완벽한 허무주의로 허무주의 자체를 한걸음 넘어서려고 합니다. 이것은 니체가 타인의 철학에 바친 가장 깊은 찬사 중 하나입니다. 이유인즉슨—잠깐 돌아가겠습니다. 오늘은 우회에 다시 우회를 거듭하더라도 괜찮습니다.

허무주의는 두 가지 형태가 있습니다. 우선 초보적인 허무주의입니다. 한 가지에 모든 가치가 있고, 다른 모든 것에는 가치가 없다고 여기는 허무주의입니다. 겉보기에는 허무주의가 아닌 듯해도 허무주의입니다. 그래서 쓸데없이 뿌리 깊지만. 이것은 쉽게 이해하시겠죠. '천황 폐하 만세, 아리아인 만세, 나머지는 모두 죽어라'라는 식이니까요. 이른바 종교적 원리주의는 대개가 이런 식입니다. 하나가 전부고, 다른 것은 전부 무無다. 좌우지간 하나와 전부의 논리이므로 초보적인 허무주의입니다.

또 하나의 허무주의는 완전한 허무주의입니다. 모든 것이 무고, 모든 것에 가치가 없다는 허무주의입니다. 흔히 허무주의라고 하면 이것을 말하죠. 첫 번째 허무주의에서 두 번째 허무주의로 기울 때 대개 대참사가 일어납니다.

그래서 니체는 먼저 이 두 번째의 완전한 허무주의에 도달해야 한다고 합니다. 하나가 전부고, 다른 모든 것은 무라는 주장은 민족주의든 광신자든, 누구나 하는 초보적인 허무주의의 발로지요. 그는 우선 '모든 것에 가치가 없다'라는 생각에 도달해야 한다고 말합니다. 그래서 허무주의에 깊숙이 파고들어가서 허무주의를 돌파해야 한다는 맥락으로 부처를 예찬한 것이죠.

제행무상과 일체개고

자, 다음은 부처입니다. 지금 『세인트 영멘Saint Young Men, 聖☆おにい さん』이라는 만화가 큰 인기를 누리고 있습니다. 저도 젊은 친구들이 추천해서 2권까지 읽었는데 어쩌다가 부처와 예수가 단둘이 현대의 다치가와立川에서 알콩달콩 사는 모습을 그린 만화로 성전을 패러디한 개그가 재미있습니다. 두 사람 모두 천하태평인 오빠로 등장합니다. 예수보다 무섭게 그린 부처에게 확실히더 호감이 가긴 하지만. (웃음) 부처는 무섭습니다. 굉장히 무서운 사람입니다.

원시불전이란 무엇이고 어떻게 형성되었는가 하는 초기 불교의 교의와 부처의 사상에 관한 연구는 정말로 방대하고 진지합니다. 그러나 간단히 말하면 부처가 말하는 것은 세 가지입니다. 엄밀히 따지면 두 가지죠. 하나는 우리도 이해할 수 있습니다. 소위 제행무상諸行無常입니다. 제행의 '행行'은 무엇일까요. 아시다시피 '행동'은 아닙니다. 제행무상이란 '이 세상에 나타나는 모든 현상'을 말합니다. '전부'죠. 그러나 '모든 것은 무상無常하다'는 말 역시 탄식이 절로 나오는 '아아, 무상하다, 세상은 덧없다'라는 뜻은 아닙니다. 세계 종교로서의 불교 세계에서는 곧잘 일본적 무상관을 비판하곤 합니다. 또한 [『분열병과 인류』로 잘 알려진 정신과 의사] 나카이 히사오 씨가 일본적 무상관無常観이 실은 제2차 세계대전 당시 일본인에게 잔학행위를 유도했다고 경고했지요. 지당한 말입니다. 어차피 모든 것은 무상하고 흘러가버리므로 '여행길에 무슨 짓을 하건 창피는 그때뿐이다'라는 심정으로 모조리 해치워버리는 것입니다. 제행무상이란 그런 무상관, 무상감이 아닙니다. 더 가혹하고 메마른 사실입니다. 일정한 것은 없습니다. 고정된 것, 고정된 자아도 없습니다. 언젠가 죽는다, 언젠가 부서진다, 언젠가 사라진다는 단적인 사실입니다. 탄식 따위는 숨어들 여지가 없습니다. 탄식할 때 탄식하는 자아만은 무상에서 벗어나버리니까요.

또 하나는 일체개고一切皆苦입니다. 일체개공一切皆空이 아닙니다. 이미 헤겔 시절부터 이 둘을 오해했던 탓에 헤겔은 철저히 동양철학을 깔보았습니다만……, 얘기하려면 한참 걸리니 그만두겠습니다. 이 '고苦' 역시 모든 것은 고통이라는 의미가 아닙니다. 약간 뉘앙스가 다르다고 합니다. 바로 지난주에 후배가 가르쳐줬거든요. (웃음) 팔리어에는 이 '고'라는 말에 '결여되어 있다'라는 뉘앙스가 있답니다. 영어로는 인컴플리트incomplete, 즉 '불완전한, 결여된, 실패한, 미완성의'라는 뜻이 들어 있다더군요.

완벽한 것은 아무것도 없다, 완결된 것은 아무것도 없다, 완전한 것은 아무것도 없다는 말입니다. 이상적인 여자는 없다, 백마 탄 왕자님은 없다. 맹세코 진짜입니다. 농담이 아니라 대승불전에 정말로 그런 이야기가 나옵니다. (웃음)

모든 것은 고정되어 있지 않다, 모든 것은 완결되지 않는다, 모든 것은 완벽하지 않다고 하는 이유죠. 더 자세히 말하면 모든 사람은 죽는다고 말합니다. 이와나미 문고에서 나온 나카무라 하지메中村元 씨가 번역한 『수타니파타』를 읽어보시면 충분히 이해하실 겁니다. 아까 '모든 사람은 죽는다, 반드시 죽는다, 기필코 죽는다, 죽음은 피할 수 없다'라고 했는데 그 말을 장장 몇 쪽에 걸쳐서 훨씬 과격하게 표현한 시가 나옵니다. 더욱이 그 책의 마지막에서 부처는 무자비하게 이렇게 말합니다. 너는 죽는다. 하지만 그뿐만이 아니다. 너는 구원할 수 없다. 네가 사랑하는 늙은 부모도, 자식도, 아내도, 친구도, 누구 한 사람 이 죽음에서 구할 수 없다고. 누구도 구할 수 없고, 누구의 구원도 받을 수 없으며, 너는 죽어간다고(8. 화살 참조). 그러고는 염원하는 바를 이루려고 아등바등하는 사람들을 노쇠와 죽음이 소멸시킨다는 노골적인 말을 툭 던집니다(학생 캄파의 질문 1094 참조). 삶은 유한해서 언젠가 죽으니 그때까지 어떻게든 아등바등 열심히 살자는 뜻이 아닙니다. 버텨봤자 죽는다, 죽음이 소멸시킨다, 그리고 너는 소멸로부터 누구도 살릴 수 없다고 합니다. 부처도 그런 사람입니다. 제행무상과 일체개고는 그런 말입니다.

부처의 회답―윤회전생

그럼 불교는 이 파멸적인 죽음으로 쏠리는 세태를 어떻게 저지했을까요? 그 방법은 아사하라 쇼코적인 사회현상을 저지할 수 있을까요. 어떤 생각에서 그 아슬아슬한 논리가 나왔을까요. 그 생각 자체는 불교 이전에도 있었습니다. 그뿐만 아니라 불교가 생긴 무렵에는 이 사상을 따라 행동하는 것에 대한 비판도 이미 있었다고 합니다. 매우 난해한 사상이지만요.

  그것이 '윤회전생'입니다. 윤회전생은 여러 종교에서 자주 이용됩니다. 이유는 간단하기 때문입니다. 가장 간단한 트릭입니다. 물론 부처는 이 윤회전생을 한층 다른 방법으로 활용했지만. 먼저 평범한 트릭으로서의 윤회전생에 관해 생각해보기로 하지요.

가령 우리는 고뇌를 안고 태어납니다. 꽃미남으로 태어났으면 좋으련만이라든가, (웃음) 키가 컸더라면 좋았을 텐데 하는 시시껄렁한 고민부터 제 친구처럼 원폭 후유증이나 유전병으로 겪는 엄청난 고초까지. 타고나는 환경은 선택할 수가 없습니다. 부모도 골라서 태어날 수 없습니다. 태어나는 것 자체를 선택할 수 없기 때문입니다. 누구도 태어나고 싶어서 또는 허락받고 태어나지는 않습니다. 나는 왜 이 모양으로 태어났을까? 어째서 이런 신세로 태어난 거지? 하며 괴로워합니다. 하지만 윤회전생이라는 트릭을 쓰면 답은 간단합니다. 전생에 잘못을 저질렀기 때문이라고 하면 됩니다. 전생에 지은 죄가 많기 때문이라고 하면 일단은 수긍합니다. 게다가 이런 경우도 있습니다. 가령 이렇게 말하는 사람이 나타났다고 칩시다. '내게 주어진 내 인생이니 내 멋대로 하겠다는데 뭐가 잘못이야? 내 맘대로 살다가 죽을래. 설사 살인죄를 물어서 사형시켜도 전혀 상관없으니 죽이고 싶은 만큼 실컷 죽일 거야'라고 했다면 무슨 재간으로 말리겠습니까. 그러나 역시 윤회전생이라는 트릭을 쓰면 '아니, 내세가 있어. 그런 짓을 했다가는 다음 생에 바퀴벌레로 태어나'라고 하면 착하게 삽니다. (웃음) 바퀴벌레나 꼽등이로 태어날 바에야 그만두는 편이 낫다고 하면 자포자기했던 사람도 뜨악해서 마음을 접으니 참 희한하죠. (웃음) 사상으로는 그리 고급스러운 부류는 아닙니다. 그래서 저는 트릭이라고 부릅니다. 종교의 트릭입니다. 완성도는 높지만 그래도 트릭입니다. 트릭으로서의 윤회전생입니다. 저급한 트릭일지언정 맹세코 부정하는 것은 아닙니다.

단지 부처라는 사람이 있었으니까 어쩔 수 없습니다. 그는 이 트릭인 윤회전생을 새롭게 탈바꿈시켰습니다. 윤회전생은 그 당시에도 이미 흔한 생각이어서 '또 그놈의 전생 타령, 내세 타령이야?'라며 타박하곤 했습니다. (웃음) 인간은 그렇게 바보가 아닙니다. 인도에는 이전에도 뛰어난 종교사상, 철학적인 시도가 많이 있었거든요.

부처는 독특하게도 '이 윤회전생 개념 하나만 이해하면 죽음의 공포로부터 구원해주겠다'라고 했습니다. 죽는 것은 무섭습니다. 고통스럽기도 하고요. 언젠가 죽는다. 반드시 죽는다. 공포입니다. 이 공포가 무슨 일이든 하게 만듭니다. ……그런데 윤회를 한다면 죽어도 죽은 것이 아닙니다. 죽는 것이 두렵다? 바퀴벌레로 환생할지언정 어쨌든 살아 있잖아요! (웃음)

다음 생에는 영양으로 태어날지도 모릅니다. 그래도 살아 있습니다. 죽지 않습니다. 그렇습니다. 윤회전생이라는 교리 하나만 이해하면 개개인의 죽음과 죽음의 공포로부터 구원해주겠다는 말이죠. 개개인의 죽음을 철저히 상대화·무효화·경량화한 것입니다.

개개인의 죽음을 초월한 진정한 죽음

개개인의 죽음에는 의미가 없다. 공포는 없다. 너희들이 두려워하는 죽음은 죽음이 아니다. 환생하니까. 이런 아주 잔혹한 말을 한 사람이 부처지요. 그런데 죽으려 해도 차마 죽을 수가 없습니다. 모진 목숨을 이어가야만 합니다. 하지만 그 삶은 '일체개고'이고 고통입니다. 죽는 공포를 죽을 수 없는 고통으로 바꿔버립니다.

한 부호가 부처에게 이런 말을 합니다. "당신들은 우리 공동체의 생산력과 시주에만 의지해서 무위도식합니다. 생산하는 일은 일체 하지 않으니 우리가 생산하지 않으면 이 세상은 멸망합니다. 그러니 불교도 망할 것입니다. 그런데 대체 무슨 심보로 속인俗人을 업신여깁니까!" 상당히 예리하고 정당한 비판이지요. 그러나 부처는 "아니, 그러니까 이 세상이 망해도 우리가 상관할 바가 아니오"라고 단언합니다. 모르는 일이라고. 대단한 허무주의지요. 부처는 이 세상의 모든 인간이 멸망해도 눈썹 하나까딱하지 않습니다. 죽은 것이 아니므로. 어차피 윤회할 테니까. 그러나 착각하지 마세요. 부처는 여기서 철저히 잠금장치를 겁니다. 불교에는 아힘사[08]라는 살생계가 있거든요. 불전에 똑똑히 적혀 있습니다. 모든 생명이 가벼워지고 무가치해질뿐더러

---

08 ahimsā: 힌두교·불교·자이나교를 아우르는 인도 종교문화의 중요한 덕목이다. 살아 있는 모든 생물을 살생하지 말라는 뜻이며, 적극적으로 말하면 자비metta다. 고대 인도의 종교 지식과 제례규정이 담긴 문헌 『베다』의 제식에서 동물이 희생되는 관행에 대한 반대로부터 유래했다. 인과법칙을 믿는 인도인들은 아힘사를 행하지 않으면 다른 생명체의 영적 진보를 방해해서 업보와 고통을 받는다고 믿으며, 간디는 독립운동을 벌일 때 '비폭력'의 뜻으로 사용했다. 『수파니파타』에 나오는 "어머니가 하나뿐인 아들을 목숨 바쳐 구하듯, 이와 같이 모든 생명에 대하여 한량없는 마음을, 온 세계에 대하여 자애롭고 한량없는 마음을 닦게 하여이다"라는 구절이 유명하다.

모든 것의 죽음까지도 가볍고 무가치하게 만들어버린 끝에 뜬금없이 '그렇다고 해서 죽여도 된다는 말은 절대 아니다'라고 합니다. 정말로 위험천만하달까, 대단한 줄타기를 훌륭히 해낸 것이죠.

죽음의 공포를 죽을 수 없는 고통으로 바꾸는 것. 개개인의 죽음을 고통스러운 삶의 연속으로 바꾸는 것. 개개인의 죽음을 절대적으로 상대화하는 것. 그리고 이러한 개개인의 죽음을 초월한 '절대적인 죽음'을 마련해둡니다. 바로 '참된 죽음'입니다. 이 개개인의 죽음 그 자체인 연속되는 고통스러운 삶에서 완전히 탈출하고 벗어나는 것이 참된 죽음입니다. 그러면 더는 공포도 고통도 아니지요. '두 번 태어나지 않는 것'이 참된 기쁨입니다. 이것을 해탈이나 열반, 니르바나nirvāna라고 합니다. 확인하겠습니다. 원시불전에는 분명히 적혀 있습니다만 살아 있는 동안은 성불하지도, 니르바나에 이르지도 못합니다. 산 사람은 성불할 수 없습니다. 아사하라 쇼코의 말은 틀렸습니다. 부처조차 죽기 전에는 성불할 수 없습니다. 또한 티베트 불교의 한 종파에서는 살아 있는 동안에 해탈했다고 자처하는 것을 가장 큰 죄로 여깁니다. 지금까지의 논리를 찬찬히 좇아가면 당연하지만. 이와나미 문고판을 읽으면 대번에 압니다. (웃음) 시시한 불교 입문서보다 직접 경전을 읽는 편이 낫습니다.

따라서 진정한 죽음을 능가하는 죽음을 마련해서 우리 개개인을 괴롭히고 위협하는 이 죽음의 공포를 단숨에 상대화해버립니다. 불교는 기본적으로 무신론이기에 신을 전제로 하지 않습니다. 딱 하나 윤회전생이라는 교리만 이해하면 구원해주겠다는 위험하고 위태위태한 말을 한 사람이 부처입니다. 어떤 의미에서 '죽음의 이중화'지요.

일신교의 경우

일신교는 이해하기 쉬우니 간단히 끝내겠습니다. 이것 역시 죽음을 이중화합니다. 죽음을 상대적인 것으로 만들기 위해 진정한 죽음을 저편에 둡니다. 그래서 죽음의 고통을 경멸합니다. 기독교라면 간단합니다. 최후의 심판입니다. 최후의 심판이 실로 진정한 죽음이며 그것에 비하면 우리 개개인의 죽음은 하찮습니다.

우리의 죽음은 가짜입니다. 숨이 끊어져서 매장하는 것이죠. 기독교도는 최후의 심판 때가 오면 부름을 받은 사람들이 줄줄이 무덤에서 나옵니다. (웃음)

다들 웃으시지만 중세 회화를 전시하고 있는 유럽의 대형 미술관에 가면 줄줄이 시체가 나오는 광경을 묘사한 그림이 떡하니 걸려 있습니다.

세계의 종말이 왔을 때 그야말로 좀비 같은 것이 묘지에서 줄줄이 나옵니다. 그리고 최후의 심판이 시작됩니다. 그것이 구원입니다. 언젠가 찾아온다는 구원인 절대적인 죽음이 임박한 장면입니다. 그래서 방금 얘기했듯이 개개인의 죽음을 하찮게 여기는 것이죠.

그런데 여기서 기독교에만 있는 지극히 기묘한 요청이 하나 등장합니다. 기독교도에게 가장 두려운 것은 구원이 없는 것입니다. 무슨 말인가 하면 최후의 심판 자리에 부름을 받지 못하면 구원은 없습니다. 이중의 죽음이 가능하지 않으니 구원받지 못하고 그냥 죽는 겁니다. 완전히 공포에 휩싸여서 그냥 개죽음하고 맙니다. 신께서 가상히 여기지 않아 죽는 것이니 구원은 없습니다.

따라서 그들에게는 최후의 심판 명부에 자신의 이름이 빠져 있는 것이 가장 큰 공포입니다. 그래서 임종 때 신부님이나 목사님을 부르고, 죽음이 임박하면 '종부성사(병자성사)'를 해서 인증해줍니다. 또한 최후의 심판 자리에 부름을 받았을 때 사지육신이 멀쩡한 상태로 가기 위해 전통적으로 시신은 화장하지 않고 매장하는 것이 원칙입니다. 그런데 화장하면 확실히 죽지만 매장하면 더러는 살아나기도 합니다. 옛날에는 죽음의 의학적 판정도 애매했으므로 '우리 딸이 죽었대서 묻었는데 무덤 속에서 툭탁툭탁 소리가 나서 열어보니 살아 있었다, 그냥 가사상태였다'라는 사건은 실제로 중세부터 18세기까지 끊임없이 일어납니다. (웃음)

어째서 두려울까요. 무섭죠. 기독교도로서 가짜가 아닌 진짜로 죽었다고 정확히 인증을 받아야만 진정한 죽음인 최후의 심판 자리에 부름을 받으니까요. 그렇지 않으면 구원이 사라집니다. 그래서 자신의 죽음을 확인해주기 바랍니다. 자신이 죽은 사실을 똑똑히 확인하고 신에게 전해주길 바라는 것이 기독교도의 기묘한 욕망입니다. 인증받지 못해서 신에게 자신이 죽은 사실이 전해지지 않아 최후의 심판 명부에서 빠지면 정말로 헛된 개죽음이 되는 것입니다. 기독교 문명에서 되살아난 시체를 일컫는 이른바 좀비나 흡혈귀, 굴[09], 언데드Undead 같은 것이 그토록 공포의 대상이고, 아직까지도 영화나 소설의 소재가 되는 이유는 실은 이것과 관련됩니다. 죽지 않고, 죽을 수 없는 것은 신께서 구원해주지 않는다는 말이니까.

3. 하이데거에게 죽음의 문제

지금까지는 종교에서 말하는 죽음의 문제에 관한 약간 일반적인 이야기였습니다. 이제부터는 좀 엄밀하게 이야기하겠습니다. 죽음의 문제는 사라지지 않습니다. 현대에 와서 그 문제를 정면으로 거론한 사람은 역시 하이데거입니다. 그리고 그가 나치의 정치운동과 관계를 맺었던 사실 역시 더는 논증할 필요가 없다고 생각합니다. 이 일에 관해서 이러니저러니 하기는 싫으니 간

---

09 Ghul: 식인귀로 번역되며 겉모습은 인간과 구별할 수 없을 만큼 흡사하다. 남성인 굴은 길쭉한 귀와 얼굴에 눈이 툭 튀어나온 괴상한 형상을 하고 있지만, 여성인 굴라Ghulah는 미인이어서 자칫 유혹에 빠졌다가는 잡아먹힌다. 『아라비안나이트』 다섯 번째 밤의 '왕자와 식인귀' 편에서는 굴라가 자기 아이에게 젊은이의 인육을 먹이는 장면이 나온다. 굴을 퇴치하려면 알라신에게 기도하거나 제757·778째 밤의 '모하메드 빈 사바이크 왕과 상인 하산' 편에서처럼 동으로 만든 초승달 모양의 칼로 배를 가르라고 한다. 좀비는 부두교의 신관 보콜(백마술을 쓸 때는 오운간이라고 함)이 흑마술과 약으로 부활시킨 시체로서 알려진 바와 달리 썩지 않으며 사람을 습격하지도 않는다. 본래는 부두교에서 극형을 받은 범죄자를 가리키며 부활한 후에는 노예로서 노동에 종사한다.

결하게 말하겠습니다. 나치라는 이유로 하이데거의 책을 도외시해서는 안 됩니다. 20세기의 가장 위대한 철학자를 세 명 들라면 저는 하이데거와 비트겐슈타인과 들뢰즈를 들겠습니다. 저의 가치판단이지만 아마 틀림없을 겁니다.

나치의 본질이 무엇이냐에 관해서는 충분한 설명이 있어서 다양한 사회학적·역사학적 분석이 가능하다고 생각합니다. 프랑스의 장 아메리[10]나 미셸 푸코가 후기의 강의에서 말한 대로 역시 나치는 자살을 목표로 했습니다. 전 세계를 끌어들인 자살을. 유대인 문제의 '최종해결'이 유명하지만 그 밖에도 다양한 민족집단에 대한 '해결'을 직간접적으로 시사한 끝에 총통명령 전보 71번을 치지요. 패색이 짙을 때 히틀러가 내린 명령입니다. 거기에는 분명히 적혀 있습니다.

"독일인의 생존조건을 파괴하라"라고.

피에르 르장드르라는 사람은 이를 가리켜서 정확히 '독일 민족국가의 절대적인 자살'이라고 합니다. 역사상 드물게 보는 한 민족의 자살 기도라고. 더욱이 세계와 함께 자살하는 것을, 세계의 파멸이 자신들의 자살과 일치하는 순간을 꿈꿨다고. 앞에서 했던 얘기와 같지요. 어딘가 닮았지요. 결국 나치가 바란 것은 민족과 죽음, 민족의 죽음이었습니다.

시간도 없으니 살짝만 설명하지요. 실은 어째서 존재론인지,

---

10 Jean Améry: 1912~1978, 독일의 언어학자. 저서로는 "고문을 경험한 자에게 이 세상은 더는 편하지 않다"라며 강제수용소의 체험을 기록한 『죄와 속죄의 저편』, 『자유 죽음』, 『늙어감에 대하여』 등이 있다.

왜 '현존재'라는 용어를 쓰는지, 또 '손안에 있는 것'이라는 용어[11]부터 꼼꼼하게 해설해야 하지만 지금은 다른 것에 할애하겠습니다. 죽음과 민족문제에 집중하겠습니다. 그것이 오늘 할 죽음의 이야기의 본론이므로.

인간은 거의 세상에 융화되어 산다

『존재와 시간』에 "인간들은 우선 대개 그들(사람들) 속에서 자기 자신을 망각하고, 그들(사람들) 속에 매몰되어 살고 있다"라고 적혀 있습니다. 무슨 말인가 하면 인간은 이쪽이 주체, 저쪽이 객체라는 식으로 확연히 구분해서 또렷하게 세계를 인식하

---

11 용어설명

　① 현존재Dasein: 하이데거가 Da(거기에)와 Sein(존재, 있음)을 결합시켜 만든 용어로 인간을 지칭한다. 이기상 교수는 '거기 있음'이라고 옮겼다. '존재가 나타나는 바로 그 자리'라는 말이며 일본 사람들이 번역하는 과정에서 붙인 용어라고 한다.

　② 세계-내-존재in-der-Welt-sein: 내-존재란 현존재가 세계 안에 몰입해 살고 있음을 의미한다. 그 이유는 독일어 In-sein의 어원을 살펴보면 알 수 있다. 내in은 innan에서 유래하는데 in은 (어디에) '산다', '거주한다', '체재한다'를, 'an'은 '익숙하다', '친숙하다' 혹은 '돌보다'를 의미한다. 따라서 '내in'는 단순한 공간적 관계를 의미하는 것이 아니라 세계 안에 친숙하게 거주함을 의미한다. 또한 In-sein에서 sein의 3인칭형인 bin(있음)은 'bei'와 연관되는데, 'bei'의 어원적 의미는 단순히 '공간상에서의 옆'이 아니라 '이러이러하게 친숙한 세계에 몰입해서 머무르고 있음'에 해당한다.

　③ Zuhandensein: '도구적 존재'라고도 한다. 하이데거는 '존재자das Seiende'와 '존재 das Sein'를 '눈앞에 있는 것Vorhandenes'과 '손안에 있는 것Zuhandenes'으로 구분했다. '눈앞에 있는 것'이란 우리와 상관없이 그 자체로 이미 존재하는 것, 즉 '존재자'를 뜻한다. 한편 존재란 단순한 사물이 아니라 사물이 현실의 세계에서 만들어내는 상황을 뜻한다. 따라서 도구가 된다는 것은 삶에 앞서서 미리 발생하는 것이 아니다. 나아가 이 세계를 이루는 요소들 또한 사물(존재자)이 아닌 그것이 인간과 도구적 관계를 맺으며 발생하는 상황(존재)이다. 요컨대 세계란 사물의 총합이 아닌 인간이 사물과 도구적 연관을 맺으며 살아가는 상황, 즉 존재의 연속인 것이다.

고 사는 게 아니라 분위기Stimmung(기분)나 처한 상황Befindlichkeit 에 거의 융화되어 산다는 말입니다. 인용할까요. "즉 뭔가와 관계를 맺는다, 뭔가를 제작한다, 뭔가를 정돈하고 손질한다, 뭔가를 사용한다, 뭔가를 버리거나 없앤다, 기획한다, 다시 하다, 찾는다, 질문한다, 고찰한다, 논한다, 규정한다 하는 등의 모습으로 있다." 별말 아니지 않나 (웃음) 싶지만 정말로 인생에서 '살고 있다, 쉰다, 지친다, 게으름 피운다, 땡땡이친다, 해낸다'라고 적혀 있어요. 인용하겠습니다. '처리한다, 조달한다, 걱정한다, 근심한다', 우리가 날마다 하는 갖가지 일들이죠. 하이데거는 이를 가리켜 배려Besorgen라고 합니다. 세계는 객관, 나는 주관, 명석한 인식은 인간이 사는 방식이 아닙니다. 긴밀하게 세계와 관계를 맺으면서 그 환경에 거의 융화되어 갈팡질팡하며 활기차게 삽니다. 아등바등 사느라 어떤 의미에서 자기의 존재를 망각한 채 거기에 있습니다. 그래서 이 안에 있는in-sein, 거기에 있는Dasein, 다시 말해 이 세계에 거의 융화되어 있는 우리는 다른 사람들과 함께 있는 공동존재Mitsein라고 하는 것입니다.

대체가 되는 우리의 삶

그런데 여기서 문제가 발생합니다. 여러분은 이렇게 해서 이 자리에 오셨습니다. 어디에 살든 아침에 자명종 소리에 잠을 깨고 침대에서 일어나 날마다 흔들거리는 만원전차를 탑니다. 만원전차는 『존재와 시간』에도 등장합니다. 그리고 다시 이렇게 해서 이런저런 수다를 떨다가 목욕하고 잠자리에 드는…… 평범한

일상이지요. (웃음)

가령 멋진 체험을 했어도 다른 사람에게 그 얘기를 한 순간 '드라마틱하다'라고 말합니다. 어디서 많이 듣던 이야기가 됩니다. 다시없는 소중한 체험을 했어도 이를테면 '뉴칼레도니아에 갔는데 굉장히 아름다웠어', '진짜 운명의 짝을 만났어'라고 해도 '그래, 그래, 어련하시겠어!'라고 합니다. 인용하겠습니다.

"그들이 일상성의 존재양식을 지정해주고 있다. 사람들이 타인들에게 속한 고유한 본질적인 귀속성을 은폐하기 위해서 그렇게 이름하고 있는 '남들'이, 곧 일상적으로 서로 함께 있는, 대개 '거기에 있는' 그들인 것이다. 그 '누구'는 이 사람도 저 사람도 아니고, 사람들 자신도 아니며, 몇몇 사람들도 아니고, 모든 사람의 총계도 아니다."

즉 무엇 하나 나만의 것은 없습니다. 지루한 데다 반짝반짝 빛나는 것도 일체 없습니다. 간혹 있더라도 오롯이 나만의 것은 아닙니다. 모두 비슷한 이야기를 합니다. 비슷한 옷을 입고, 비슷한 생각을 하고, 비슷한 욕망을 품고, 비슷한 이성에게 끌리거나 혹은 동성을 그리워하며, 비슷한 쾌락에 빠져 있습니다.

또 인용할까요. "우리는 남들이 즐기는 것처럼 즐기며 좋아한다. 우리는 남들이 보고 판단하는 것처럼 읽고 보며 문학과 예술에 대해 판단한다. 우리는 또한 남들이 그렇게 하듯이 '군중'으로부터 물러서기도 한다. 남들이 격분하는 것에는 우리도 격분한다."

요컨대 누구나 비슷한 생각을 하고, 비슷한 옷을 입고, 같은 것을 듣고, 똑같이 월요일 저녁 9시에 방영하는 드라마를 보면서 운 다음 역시나 '판에 박힌 얘기라서 너무 식상해'라고 토를 달며 삐딱하게 굽니다. 자신의 개성을 내세우려고 그런 통속적이고 흔한 것을 거부하고 비판하지만 그마저도 단지 누군가를 따라하는 데 불과합니다. 미시권력에 빠져서 누군가를 따라하듯이 비딱하게 굴고 눈을 치켜뜹니다. 하이데거가 말했다시피 그런 것은 전부 유언비어나 표절, 풍문, 소문으로만 이루어져 있습니다.

하이데거는 이것을 '존재양식의 획일성 또는 평준화'라고 부릅니다. "공공성Öffentlichkeit은 모든 것을 흐리게 하고서야 이렇게 은폐된 것을 이미 알고 있는 것, 잘 알려진 것, 모두에게 접근 가능한 것으로서 내어준다." "모두가 타인이며, 어느 누구도 자기자신이 아니다." "그 '누구'는 중성자(불특정 다수)로서 '그들Das Man, 세인世人'이다." 그냥 인용문을 그대로 읽어드렸습니다. 대단하죠. 우리의 공허하고 심드렁한 인생을 사실대로 시원하게 분석했습니다.

모두가 비슷하게 살고, 반발하고, 전부 평준화Einebnung, 평균화한다는 말은 실은 대체가 가능하다는 뜻입니다. 욕망을 채워준다면 누구든, 뭐든 좋습니다. 대체가 가능하니까요. 우리는 전부 대체 가능한 존재가 되고 말았습니다. 실은 여러분도 굳이 제가 아니어도 되지요. 짓궂은 말이지만. (웃음) 하이데거 이야기를 할 수 있는 사람이 어디 저뿐인가요.

이것이 하이데거의 말에 담긴 속뜻입니다. 실례지만 저도 굳이 여러분이 아니어도 상관없다고 하면 말이 너무 심한가요. (웃음) 심해도 이것이 우리네 인생의 실상입니다. 서로가 서로에게 대체 가능한 존재가 되고 말았어요.

공통 체험의 상실

하이데거는 이러한 일종의 평준화, 교환 가능성을 기능하게 하는 공공성의 수준은 보도기관(신문)으로 가늠한다고 언명합니다. 모든 것은 보도기관이 퍼뜨린 얄팍하고 흔한 이야기, 평범한 이야기가 되어버렸습니다. 자신의 참된 욕망은 사라져버리고, 남아 있는 것은 누군가의, 누군가를 따라한, 빌린 욕망이라는 말입니다. 요컨대 나만의 고유한, 이를테면 나만의 사랑, 나만의 욕망, 나만의 스타일, 나만의 체험 같은 것이 모두 사라져버렸다는 말입니다. 그런 것이 있는 시대 자체가 그런 것이 사라져버린 것의 효과로서 존재하는 것입니다.

또한 개개인의 고유한 것도 사라져버렸지만 '공통된 것', '공동의 것'도 사라져버렸습니다. 무슨 말일까요. 하이데거가 말하길 "언어Sprach의 실존론적-존재론적 토대는 말Rede이다"라고 했습니다. 우리는 말하고 이야기합니다. 앞서 말씀드렸죠. 특별한 경험도 '드라마 같은' 일이 되고 맙니다. 아무리 각별한 체험담도 소설이 되어버리고, 흔한 이야기가 되고 마는 것입니다. 그 이야기 속에서 저마다 남이 당연히 읽어야 할 책이나 이미 보았어야 할 영화를 인용합니다. 그리고 봤어? 어땠어? 재미있었어. 좋았어. 그것으로 끝입니다. 여기서 결정적으로 삭제되어 잃어버리는 것이 있습니다. 즉 모든 것이 얕게 퍼져버린 결과 정말로 공유하는 공통된 것, 함께하는 것마저도 소실되고 맙니다. 개個도 공共도 동시에 지워졌다는 말입니다. 다시 말해 그 경계선이 증발해버렸고, 그 증발이 공공성 자체입니다.

다시 한번 말하겠습니다. 나만의 체험은 말을 매개로, 더 넓게 말하면 보도기관을 매개로 한 탓에 모조리 흔한 이야기, 평범한 소설이 되고 맙니다. 따라서 자신의 특별한 체험, 나만의 고유한, 둘도 없는 체험과 타인의 다시없는 체험을 동시에 잃어버렸습니다. 그렇다면 공동으로 갖고 있던 공통된 체험, 모든 사람이 두루 공감할 수 있는 체험도 아울러 사라져버렸……을까요.

죽음이라는 절대적인 경험

거짓말입니다. 있습니다. 자신만의 고유한, 각별한, 둘도 없는 체험이며, 그리고 모든 사람에게 공통되고, 모든 사람이 나누는 절대적인 경험이 딱 하나 있습니다. 무엇일까요. 죽음입니다.

모든 사람은 죽는다. 아주 적절한 하이데거의 말마따나 죽음은 아무도 대신해줄 수 없습니다. 가령 아이가 강에 빠졌습니다. 제 수영 실력은 별로지만 일단 구하러 갑니다. 아이를 구했으나 강물에 휩쓸려서 떠내려가다가 강물에 빠져 죽었습니다. 아이 대신 죽었습니다. 하지만 목숨을 건진 그 사내아이가 죽지 않는 것은 아닙니다. 그렇죠? 아이를 구한 행동이 헛되다는 말은 아닙니다. 헛된 희생은 아니지만 아이 대신 죽은 것은 아니지요?

그러므로 죽음은 홀로 맞이해야 합니다. 스스로 죽어야 합니다. 자신에게 정말로 다시없는, 고유한 체험은 다름 아닌 죽음입니다. 죽음만큼은 본인이 죽을 수밖에 없습니다. 그리고 모든 사람은 죽습니다. 인간의 공통된 운명입니다. 잃어버린 나만의 체험이자 모두에게 공통된 체험은 죽음입니다.

하이데거를 인용할까요. 47절부터 53절입니다.

"죽음이란 각각의 현존재가 결국 언젠가는 스스로 감당할 수밖에 없는 과제다." 또한 "죽음은 곧 눈앞에 닥쳐온다." "죽음은 고유하고 독자적이며, 절대 추월할 수 없는 가능성이다." "사람은 죽는다." "그러나 내 차례는 당분간 오지 않을 것이다"라며 "죽음으로부터 부단히 도망친다." 그러나 이러한 태도는 "죽음은 예고 없이 찾아온다는 사실을 은폐한다." 문턱 밑이 저승이라고 내일 죽을 수도, 지금 당장 죽을 수도 있습니다.

인간은 다양한 가능성을 갖고 삽니다. 그러나 그 가능성 중 유일하게 다른 모든 가능성을 무로 만들어버리는 가능성이 있습니다. 바로 죽음입니다. 죽음은 모든 불가능성의 가능성입니다.

모든 가능성을 불가능하게 하는 가능성입니다. 독특하고 유일한 가능성이죠. 그래서 하이데거는 이 죽음을 몸소 자유로 받아들입니다. 그저 죽음에 노출되어 있을 뿐만 아니라 그 죽음을 도리어 자유의 근원으로서 적극적으로 받아들이도록 합니다. "자기 자신이란, '그들'의 환상으로부터 해방된 정열적이고 사실적인 자기 자신을 확증하는, 죽음을 향한 자유 속에서 불안에 시달리는 자신이다." 정열적인 죽음을 향한 자유 속에 있는 자신이라, 철학서답지 않은 말투지요.

하이데거의 차질

우리는 죽습니다. 죽음의 가능성을 갖고 있습니다. 우리만의 그리고 만인에게 공통된 죽음의 가능성을 갖고 있습니다. 이것을 하이데거는 '엔츨로슨하이트Entschlossenheit'라고 했는데 결단해서, 결연한 각오로 죽음을 받아들이는 것입니다. 굳은 각오로 죽음을 압도적인 자유의 근원으로서 받아들이는 것입니다. 즉 언제든 죽을 수 있다는 말입니다.

불안 속에서, 죽음에 대한 불안 속에서, 결단성 있게, 각오하고 언제든 죽을 수 있다고 굳게 마음먹는 것. 그것만이 내 자유의 근원이자 유일한 가능성의 열쇠라는 것입니다. 그러므로⋯⋯ 결론은 독일 민족을 위해 싸우지 않겠는가(!)입니다. 고명한 하이데거의 『존재와 시간』 74절을 읽겠습니다. 자세한 부분은 나중에 설명하겠습니다. 아무튼 예사롭지 않은, 비범한 문체로 철학을 논해서 유난히 비장한 느낌이 드실 겁니다.

"오직 죽음에 대한 자유로움만이 현존재에게 단적으로 목표를 제공하며 실존을 그 유한성에 부딪치게 한다.""앞질러 달려가면서 죽음으로 하여금 자신 안에서 죽음의 위력을 가지도록 할 때 그는 죽음에 대해서 자유로우면서 자신을 그의 유한한 자유의 독특한 강력함 속에서 이해하며, 그래서 각기 그때마다 오직 스스로 선택한 것 속에만 존재하는 이러한 유한한 자유

안에서 그 자신에게 내맡겨져 있음의 무력함을 넘겨받고 열어 밝혀진 상황의 우연들을 꿰뚫어볼 수 있다. 그러나 운명적인 현존재가 세계 내 존재로서 본질적으로 타인들과 함께 더불어 있으면서 실존할 때 그의 생기는 '공동생기'이고, 역운Geschick[역사적 운명]으로 규정된다. 이로써 우리는 공동체, 민족의 생기를 지칭하고 있는 셈이다." [이기상 교수의 번역 참조]

어째서 돌연 민족이 등장할까요. 이 엄격한 책 속에서 한 번도 정의한 적 없이 돌연 민족이 등장합니다. 왜냐하면 사실은 사정이 있어요. 방금 말한 생기가 무엇일까요. 생기, 공동생기, 별안간 이상한 용어들이 튀어나왔죠. 먼저 이 공동생기라는 말은 함께 발생하다, 함께 나타난다는 뜻입니다. 앞에서 하이데거가 보도기관을 매개로 모든 사람을 흔한 소설에 편승시키는 것을 함께 있음Mitsein이라고 했는데 이것과는 또 다른 함께 있음이지요. 이것을 공동생기, 즉 '미트거쉬인Mitgeschehen'이라고 합니다. Mit가 함께이며 Geschehen이 생기입니다. 이것에 운명Geschick, 역사Geschichte를 포갠 것입니다. 함께 생기하는 것은 함께 운명을 짊어지는 것이며, 함께 역사를 담당하는 것이다, 곧 민족을 의미하지요. 그러나 어감은 분명 비슷하지만 이런 언어유희는 독일어에만 있어서 영어 등의 외국어로 옮기기가 대단히 난감합니다. 민족, 운명, 역사를 동시에 표현하는 말은 다른 언어에는 없으니까요. 분명 제일 처음 출간된 프랑스어 번역본에서는 이 부분을 '아방투어 파르타지aventure partagée'라고 번역합니다. 직역하면 '나눈 모험'인데 어색하지요. 함께하는 모험도 아니고. (웃음) 영어로는 공역사회co-historizing라고 번역되는데 역시 무리가 있습니다. 운명이라는 뜻이 사라지죠. 영어로도 프랑스어로도 옮길 수 없습니다. 오직 독일어에만 있으니까요. 그런 하이데거적인 언어유희 속에서만 함께 나타나는 것이 죽음을 각오하는 것이고, 운명이며, 역사이고, 독일 민족의 운명입니다. 구태여 이 대목을 약간 경계를 풀고 악의 없이 말하면 '나치잖아!'가 아닐까 싶습니다.

이상이 고명한 하이데거의 『존재와 시간』에서 최대 걸림돌인 74절입니다.

"우리는 죽는다. 전부 죽는다. 기필코 죽는다. 그러므로 그 죽음을 엄연한 우리의 자유로서 받아들이기로 각오하면 민족의 명운을 보전한다!"라고. ……이쯤 이야기하면 감이 오시죠. 속상하지만 그런 이야기를 누구나 아는 드라마 같은 통속적인 소설을 초월했을—그리고 그것을 초월하는 시어를 특권시하는—하이데거의 이 주장은 얼토당토않은 통속적인 소설이 되어버리지는 않았는가.

죽음을 각오하고 나라를 위해서라니 그야말로 최악 아닌가요. 다만 강력합니다. 통속적인 만큼 이상하게 강력합니다. 더욱이 그것이 누구나 피할 수도, 절대로 부정할 수도 없는 죽음을 지렛대로 하고 있는 한은.

옴진리교와 흡사하지요. 하지만 반대입니다. 어떤 의미에서 옴진리교는 나치의 캐리커처 같은 구석이 있었습니다. 언제든지 죽을 수 있다고 했지요. 언제든지 죽을 수 있는 각오가 멋지다는 시답잖은 소리예요. 번뇌로 가득 찬 삶이 더 나아요, 인간은. 언제든 결연히 죽을 수 있다는 헛소리는 흘려버리세요. 항상 뻔뻔하고, 어수룩하며, 불온한 사람으로 사는 편이 훨씬 훌륭합니다.

4. 블랑쇼의 죽음의 개념

오늘은 일부러 차분하게 진행할까 합니다. 왜냐하면 어떤 의미에서 차원이 다른 소설을 비판하려 하기 때문입니다. 시작하기도 전에 분위기가 달아올라서는 안 됩니다. 소설도 스토리텔링도 아닌 말을 꺼내야 합니다.

따라서 여기서 모리스 블랑쇼Maurice Blanchot가 등장하는 것은 우연이 아니라고 생각합니다. 모리스 블랑쇼라는 사람은 문예비평가 혹은 소설가로서 유명합니다. 전쟁 전의 가장 위대한 비평가가 폴 발레리라면 전후의 가장 위대한 비평가로 일컫는 사람은 블랑쇼입니다. 미셸 푸코가 젊었을 때 친구에게 "나는 블랑쇼가 되고 싶어"라고 편지를 보냈다는 그런 인물입니다. 질 들뢰즈가 "그 사람이야말로 죽음의 새로운 개념을 발명했다"라고 칭찬했던 그런 인물입니다. 자크 데리다는…… 소설의 문체부터가 그의 영향을 받아 지극히 난해합니다. 줄거리가 아예 없거든요. 그리고 그에게 『문학의 공간L'espace litteraire』이라는 책이 있습니다. 이 책에서 그는 하이데거를 철저히 비판합니다.

소설에 대한 투쟁

일부러 상당히 단순화시켜서 간략하게 말해보겠습니다. 현대문학은 조마조마하고 두근두근하기는커녕 줄거리도 없이 그냥 웅얼웅얼하는 듯해서 읽다보면 졸리지만 이상하게 다시 읽고 싶어집니다. 베케트, 버지니아 울프, 카프카, 제임스 조이스, 마르셀 프루스트의 작품이 대표적이지요. 그런데 여기에는 이유가 있습니다. 참으로 믿을 수가 없지만 오늘날의 비평가 중에도 여전히 그런 난해한 소설을 '겉멋만 잔뜩 부렸다'느니, '아는 사람들 사이에서만 먹히는 글'이라느니, '우쭐대려고 쓴 글'이라고 말하는 사람이 있습니다. 당치도 않습니다. 이것은 투쟁이며 저항입니다. 줄거리, 소설 일반에 대한 투쟁은 정치적인 의도를 갖습니다. 하이데거를 보면 압니다. 하이데거는 그런 평범하고 흔한 소설과 상반되고 거기서 벗어나는 길을 찾으려다가 그야말로 최악의 소설에 빠지고 만 것입니다. 과감히 솔선수범했다고도 할 수 있지만 일부러 했든 아니든 그런 곁눈질은 아무래도 좋습니다. 결국은 마찬가집니다. 소설을 비판하기 위해 소설로 위장하는 것은 진즉에 한물간 수법입니다.

그런데 이 하이데거적인 줄거리를 파괴하는 방법은 무엇일까요. 민족이니까 안 된다는 비판은 너무 식상합니다. 하이데거의 으뜸가는 틈이랄까, 가장 취약한 부분을 파괴해서는 소용없습니다. 가장 강한 부분을 파괴해야 합니다. 어디일까요. 죽음입니다. "사람은 죽는다. 반드시 죽는다. 기필코 죽는다. 죽음은 피할 수 없다. 그리고 자유로서 그 죽음을 받아들이는 것이다." 이 말을 파괴해야만 합니다. 하이데거는 안 된다, 나치여서 안 된다고 아무리 말했봤자 사람이 죽을 운명인 것은 불변의 진리이기 때문이죠. 그럼 어떻게 해야 가능할까요. 어떻게 하면 이 부분을 비판할 수 있을까요.

부처를 부를까요. 지금 윤회전생을 믿기는 무리죠. 이 판국에는 좀 어렵습니다. 더욱이 데리다든 도겐이든 하이데거든 불교든 평범한 비교문화론일지도 모르는 것은 무용지물입니다. 저는 지금 어떻게든 그것에서 벗어나자고 하는 것입니다. (웃음) 모든 것은 죽는다, 반드시 죽는다, 기필코 죽는다, 이러한 불안은 종교적인 언설에 의지해도 좀처럼 해소되지 않습니다. 물론 완전히 불가능하다고 생각지는 않습니다. 그럼 다른 대안을 찾아야할 때는 어떻게 할까요. 블랑쇼는 어떻게 했을까요?

앞서 푸코와 들뢰즈가 블랑쇼에게 찬사의 글을 올렸다고 했는데 피에르 르장드르도 이렇게 단언합니다. "정치에 관련된 학문을 배우는 자는 모두 블랑쇼를 읽어야 한다." 물론 앞서 말한 대로 이것은 정치문제니까요. 블랑쇼는 실로 이 명제를 뒤집어엎으려고 합니다. "모든 사람은 죽는다. 반드시 죽는다. 기필코 죽는다"는 말에 '그게 정말이야?'라고 반문합니다.

절대 뒤집을 수 없으리라 여겼던 사실에서 그는 시작합니다. 재차 말하겠습니다. 블랑쇼의 이 질문에서 이상한 '카타르시스'를 찾아서는 안 됩니다. 아시죠. 하이데거의 소설도, 아사하라 쇼코의 소설도, 사람들을 죽이는 그 밖의 모든 소설도, '죽음의 공포로 각오를 다지고, 민족과 교단을 위해 싸우자!' 같은 굉장

히 기분 좋고, 후련하면서도 조마조마하고, 두근두근하는 이야
기였습니다. 실로 결론부터 역산해서 설득력 있게 전달한 것입
니다. 해피 엔드는 데드 엔드이며, 데드 엔드만이 해피 엔드입니
다. 그것이 종말의 소설이었습니다. 블랑쇼는 그 소설 자체에 반
항하려고 합니다. 그러므로 블랑쇼가 한 말은 왠지 찝찝합니다.
사람 홀리는 궤변처럼 들립니다. 대단히 눈치가 빠른 한 학생이
블랑쇼의 방법은 분명 유일한 해결책이지만 소설로는 약하다고
말했습니다. 옳은 말입니다. 그는 소설로서 약한 것을 선택했습
니다. 형언할 수 없는, 상쾌하지 않은, 매우 난해한 무도, 연극, 영
화를 본 뒤에는 '저게 뭐야'라는 말이 절로 나오죠. 오늘은 그 느
낌을 안고 돌아가십시오. 자, 지금부터 실망스러운 결말입니다.

무한한 죽음으로 가는—자신의 죽음을 볼 수는 없다

사람은 죽지요. 일개 인간은 죽습니다. 그런데 내가 죽는 것은
확실합니까? 죽을 수 있습니까? 가령 자살한다고 칩시다. 밧줄
을 사와야겠다 싶어서 사옵니다. 묶습니다. 밟고 올라설 물건을
놓습니다. 총도 좋겠죠. 자살도, 죽음도 어쨌거나 행동입니다. 행
동은 프로젝트, 즉 계획을 필요로 합니다. 밧줄을 사오려면 우
선 인터넷으로 근처에 밧줄을 파는 가게가 있는지 검색부터 해
야 하죠. (웃음) 검색해서 사다놓고, 다음에는 몇 월 며칠에 죽겠
다고 달력에 동그라미를 치고 실행에 옮깁니다. 스스로 생각하
고 계획을 세워서 할 일을 정리한 다음 우선순위를 매기고 행동
해서 성과를 확인해야 끝입니다. 마지막에 반드시 성과를 확인

해야만 합니다. 계획을 세워서 행동하고, 성과를 확인한다. 누구나 아는 사실입니다. 경제경영서에 상세히 적혀 있잖아요. (웃음)

자, 죽기로 결심합니다. 목을 매든 방아쇠를 당기든 본인 마음입니다. 그런데 죽으려는 내게 이상한 사태가 찾아옵니다. 왜냐하면 그 행위를 하고 있는 나 자체가 사라지는 것이니 영원한 슬로모션이 출현하는 것입니다. 내내 죽어갑니다. 억겁의 세월이 흘러도 계속해서 죽어갑니다. 죽음은 끝나지 않습니다. 본인이 죽은 것을 확인하고 말할 수 있는 사람은 아무도 없지요. 자신의 죽음을 확인할 수 있는 사람은 없습니다. 아시겠죠. 이것은 더는 자살에 국한된 이야기가 아닙니다.

괴상한 이야기를 하겠습니다. 철학이란 무엇인가를 비트겐슈타인이 멋지게 한마디로 정의했거든요. "이제껏 머리뼈를 열어본 인간에게는 모두 뇌가 있었다. 정말 놀라운 우연의 일치가 아닌가?"

그것과 마찬가지입니다. 어쩌면 죽지 않을지도 모릅니다. 본인이 죽었다고 말할 수 있는 사람은 아무도 없으니까요. 물론 본인이 죽은 것을 확인할 수 있는 사람 또한 아무도 없습니다. 본인이 죽은 것을 아는 망자는 없습니다. 죽은 사람은 자신이 죽은 것을 모릅니다. 자신의 시체를 본 사람은 없습니다. 자신의 시체와 가장 흡사한 것을 보고 싶으면 거울을 보면 됩니다. 그것이 거울의 매력입니다. 라캉의 관점에서 말하면 이야기가 장황해지므로 오늘은 그만두겠습니다. 어째서 모두 거울을 좋아하냐면 거기에 비친 모습이 자신의 시체, 정확히 말하면 자신의 시체와 가장 흡사하기 때문입니다. 다양한 종교에서 천국이나 극락, 불성이나 신성은 여러분의 손이 닿지 않는 저편에 있는 동시에 여러분의 자신 속에, 여러분 가까이에 있다고 말하죠. 그러나 자신이 절대 도달할 수 없는 머나먼 장소이자 절대적으로 자신의 가까이에 있는 성스러운 장소는 자신의 시체입니다. 천국이란 거기에 앉아 있는 여러분 자신의 시체입니다. 보세요. 거깁니다.

블랑쇼가 얼마나 사정거리가 긴 말을 했는지 아시겠지요. 이것이 바로 최후의 심판입니다. 자신이 죽었다는 사실을 확인할 수 없으면 최후의 심판에 불려나가지 않죠. 자신이 죽었다는 보증이 없으면 구원이 없는 것이죠. 구원이 없다는 것은 아무도 알아주지 않은 채로 개미처럼, 날개 달린 벌레처럼 죽는 것입니다. 그러나 본인은 그 확인을 받을 수가 없습니다. 자신이 죽은 것은 영원히 확인할 수 없습니다. 즉 자신이 구원받는다는 확인은 받을 수가 없는 것입니다.

육신이 없는 이승에 맡긴다, 이 주검을

하이데거는 자기 자신의 고유성으로서의 죽음을 말했습니다. 나만이 나를 죽일 수 있다? 아니지요. 죽을 때 나는 누구도 아닌 물체가 됩니다. 무한히 잿빛 속으로 녹아듭니다. 영원히 이어지는 죽음의 과정에 끝은 없습니다. '아아, 드디어 생을 마감했다'라고 말할 수 있는 사람은 아무도 없습니다. 따라서 나는 죽을 수 없습니다. 주검이 된 나는 죽을 수 없습니다.

내가 죽었는지 어떤지를 확인하는 것은 '육신이 없는 이승'의 타인입니다. 우리의 잃어버린 공동성도, 무한한 고독도, 무상함도 거기서 보상합니다. 보상 없는 보상을. 하지만 죽는 것은, 죽어가는 것은 육신이 없는 이승에 내 것이었던 주검을 맡기는 것입니다. 이것이 절대적인 '비은폐성'[12]입니다. 거기에서 우리는 내가 없는 세상을 향해 미래를, 타인을 무한히 드러냅니다. 이렇게 말하면 블랑쇼는 나약하게도 죽음을 두려워하고 영원한 삶을 동경할 뿐이라는 어처구니없는 말을 하는 사람이 국내외를 막론하고 있습니다. 정상이 아닙니다. 논외입니다. 주검이 된 나는 죽을 수 없으므로 구원은 보증받지 못하며, 계속해서 죽음으로 끝낼 수 없는 것만 타인에게 드러내는 것은 놀랍도록 가혹합니다. 반대입니다. 죽음의 공포에 관한 소설과 그 소설에 내재된 영웅주의가 이 가혹함을 외면하는 물러터지고 나약한 태도입니다.

블랑쇼는 장례가 겉치레여서 바람직하지 않다고 하지만 저는 그 말을 납득할 수가 없습니다. 장례는 중요하다고 생각합니다. 사람들이 장례식에 달려가는 이유는 망자는 자신이 죽은 것을 모르기 때문입니다. 남자든 여자든 자신이 죽은 것을 모릅니다.

그리고 이런 이야기를 한 연상의 여자친구가 있는데, 그녀가 최근에 죽은 이마와노 기요시로[13] 씨의 팬이어서 그의 장례식

---

12 Unverborgenheit=aletheia: 은폐상태로부터 폭로하는 것을 뜻한다. 참다운 인식 혹은 진리를 의미하는 그리스어 알레테이아는 부정적 접두사 a와 망각을 의미하는 lethe가 결합된 말로서 기억 또는 상기의 의미를 갖고 있으며, 어원적인 뜻은 숨어 있지 않은, 드러난, 들춰진, 나타난 혹은 밝혀진 것이다.

에 갔었답니다. "아 글쎄, 사사키 씨 말을 듣고 갔더니 엉뚱한 생각이 들지 뭐야." (웃음) "기요시로가 자신이 죽은 것을 모른다고 생각하니 바보같이 신나게 노래하고 있겠다 싶더라고." 번지수가 약간 틀리긴 했지만 좋은 뜻으로 한 얘기라서 괜히 초치기 싫더군요. (웃음)

죽음을 완료시키는 절차가 장례입니다. 동방정교회에서는 분명 너는 죽었다, 너는 죽었다, 너는 죽었다고 되풀이하는 의례가 있지요. 장례식이란 그 사람은 아직 자신이 죽은 것을 모르므로 확실히 죽었다고 말하러 가는 것입니다. 따라서 장례식은 중요하지요.

인류는 멸망한다. 하지만 인류는 멸망하지 않는다

그래서 한마디만 더 하겠습니다. 블랑쇼는 이렇게 말합니다. "인류는 멸망한다. 하지만 인류는 멸망하지 않는다." 그래서 거대한 우주의 생성 속에서, 46억 년 지구의 역사 속에서 20만 년의 현생인류의 역사는 한낱 겨자씨 같은 것입니다. 그런 의미에서는 인간은 멸망합니다. 언젠가는. 결단코 멸망합니다. 오늘날의 인간, 현생인류는 70억 명이지요. 그럼 현생인류가 탄생해서 지금까지 산 현생인류는 총 몇 명일까요. 100억 명입니다. 따라서 인류의 역사를 무슨 시대다, 근대다, 아니 근대는 끝났다, 역사는

---

13 忌野淸志郎: 1951~2009, 일본의 대표적인 언더그라운드 로큰롤 가수, 기타 연주자, 작곡가, 작사가, 음반제작자, 배우. 시대와 권위에 대한 비판정신을 갖고 과격한 퍼포먼스도 서슴지 않았으며, 화려한 메이크업과 희한한 헤어스타일로 유명했다.

끝났다고 떠들어대지만 인류의 생존은 기껏해야 메뚜기가 창궐한 것에 불과한지도 모릅니다.

또한 메뚜기가 창궐했을 때와 보통 때는 형태도 생태도 다르지요. 창궐했을 때는 무리살이형이라고 합니다. 영악하고, 서로 잡아먹기도 하며, 잘 날고, 녹색이 아니라 갈색입니다. 다리 길이도 다릅니다. 지금의 인간은 그러한 무리살이형인지도 모릅니다. 그러한 수준—이것은 들뢰즈가 『천 개의 고원』에서 '도덕의 지질학'이라는 제목으로 논한 수준에 가깝지만—에서 말하면 인간은 멸망합니다. 슬픕니까? 슬픈 일은 아니지요. 하긴 그런 식으로 인류가 단적으로 멸망한다면 슬퍼할 사람은 아무도 없죠. 인류가 멸망한다고 슬픕니까? 두렵습니까? 즐겁습니까? 기분이 좋습니까?

이 멸망을 지렛대로 누군가를 죽일 수 있습니까? 무리죠. 즐겁지는 않지만 두렵지도 않지요. 유쾌하지는 않지만 최악은 아니지요. 인간적인 공포나 죽음의 향락 같은 것과는 무관합니다. 이것은 앞서 말한 '죽음과 멸망의 향락에 관한 소설'과는 다른 차원의 죽음입니다.

"인류는 멸망한다. 하지만 인류는 멸망하지 않는다"라는 블랑쇼의 말은 그런 의미입니다. 인류가 멸망한다. 그러니 최후의 한 사람이, 죄송하지만 여러분이 인류 최후의 한 사람이라고 칩시다. 그래도 역시 죽을 때가 왔을 때는 본인이 죽은 사실은 모릅니다. 죽음을 향해 갈 뿐 자신의 죽음을 확인할 수는 없습니다. 따라서 인류는 멸망하지 않습니다.

그래서 결론은 이렇습니다. 저승은 없습니다. 이승 또한 없습니다. 죽음에는 피안도 차안도 없습니다. 우리는 죽어갑니다. 죽으러 가는 것이 아니라. 죽음을 향해 가는 무한한, 끝없는 여정입니다. 어차피 죽는다거나 어차피 죽으니까 같은 부질없는 말에 현혹되지 마십시오. 어차피? 그러므로? 그런 말은 불필요합니다. 우리는 죽어갑니다. 무한히 이어진 죽음에 이르는 길을 갑니다. 죽음이 없는 양 그 길을 가는 중입니다. 자포자기의 심경으로서가 아니라 웃으면서 죽음을 대할 수 있으면 그것으로 충분합니다. 어떻습니까. 실망하셨나요? (웃음) 충분하다마다요. 저는 오늘 여러분을 실망시키기 위해 왔습니다. 또다시 죽음에 흥분하고, 죽음을 향락하고, 죽음에 열광하는 일이 없기를 바라면서. 이 말을 듣고 실망하는 정신은 이제 필요 없으니 버려버립시다.

이런 생각을 하면 기운이 나는 것은 저뿐인가요? (웃음) 불쑥 사무엘 베케트의 말을 인용하겠습니다. "말하자면 헝가리 경기병輕騎兵이 군모의 깃털장식을 바로잡으려고 의자 위로 기어오르는 것처럼 하면 돼. 간단해. 머리로 생각할 필요는 없어. 그냥 괴로워하면 돼. 언제나처럼, 늘 그랬듯이 한숨 돌리려거나 숨을 거두려는 희망을 갖지 마. 그리 번거롭지 않아. 머리로 생각할 필요 없어. 단조로운 일상은 이걸로 됐다고 희망을 버리면 어지간히 기운이 나."

그것뿐입니다. 즐거운 시간이었습니다. 대단히 감사합니다.

『*a*-synodos』 vol. 37, 38, 2008년(수록 시 일부 수정)

제자리걸음을 멈추고

대사일번 절후소생

당돌하지만 먼저 너그러이 용서를 바란다. 지금부터 하는 이야기는 본래 필자에게는 논할 자격이 없다. 산스크리트어, 팔리어, 히브리어는커녕 라틴어 실력도 빈약한 내게는. 불가피하게 하는 간단한 여담이나 잠시 정도正道를 벗어나서 무작정 딴전을 부리는 것쯤으로 생각하면 좋겠다. 시작하겠다.

　지극히 초보적이고 구식이어서 시대착오적이기조차 한 이야기로도 보이겠지만 번번이 되돌아오는 문제가 있다. 즉 우리는 이미 살고 있다. 돌연 철이 들었을 때부터. 지금 이렇게. 그러나 태어날 것을 알고 태어난 것이 아니다. 이렇게 태어나는 것은커녕 태어나는 것 자체도 선택할 수가 없다. 그리고 무엇을 위해 태어나고 사는 것도 아니다. 삶에는 목적이 없는 까닭에 무의미하고, 따라서 해야 할 일 따위는 하나도 없다. 어떻게 하면 좋은지 실은 누구도, 아무것도 모른다. 그런데 딱 하나 누구에게나 명백한 사실이 있다. 죽기 싫다는 것이다. 죽는 것이 무섭다, 두려워서 견딜 수가 없다고 한다. 죽은 적도 없는 주제에. 장담컨대 죽은 적이 있는 사람은 한 명도 없다. 적어도 이 글을 읽고 있는 사람들 중에는. 따라서 정말로 죽음이 어떤 것인지를 아는 사람은 없다. 그런데도 죽음은 공포다. 거듭 말하지만 태어나는 것은 선택할 수가 없다. 그러나 태어난 이상 죽어야만 한다.

여기서 두 가지 문제가 등장한다. 첫 번째는 이렇다. 법은 '해서는 안 되는' 일을 규정하지만 '해야 할 일'을 제시해주지는 않는다. 법을 어기지 않아도 할 수 있는 일은 거의 무한하다. 그러나 각자 나름대로 광대하게 펼쳐진 그 '합법적 공간'에 스스로를 한정할지라도 그 내부에서 대체 어떻게 살면 좋은가. 목적도 없고, 맹목적인 삶 자체에 임시로라도 목적을 주고, 인도하는 것 혹은 그 목적과 인도에 맞서서 다른 삶을 시도해보는 것은, 예를 들면 법이 아닌 권력의 양태를 추구한 끝에 푸코가 통치성, 영성, 사목, 실존의 미학이라는 어휘로 사유를 거듭해온 문제다. 그러나 여기서는 차치하겠다.

또 하나는 죽어야 한다는 이 절대적인 확실성 속에서 살아가는 방법에 관한 문제다. 죽지 않는 인간은 없으며, 죽음을 피할 수는 없으므로 별의별 짓을 해도 어차피 죽는다. 물론 사카구치 안고坂口安吾[『전쟁과 한 여자』의 저자]가 말한 대로 어차피 죽으니까 지금 당장 죽으라는 것은 어불성설이다. 그러나 도약이라는 명분 아래 어불성설인 그 말을 성취하려는 사람들은 기필코 존재한다. 지금 이 나라에서는 그 수가 더욱더 늘어나고 있다고도 하지만 거기까지는 말하지 않겠다.

어쨌든 따지고 보면 이 문제를 해결하는 길은 결국 '죽음의 이중화'다. 해결이라니. 해결할 길이 있을 턱이 없는 해결, 구원 따위 있을 리 만무한 구원이다. 하지만 구원의 약속은 이미 구원이다. 적어도 일단은 사람이 할 수 있는 일 중에서는. 수많은 종교와 국가와 사회와 공동체들이 이 죽음의 이중화라는 수법을 투입해왔다. 즉 개개인의 구체적인 죽음의 저편에 참된 죽음을 둠으로써 개개인의 죽음을 이른바 상대화·경량화하는 것이다. 참된 죽음에 비교하면 너의 죽음은 별것 아니니 속상해할 필요는 없다고. 가령 일신교라면 이야기는 쉽다. '최후의 심판'만이 참된 죽음이며 개개인의 죽음은 그것에 이르기까지의 일시적인 죽음에 불과하다. 개개인의 죽음은 가짜 죽음에 불과하고, 최후의 심판에서 사람들은 부활하여 묘지에서 기어 나온다. 거기서 우리는 절대적인 구원과 같은 뜻의 절대적인 죽음을, 진실한 죽음을 만나게 된다. 거꾸로 말하면 이렇다. 일단은 일시적인 죽음을 맞이해야만 참된 죽음에 도달할 수 있다. 그러므로 일신교의 최대 공포는 일시적인 죽음을 확인하지 못해서 최후의 심판에 불려나갈 수 없는 것, 즉 이른바 소환될 사람의 '명부'에 자기 이름이 등록되어 있지 않은 것이다. 이로써 나의 죽음을 확인할 수 없으니, 나의 죽음(주검)을 볼 수 없으니 실은 죽을 수 없다고 조용히 또 불온하게 말한 블랑쇼의 의견이 어떠한 사정거리를 갖는지 여기서 분명해진다.

그리고 원시불전을 읽는 한 거기에는 또 다른 참된 죽음이 제시되어 있다. 누구나 아는 사상사의 상식이라면 상식이라고도 할 수 있지만 눈여겨보면 실로 기묘하고 이상한 우회를 거쳐서. 당장은 믿기 힘들고 으스스한 한기가 온몸을 휘감는 조소로밖에 보상받을 수 없는 윤회라는 생각을 석가세존은 놀라운 요술로서 제시한다. 가령 『우다나바르가』⁰¹에 있는 한 편의 노래처럼 끝없이 연호하며 죽음으로 공갈친다. 얼마나 장렬하고 노골적인 공갈인가. 모두가 죽는다, 너도 죽는다, 누구도 죽음을 피할 수 없다, 더욱이 너는 사랑하는 아버지도 어머니도 아내도 자식도, 그 누구도 죽음으로부터 구할 수 없다고 집요하게(그리고 전율시키는 화려한 빛이 훈풍처럼 감돌면서!) 흔든 끝에 갑작스레 이렇게 단언한다. 염원하는 바를 이루려고 아등바등하는 사람들을 노쇠와 죽음이 소멸한다. 영어로 번역한 원시불전을 접한 니체가 허무주의의 극치라고 찬양하며 서구인이 이해하려면 앞으로 몇 년을 요한다고 장탄식한 것은 멋이나 호기심으로 한 말은 아니었던 것이다.

하지만 석가세존은 그 죽음, 일반적으로 세상에 사는 사람을 몹시 두렵게 하는 이 개개인의 죽음을 아무 일도 아닌 양 말한다. 물론 이것은 참된 죽음이 아니다. 아무리 죽음으로부터 자신과 타인을 구할 수 없고, 그날그날의 삶이, 사랑이, 기쁨이, 노력이 마냥 덧없어도 윤회에 의해 순식간에 삶으로 바뀌어버린다. 그것은 죽은 것이 아니다. '어차피 죽으므로'가 아니다.

석가세존은 '어차피 죽지 않으니까'라고 말한다. 일신교와는

---

01 Udanabarga: 범어 계통의 법구경인 『우다나품』을 말한다. 내용은 법구경과 같으며, 한문으로 번역한 것이 『법집요송경法集要誦經』이다. 팔리어의 '담마파다'를 범어로 표현하면 '우다나'가 되고 한문으로는 '출요出曜'다. 직역하면 '나감을 비추는 것'이고 의역하면 '윤회의 세계로부터 벗어나는 길을 비추는 것'이다. 팔리어본 『법구경』과 마찬가지로 범어본도 게송으로만 된 것은 『법집요송경』으로 부르고 인연비유담이 붙은 것은 『출요경出曜經』이 되었다.

또 다른 접근법이다. 훨씬 철저하게 개개인의 죽음을 경량화하고 상대화한다. 따라서 불교의 목적은 당연히 죽음으로부터 구원받는 것이 아니다.

어쨌거나 내세의 삶으로 바꾸는, 즉 선종에서 말하는 '대사일번 절후소생大死一番 絶後蘇生'만이 문제다. 크게 한번 죽어서 앞뒤의 모든 생각이 끊어지고 다시 살아나야 이 세상은 완전히 달라진다는 뜻의 이 말을 그는 '재차 어머니 뱃속으로 들어가는 것이 아닌' 열반이라고 불렀다. 너의 죽음은 두려워할 만한 가치가 없다. 죽지 않는 것을, 영원히 이어지는 삶을 두려워하라. 윤회라는 이 교리만 삼킬 수 있다면 그토록 위협당해온 죽음으로부터 쉽게 구원받는다. 대신 영영 이어지는 삶이 '고苦'가 되는 것이다. 이상이 적어도 원시불전에 피력되어 있는 기괴한 그러나 경탄할 만큼 아슬아슬한 반전이다.

그러나 다시금 이어서 말할 수 있다. 참된 죽음과 개개인의 죽음을 구별하는 방법이 한 가지 더 있는 듯싶다. 가능한 한 비종교적으로 보이는 방법으로. 하지만 지면이 다 되어서 다음 기회로 미루겠다.

『신초新潮』, 2010년 2월호, 신초샤新潮社

요괴를 만나다

아버지의 본가는 아키다秋田 북부의 두메산골이다. 건장한 남자
의 엄지발가락만한 민달팽이가 나오고, 앞마당을 일본 산양이
가로질러가는가 하면, 밭을 파헤치면 아름다운 흑요석의 화살
촉이나 주먹도끼(구석기 시대의 유물)가 대량으로 출토된다. 야나
기타 구니오[01]에 의하면 지주의 딸이 미쳐서 산으로 달려가 산
사나이에게 시집간 풍속이 있다. 요컨대 민속학과 인류학의 대
상이 됨직한 사람들이 사는 고장이다.

　증조부는 술을 아무리 많이 마셔도 정신은 멀쩡한 양반이었
고, 사람들의 두터운 신뢰로 촌장을 맡기도 했단다. 놀기 좋아
하고, 자랑하기 좋아하며, 싸움에 약해서 허세장이라고 놀림을
당하셨지만 올곧고 근엄하기조차 한 아키다 사나이였다. 잔칫
집에서 한두 되 마시고 돌아와서 봉당에 쓰러진 모습을 보고

---

01 柳田国男: 1875~1962, 일본 민속학의 창시자이자 문학자, 언론인. 법제국 참사관, 궁내
서기관, 내각서기관 기록과장, 귀족원 서기관장 및 일본 민속학회 초대 회장, 미국 인
류학협회의 명예회원을 역임했다. 한국합병 조약의 기초 및 1~3차 한일협약의 조인과
삼림법·동양척식주식회사법의 제정, 임시토지조사국 관제 회사령·토지수용령·삼림령
제정에 기여한 공로로 5등 훈장 즈이호쇼瑞寶章를 받았다. 저서는 『일본 명치 대정시대
의 생활문화사』,『도노모노가타리』,『선조 이야기』 등이 있다.

달려간 집안사람이 문득 밖을 보니 눈으로 새하얗게 뒤덮인 땅바닥에 자로 그은 듯이 일직선으로 발자국이 찍혀 있었다고 한다. 필시 갈지자로 걷는 모습일랑 추호도 보인 적이 없었던 모양이다.

그 증조부가 이웃마을의 혼례에 초대를 받아서 가셨다. 말이 이웃이지 애당초 두메산골이니 험한 산길을 타고 가야만 한다. 초행길이 아니어도 늦은 밤에 이 길을 걸어서 깊은 계곡에 아슬아슬하게 걸려 있는 썩은 출렁다리까지 건너려면 여간 위험하지 않다. 그러나 술을 마다하기도 어려운 자리인지라 시간이 지체되었고, 이튿날 볼일이 있어서 묵을 수도 없는지라 서둘러 돌아오는 길이었다.

한밤중에 그 출렁다리를 건너는데 난데없이 그리 멀지 않은 곳에서 불길이 보인다. 환하게 타고 있다. 나무 갈라지는 소리가 생생하게 어둠 속으로 울려 퍼진다. 마을 사람들이 함께 쓰는 숯막이 있는 곳은 분명 아니었다. '불길이 번졌다가는 큰일이야. 산불이 나면 막대한 피해를 입게 돼'라는 생각이 스치자 냅다 달렸다. 숨이 턱에 차도록 달리고 또 달렸다. 자식과 손자들 대에 국민체육대회의 선수를 배출한 튼튼한 다리였다. 아무리 어두운 밤일지언정 산에서 자란 까닭에 직감으로도 안다. 지금은 상상도 하지 못할 질척질척한 칠흑같이 어둡고 험한 산길을 한 번도 잘못 들거나 넘어지지 않고 두 시간 만에 주파했다. 그런데 마을 남자들을 깨워 다시 두 시간을 달려서 그 자리로 갔더니 불길은 온데간데없이 사라져버렸다. 초승달이 얼굴을 내밀고 밤하늘을 군청색으로 물들이고 있었다. 산속에서 일행은 사사키 씨가 여우에 홀리다니 별일이라며 박장대소했다고 한다.

그 증손자는 지금 모토아자부元麻布에 살고 있다. 아자부麻布라면 대개 고층의 고급 맨션을 떠올릴 것이다. 그러나 시로카네白金에서 아자부에 걸친 일대는 길어서 일률적으로 말할 수는 없지만 대부분 서민들이 사는 동네 아니면 빈민가나 다름없었으므로 지금도 군데군데 낡고 비좁은 아파트가 군집해 있다. 대사관이 가까워서 한국과 아르헨티나, 인도의 유학생 다수가 궁색한 집에서 체류한다. 그런 도심에서 복닥복닥하며 세월을 보내는 이 증손자는 참으로 어벙하다. 주량이 약해서 술만 마시면 갈지자로 걷고, 전혀 기억을 못 하므로 이튿날이면 행여 간밤에 또 사고를 치지는 않았는지 허구한 날 사색이 된다. 하지만 보는 것은 여우가 아니라 너구리다.

모토아자부와 도쿄타워 사이에 아자부 마미아나초狸穴町라는 거리가 있다. 러시아 대사관에서 가까운 구역이라 걸어서 10분도 걸리지 않는다. 이 지명의 유래에는 여러 가지 설이 있다. 예전에 너구리가 무수하게 사는 동굴이 있었다, 아니다, 마미는 오히려 오소리를 말한다, 아니다, 우마미초馬見町라는 지명이 와전된 것이다 등등. 그러나 옛날에 여기에 요괴가 살았다는 설이 있다. 물론 사람을 잡아먹는 요괴와 이매망량魑魅魍魎, 즉 온갖 도깨비들을 말하는데 『태평기太平記』에는 어지러운 세상을 개탄하며 "온 천하가 요괴의 수중에 떨어질지어다"라는 구절이 있다.

아자부에서 너구리를 본다. 틀림없이 너구리다. 지난 한 달 동안 네 번, 전부 밤에. 처음에는 조깅하다가 도쿄타워의 산기슭에서. 두 번째는 산책하다가 아자부의 젠부쿠지善福寺 앞에서. 세 번째는 동이 트는 4시에 허옇게 바래고 다 쓰러져가는 쇠 벽에 가려진 아자부주반 온천 앞에서. 결국에는 어제 방으로 가는 계단 바로 앞에서 보았다. 같은 너구리일까.

항상 아자부에서 너구리를 본다. 별안간 너구리와 시선이 마주쳤다. 너구리가 다가온다. 기묘한 일이다. 뭔가가 이상하다. 사람의 왕래가 끊이지 않는 거리다. 아무리 한밤중이라고는 하나 행인이 없었던 적이 없으며, 24시간 문을 여는 가게도 제법 많다. 그런데 너구리와 만날 때면 으레 주위에 아무도 없다. 밤하늘에 도쿄타워가 환하게 불을 밝히고, 롯폰기 힐스의 빌딩들이 푸르디푸른 허공에 모습을 드러내는 그 길에서 눈망울이 반짝반짝 빛나는 너구리들과 마주친다. 그때마다 일대일로. 온다. 이 글을 쓰는 지금 요괴에게 쫓기고 있다.

그나저나 무슨 요괴가 요술도 못 부린다. 알던 것과는 영 딴판이다. 아키다의 여우는 타오르는 불로 놀라게 하고, 마을 사람들을 목구멍에서 단내가 나도록 어둠을 뚫고 달려오게 만들고는 홀연히 자취를 감췄다는데 아자부의 너구리는 참으로 어설프다. 기껏해야 희끄무레한 모습으로 나타나서 눈을 번뜩이는 게 전부다. 초장부터 근성도 없는 얼간이가 분수도 모르고 설쳐대다니. 사람을 홀리기는 개뿔. 여우랑 너구리도 한물갔다. 지금의 데와出羽[일본 북부의 야마가타 현과 아키타 현]의 여우는 몰라도 에도의 너구리는 한심한 지경이다. 안타깝지만 나는 북의 야만족 출신이다. 너구리 놈이 태연히 방에 들어와서 장난질 치려 해도 코앞의 상대는 대범한 촌놈이므로 덜떨어진 요괴 하나 처치하는 것은 식은 죽 먹기다.

모처럼 유서 깊은 장소에 출몰한 요괴이니 도쿄타워가 불타오르거나 롯폰기 힐스가 붕괴하는 환각으로 미치게 하는 정도는 해줘야 마땅하다. 애송이라도 요괴인데 이름값을 하려면 절세미인으로 둔갑해서 유혹이라도 해야 하지 않을까.

『군상』, 2009년 10월호, 고단샤

제자리걸음을 멈추고

시체가 겹겹이 쌓인 듯. 초봄치고는 따가운 햇살 때문에 모든 것이 눈부시게 빛나고, 나가고 싶어서 좀이 쑤셨다. 유리창이 둘러쳐진 연구실 소파에 얼룩 하나 없는 새하얗고 가느다란 무릎을 옆으로 가지런히 모으고 쿵 앉자마자 연신 흥얼흥얼거린다. "시체가 겹겹이, 시체가 겹겹이, 시체가 겹겹이"라고 주문처럼 되뇐다. 애교로 봐줄 만해도 살짝 기이한 입버릇은 호들갑스러워 말에서 진실성을 깎아내린다. 그런데 사람이 픽픽 쓰러져 있었던 것은 아무래도 빈말이 아닌 듯했다.

니체의 이야기다. 니스였던가 토리노였던가, 아무튼 그가 실제로 걸었던 산책길이 있는 모양이었다. 산문을 즐겨 읽는 햇병아리 독문학자였던 그녀는 여행지에서 망중한을 즐기던 중 문득 몸이 성치 못한 철학자가 걷던 길이니 젊은 자신이라면 거뜬히 걸을 수 있겠다 싶었다. 그래서 내친김에 그길로 굽 높고 목이 짧은 부츠에 무릎이 드러나는 고운 원피스 차림으로 숙소에서부터 걸어갔다고 한다.

사람들이 북적댈 때 중간의 포석까지는 필시 경쾌한 구두 발자국 소리를 내며 걸었을 거야. 그러나 요컨대 시체가 첩첩이야.

대낮에 세계 각국에서 모인 나약하고 혈색 나쁜 말라깽이나 뚱뚱한 공부벌레들이 당장이라도 숨이 끊어질 듯이 할딱할딱하며 수두룩하게 나뒹굴고 있었어. 완전히 야전병원이더라고. 이건 뭐 거의 등산이잖아 싶어서 중간에 돌아왔다니까.

그런 그녀의 얼굴을 못 본 지도 어느덧 10년 가까이 된다. 일본의 문예잡지는 구할 수 없는 거리에서 남프랑스 출신의 멋쟁이와 행복하게 살고 있을 것이다.

건방진 생각이지만 나약한 공부벌레는 글을 쓸 수 없다고 한 것이 요시다 겐이치吉田健一[『춤춰라 우리의 밤을 그리고 이 세계에 오는 아침을 맞이하라』 137~138쪽 참조]였었나. 케케묵은 예를 들자면 플라톤이 32그루의 플라타너스 나무들 사이를 거닐며 가르침을 설파했다지만 하이데거가 사색의 흐름을 따라 산책하던 숲길도 상당했다고 한다. 괴테와 헤겔이 발걸음 닿는 대로 거닐던 하이델베르크의 철학자의 길도 빠져나가려면 30분은 걸린다. 더욱이 가파른 언덕인지라 부담 없이 출발한 관광객들이 가다 말고 불안한 기색으로 무심결에 앞으로 얼마나 더 가야 하느냐고 할 정도다. 저 고명한 칸트의 산책에서 놀라운 점은 시간엄수가 아니라 하루에 세 시간을 들이는 것이다. 횔덜린은 건강을 자랑하는 편지에서 하루에 여덟 시간은 걷는다고 호언장담했다. 할레Halle, 데사우Dessau, 라이프니치, 뤼첸Lützen을 거쳐 예나Jena에 7일 만에 돌아오는 여정이 일례가 될 테지만 다소 무모한 강행군으로 보이는 도보여행을 몇 번이고 간다. 베케트도 하루에 20마일이라고 하니 32킬로미터는 너끈히 걸었고, 그 엄청난

심신의 내구력은 위험한 첩보까지 포함해 레지스탕스 운동에서 활용되었다. 전기에서 말하길 "머리 위의 나무들을 바라보면서 이를 악물고 발을 질질 끌며 걸어다녔다." 그 작품에도 같은 묘사가 있는 것은 주지한 대로다. 베케트의 집요함과 끈기. 그것은 이미 그의 문학의 감탄할 만한 본질 중 하나이기조차 하다. 친구 막스 브로트에 의하면 카프카도 휴가 때는 "하루에 일고여덟 시간의 행군"을 즐기며 "말도 못할 정도로 훌륭하다"라고 떠들어댔다. 위가 좋지 않아 식욕을 돋우기 위해서라는 이유를 대지만 안고도 하루에 몇 시간을 산책에 할애하는 습관이 있었다는 글이 『어질어질 일기クラクラ日記』에 보인다. 옛날 중국에서는 글은 배로 쓴다고 여겨서 일본의 갓파河童 같은 요괴가 배를 씻어주면 명문名文을 쓸 수 있다는 괴담까지 있지만 문장은 다리로 쓰는 듯싶다. 문인만이 아니라 수학자 앙드레 베유01와 그리고리 야코블레비치 페렐만02의 예도 들어야 하려나. 후자는 어릴 때부터 산책을 좋아해서 하루에 40킬로미터를 답파했다고 들었다.

역시 건강이 제일이라는 말은 아니다. 양손으로 받쳐든 찻잔

---

01 Andre Weil: 1906~. 프랑스의 수학자이자 프린스턴 고등과학연구소 교수이며 대수기하학 창시자 중 한 명이다. 대수학, 정수론, 위상군론, 대수기하학에서 선구적인 업적을 남겼고, 현대 수학계에 커다란 영향을 끼친 수학자 집단인 '부르바키'를 조직했다.

02 Grigory Yakovlevich Perelman: 1966~. 수학계가 100여 년 동안 풀지 못했던 난제 '푸앵카레의 추측'을 해결하고 100만 달러의 상금을 거부한 천재 수학자. 푸앵카레의 추측은 쉽게 얘기하면 '구멍을 가지지 않은 모든 형체는 하나의 구체球體로 확장되거나 수축될 수 있다는 가설이다.

에 입술을 갖다 대며 눈물이 글썽글썽해서 흐릿한 다갈색 눈동자로 은은한 홍차의 표면을 아련하게 응시하다가 문득 중얼거린다. 아니 중얼거렸을 것이다. 그녀라면. 그 자리에서 '아타루, 넌 무엇이든 다 알지'라고 당사자가 가장 싫어하는 말을 내뱉었을지도 모른다. 비아냥거리는 미소가 스치는 겸연쩍은 표정으로. 그랬을 거야. 분명히. 이것은 삶에 대한 지극히 당연한 처방 중 하나에 불과하다. 사사건건 몸뚱이가 재산이라고 하면 저속한 설교가 된다. 그러나 그리 간단한 이야기가 아니다. 아무래도 인류는 지나칠 정도로 비대하게 발달한 뇌의 활동을 여전히 주체하지 못하는 듯하다. 정말이지 뇌라는 녀석은 과도한 성능 탓에 시간 아까운 줄 모르고 툭하면 멋대로 시시한 것을 생각하거나 기억해낸다. 예로부터 많은 종교가 망상과 잡념을 불식시키려고 무수한 방법을 투입해온 것은 괜한 짓이 아니다. 잡념이란 과거와 미래 그리고 '스스로는 어찌할 수도 없는 것' 전부에 대한 근심이다. 호흡도 보행도 아닌, 단순한 활동의 반복으로 잡념을 사그라뜨리면 생각이 쉽게 정리되는 것은 익히 알려진 사실이다. 두 발로 보행하려면 발바닥에 방대한 감지기가 필요하며 더욱이 두 발로 걷는 것은 다른 유인원은 절대 불가능하다. 한 발로 서는 동작은 뇌가 가장 발달된 인간만이 가능하다. 이렇게 보면 건강과 문필과 사유는 일반 건강과는 다른 방식으로 연결되어 있는 듯싶다. 베케트가 좋아하는 술을 들어부으면 베케트가 될 수 있으리라 진심으로 믿고 부시밀즈Bushmills[보리 맥아만으로 만든 아일랜드 위스키]만 마시는 너니까. 그래서 당장 따라서 건는다? 말괄량이 같은 명모호치明眸皓齒[밝은 눈동자와 흰 이를 가진 미인을 일컫는 말]다. 그래, 그녀는 속상했던 거야. 그 비아냥거리는 미소를 짓는 순간 한쪽 볼에만 생기는 커다란 보조개와 그 한복판에 있는 작은 사마귀를—작작 해라. 이게 잡념이 아니고 뭐야. 지금부터 걸어가야겠다. 왼편으로 도쿄타워의 빛을 바라보면서 밤길을, 여기부터면 메구로03 정도까지가 딱 좋겠지.

『문학계』, 2010년 3월호, 문예춘추

---

03 目黒: 저자가 사는 도쿄에서 약 4.5킬로미터 떨어진 지역으로 3월 말에서 4월이면 메구로 강변에 피는 벚꽃으로 유명하다.

실존의 미학 너머에서

푸코는 한 대담에서 갑자기 이렇게 말한다. 그리스와 로마에서 해온 일은 "메스꺼운, 심각한 오류처럼 생각된다"라고.

이 말을 다시 한번 객관적으로 인식해보자.

푸코는 진리에 도달하는 조건으로서 지식만 요구하는 '철학'과 신체단련과 도덕적 수양도 요구하는 '영성spirituality'은 상식적으로 구별해야 한다고 강조하면서 그 고명한 '자기배려Le souci de soi'와 '실존의 미학Une esthétique de l'existence'을 도출했다. 물론 본인의 말마따나 그것에 매혹되었다. 그런데 검증하는 과정에서 다양한 것을 지적한다. 이른바 자기배려는 출세를 목적으로 친인척끼리 '인맥을 쌓는' 계기이자 유한계급[01], 즉 상류층이 부를 과시하기 위한 '유행'에 불과했다. 더욱이 계율도, 주인도, 지도자guru도 없는 훈련은 환상일 뿐이며, 실은 보편적인 법과는 무

---

01 the Leisure Class: 미국의 경제학자 베블런Thorstein Veblen이 『유한계급론*The Theory of Leisure Class*』이라는 저서에서 처음 쓴 용어. 자신들의 소비재에 의미를 부여하며 과시적 소비행태를 보이고, 하류계급은 엄두도 못 내도록 갖가지 장치를 설정하는가 하면 반복적인 훈련과 교육이 필요한 비생산적인 문화자본을 늘리고자 힘쓰는 집단을 일컫는다.

관한 폐쇄적이고 배타적인 교단에서 지도했다고.

메스꺼운, 심각한 오류다. 이 쓴소리는 옳다. 연줄을 잡아 출세하기 위한 자기계발이다. 끼리끼리 모여든 추하고 배타적인 명사들의 요가나 필라테스이고 다이어트다. 시시껄렁한 사교집단의 우두머리에게 복종하면서 하는 수행이다.

따라서 이런 것에 의지하는 짓은 이제 그만두어야 한다. 기세등등하게 정치와 정의와 윤리를 말하던 논지가 막판에 '우리의 양식'과 '저항의 미학', '삶의 윤리' 같은 객소리에 맥없이 무너지는 꼴을 우리는 너무도 오랫동안 보아왔다. 자기배려, 실존의 미학은 절대 저항과 혁명을 보장하지 않는다. 현실을 직시하자. 다시 한번 말하겠다. 이것은 푸코 자신이 한 말이다.

그럼 어떻게 하는가. 푸코는 쓸모가 없는가. 아니다. 푸코의 이 논리는 아직 완벽하게 이해되지 않았다. 따라서 다른 방향에서 해법을 찾을 수는 있다.

『현대사상現代思想』, 2006년 6월호, 세이도샤青土社

시

감히 성급하게 말하건대 시는 언어의 바깥입니다. 이 말만으로 언어의 내부와 외부를 확연히 분할할 수 있다는 관념과, 그 분할을 전제로 오랫동안 답습해온 '비언어'를 특권시하거나 비판하는 지루한 행동에서 멀리 벗어납니다. 언어는 형식화가 가능하므로 철저히 형식화하면 결국 언어의 외부가 출현하며, 말로 표현할 수 없는 것, 구멍, 사물, 현실계로서의 외부는 비언어로서 제기됩니다. 다만 형식화된 언어와 비언어의 이분법은 이미 유지할 수 없습니다. 형식화가 불가능한 언어가 존재하므로 언어의 바깥에는 여전히 말이라는 사태가 존재합니다. 동일성도, 균질성도 없이 문법에서도 갑자기 박동치는 말이 새어나옵니다. 그것이 이른바 시가 용출하는 장소입니다. 정보로 환원될 수 없는 말의 실체는 불투명합니다. 계보학적으로 말하면 형식화된 언어와 그 외부가 놓여 있을 때는 항상 선행하는 무언가가 존재합니다. 그 두 가지를 가능하도록 잔혹하게 조련하는 극장입니다. 그런데 유념할 것은 이 조련을 구성하는 요소가 바로 말입니다. 반복되는 기묘한 표현, 방식, 명령어가 주체를 설정하고 구성합니다. 말과는 떼려야 뗄 수 없는 의례적인 문제이므로 정치문제와 관련됩니다. 그래서 시는 정의가 확대되어 인류학적인 기능을 갖습니다.

시와 정치가 결합하는 위험에 관해서는 진지한 논의가 있습니다. 그러나 시를 '서양' 그리고 '고대'와 '근대'의 직접적인 접합에서만 논할 수 있다는 위험한 주장은 필시 많은 논점을 놓치고 있습니다.

참고문헌

프리드리히 니체, 『도덕의 계보학』, 『니체 전집』 제3권, 白水社, 1983.

자크 라캉, *Le Séminaire Livre* ⅩⅩ(1972~1973), Encore, Seuil, 1975.

야부시로矢部史郎 · 시라이시 요시하루白石嘉治 책임편집, 『볼 렉시콘VOL *lexicon*』, 以文社, 2009.

정치적 영성

1978년 8월 이란 전역에서 데모가 계속되는 가운데 미셸 푸코는 이란 연구를 시작한다. 훗날 이란혁명이라고 부르는 이 봉기가 일어났을 때 직접 이란의 여러 도시로 찾아간 푸코는 잇달아 르포르타주를 써서 '이슬람교에 의한 통치'를 요구하는 이란 국민을 지지한다. 본인의 말마따나 열광적으로. "지금 이란인이 가장 냉소하는 말이 무엇인지 아는가? 가장 멍청하고 시답잖은, 가장 서양적인 사고방식으로 들리는 말은 바로 이것이다. '종교는 민중의 아편이다(카를 마르크스).'" 물론 많은 사람이 이 말에 곤혹스러워했다. 푸코를 비난하는 투서가 쇄도하고, 파리에 거주하는 이란인 여성이 격분해서 『누벨 옵세르바퇴르』에 보낸 반박문에도 답을 해야만 했다. 그리고 설상가상으로 이란의 사병조직이 이란, 이슬람 신체제에 저항하는 반대파(반혁명파)를 비합법적인 재판 절차를 거쳐 사형을 집행하고 있다는 사실이 드러나자마자 수전 손택의 글 때문에 야유를 당한다. 근대성에 역행하는 어리석은 잘못, 현실을 모르는 철학자의 정치적 판단에서 비롯된 유치한 과오라고 치부해야 할까.

정치적 영성spiritualité politique은 푸코가 이란혁명에서 발견한

'봉기의 영혼'이자 '종교로 하여금 혁명적인 힘을 갖고 살 수 있게 하는 방법'이다. 푸코 자신이 훗날 강의에서 정확하게 정의한 대로 영성은 철학과 반대되는 개념이다. 철학은 진리에 도달하는 조건으로서 인식만 필요로 한다. 하지만 영성은 진리에 도달하는 조건으로서 자신의 삶을 구체적으로 바꾸기를, 금욕과 실천과 수련을, 미적이고 윤리적으로 다시 단련하기를 요구한다. 진리로 향하는 실천으로서의 영성을 발견한 푸코가 어떤 행보를 취했는지는 명백하다. 많은 논자가 특별하게 여기는 만년의 '자기배려', '실존의 미학'에 대한 칭찬이었다. 미의 주체, 윤리의 주체로서 스스로를 확립하는 노력. 그러나 간과되어왔던 확고한 사실은 푸코 본인이 자기에 대한 배려를 메스꺼운, 심각한 오류로서 부정하고 있다는 것이다. 『주체의 해석학』에서 말한 대로 실제로 그것은 다름 아닌 상류사회 사교계의 유행이자 배타적이고 광신적인 집단에서 지도자의 지도로 이루어졌던 자기계발이었다. 다시 말해 자기배려와 실존의 미학은 구체적인 정치성이 결여되어서 기존의 체제에 순종적일 수밖에 없으며 저항과 혁명을 절대 보장하지 않는다. 여기에는 당초 정치적 영성으로서 제기되었던 것이 탈정치화해서 개념에 대한 정치적 저항력을 상실해가는 과정이 있다. 역설적으로 들릴지도 모르지만 탈정치화된 자신을 배려하는 방법만 광신적인 소집단의 전제정치와 결합하고 만 것이다.

　정치적 영성은 진정한 정치를 추구하는 실천을 의미한다. 온전히 정치적 진리를 지향하는 구체적인 행동의 변혁을 의미한다. 이 말은 곧 정치적 혁명에서는 삶 자체의 변화가 따라야 한다는 뜻이다. 따라서 정치적 영성은 위험한 말이며, 앞으로도 그럴 것이다. 한순간이라도 경계를 게을리 해서는 안 된다. 실존의 미학의 지극히 평범한 특성과 비정치성을 멀리하는 한 위험은 항시 존재하며 숱한 사람의 모욕과 비웃음을 자초할 것이다. 근대에서 세속화(무신론과 동일한 사태를 의미하지는 않는다)를 경건하게 신앙으로 받드는 한 역사는 끝이며, 봉기가 부질없다고 믿는 한 그 한계는 너무나도 명백하므로. 때로는 조소에 화답할 필요도 있다. 실천에 대한 개개의 정치적 진리의 내적인 가치나 충실성에 따라서는. 그러나 푸코는 정치적 영성에 관한 글에 이어지는 다음 행에서 이미 벌어질 사태를 예측했다. "벌써 프랑스인들이 비웃는 소리가 들린다. 하지만 나는 알고 있다, 프랑스인들이 틀렸다는 것을."

참고문헌

미셸 푸코, 「이란인들은 무엇을 생각하고 있는가?」, 『미셸 푸코—사고 집성 Ⅶ』, 筑摩書房, 2000.

사사키 아타루, 『야전과 영원—푸코·라캉·르장드르』, 以文社, 2008.

야부시로·시라이시 요시하루 책임편집, 『볼 렉시콘』, 以文社, 2009.

3부

야전과 영원의 지평
혹은 혁명

야전과 영원의 지평이란 무엇인가?

(질문자: 시라이시 요시하루白石嘉治·마쓰모토 준이치로松本潤一郎)

현재의 상황

시라이시/ 이번에 『야전과 영원—푸코·라캉·르장드르』라는 600쪽이 넘는 대작이 출간되었습니다. 아마도 이 책을 제쳐두고 현대 사상을 논할 수는 없을 것입니다. 이제부터 조용한 울림소리가 온 세상에 뻗어나갈 것입니다. 오늘은 저와 마쓰모토 준이치로 씨가 이 책의 저자 사사키 아타루 씨께 몇 가지 여쭙겠습니다.

마쓰모토/ 그럼 먼저 저부터 질문하겠습니다. 사회학과 심리학에서 특히 두드러지는데 오늘날 언설의 특징은 사회 여건을 신의 관점에서 한눈에 굽어보며 처방전을 제시하는 태도입니다. 물론 '해답'을 제시한 당사자는 애초에 질문하는 방식이 틀렸을 가능성은 추호도 의심하지 않습니다. 없는 것을 있다고 하고 그 이익의 일부를 가로채는 구조입니다. 사사키 씨가 논하신 라캉의 말로 표현하면 바로 잉여가치surplus value-잉여향락surplus enjoyment을 획득하는 순서지요. 푸코도 이러한 지식의 권력구조에 평생 진저리를 쳤습니다. 『야전과 영원』이라는 제목의 이 책은 이러한 현재의 상황과 명확히 대치한다고 봅니다만, 우선 이 얘기에 관한 말씀부터 부탁드리겠습니다.

사사키/ 말씀하신 대로 이 사회, 현재 그리고 현대인들에게는 모르는 것에 대한 막연한 불안감이 존재합니다. 그래서 간혹 '지식과 정보'를 가졌다고 자처하는 사람들이 그런 심리를 악용해서 자신이 무지하다고 여기는 사람들을 착취하기도 합니다. 명백한 착취입니다. 게다가 사회학을 비롯한 사회과학이 크게 한몫한 것은 부정할 수 없는 사실이지요. 라캉의 말로 표현하면 지식은 '욕망을 불러일으키는 근원적 대상이자 원인'으로 정의되는 대상 a의 잉여향락[01]입니다. 그리고 알고 있는 자신은 그저 '팔루스적' 향락, 다시 말해 '자신을 하나의 우뚝 솟은 전체 모습으로 제시하려는 향락'에 참여하는 것에 불과합니다.

언뜻 과격해 보여도 사실 바뀌는 것은 없습니다. 그래서 이 책에서 그 팔루스적 향락을 뛰어넘는 '여성의 향락'에 관해 논한 것입니다.

여기서 장 주네[02]가 남긴 멋진 말을 인용하겠습니다. "괜찮아. 여전히 너를 가장 잘 아는 사람은 너야." 지금 많은 사람이 두렵고 겁에 질려서 괴로워합니다. 자기 자신과 현재의 상황에 무지하다고 생각하기 때문입니다. 현재의 상황과 자신이 어떤 사람

---

01 plus-de-jouir: 절대적 향락이나 팔루스적 향락과는 다른 곳에서 향락을 찾기에 세상이 바뀌지는 않지만 자극적이고 안전하고 합법적인 또는 반#합법적인 향락을 일컫는다.
02 Jean Genet: 1910~1986, 프랑스의 소설가, 극작가, 시인이자 남창, 거지, 부랑자. 절도와 마약 밀수 등 밑바닥 생활을 전전하다가 옥중에서 쓴 시집 『사형수』로 본격적인 작품활동을 시작했다. 저서로 『도둑 일기』, 『하녀들』, 『자코메티의 아틀리에』 등이 있다.

인지를 알고, 정보를 얻어야 도태되지 않는다는 위협이 만연해 있습니다. 실은 '자아 찾기'와 '현재 찾기'는 같은 말입니다. 그런 상황에서 무지를 깨우치고 설명해주겠다는 사람들이 찾아옵니다. 착취하는 쪽이라고 믿는 그들은 세계를 하나로 뭉뚱그려서 인식합니다. 바꿔 말하면 굽어본다는 얘기죠. 그러나 그렇게 뭉뚱그려서 본 사회를 일관되게 경험 이전의 순수자아인 선험적 자아03=초월론적 자아로서 인식하려는 노력 자체가 공포에서 비롯됩니다. 실은 그들도 무지에 대한 불안과 공포에 사로잡혀 있기에 자신을, 또 현재를 설명해야 한다는 강박관념에 찌들어 있습니다. 대부분 그런 처지이니 항상 미친 듯이 자기 얘기를 합니다.

자신과 현재를 설명하려면 지식과 정보를 얻어야 한다는 강박관념은 사실무근입니다. 질 들뢰즈는 "타락한 정보가 있는 게 아니라 정보 자체가 타락한 것이다"라고 했습니다. 들뢰즈만이 아니라 하이데거도 "정보란 명령이라는 의미다"라고 했습니다. 행여 명령을 못 들었을까 다들 전전긍긍하며 부화뇌동합니다. 명령을 따르기만 하면 자신이 옳다고 믿을 수 있기 때문이죠. 그러나 과감하게 명령을 무시하고 "그까짓 걸 꼭 알아야 해? 알

---

03 Transzendentales Ich: 칸트의 철학에서 '초월론적transzendental'이라는 표현은 '초월적 transzendent'이라는 용어와 구별된다. 영어로는 각각 'transcendental'과 'transcendent' 다. 독일어와 영어의 접미사 '-al'에는 '~에 관한'이라는 의미가 있으므로 초월론적 인식이란 초월에 관한 인식이다. 자신의 인식이 유한하다고 인식하는 사람은 인식의 한계를 초월하지만 한계의 내부에 있는 사람에게는 한계가 보이지 않는다.

아서 뭐하게!"라고 말하세요. 나도, 나의 현재도 내 것입니다. 나도, 현재도 여기 있는데 굳이 찾으러 갈 필요가 있나요? 뭘 더 알아야 하나요? 모든 사람이 정보를, 즉 명령을 들어야 한다는 법이라도 있나요?

푸코도 빈정거리는 투로 말했습니다. 철학자의 역할이 어느새 현재란 무엇인가라는 질문에 답하는 것이 되어버렸다고. 반복하겠습니다. 우리에게 필요한 것은 '그까짓 것은 몰라도 돼'라고 하는 용기입니다. 사회비평가들은 '모든 것을 안다'라는 환상에 사로잡혀 있습니다. 그래서 항상 무엇이든 완벽하게 설명해야 한다는 초조감에 시달립니다. 또한 전문가들은 '하나에 정통하다'라는 환상에 매달립니다. 어차피 둘 다 한낱 환상입니다. 이러한 환상이나 초조감과 위협에 구체적으로 저항해야 합니다. 모르는, 이해하지 못하는 고통과 슬픔, 두려움과 포기만을 낳으니까요. 라캉이 왜 '모든 것에 대한 전부를' 그리고 '하나에 대한 모든 것을' 알고자 하는 욕망은 어차피 무난하고 안전하며 아무런 변화도 가져오지 않는 팔루스적 향락, 즉 권력의 향락으로 귀착한다고 했겠습니까.

모르면 어떻습니까. 알아서 뭐하게요? 이해하면 뭐가 달라지나요? 이러한 지식과 정보를 둘러싼 착취와 공포의 구도에 구체적으로 저항해야만 합니다. 설사 무지하다고 비난당할지언정 필요하다면 의식적으로 무지를 택해야만 합니다. 그것이 진정으로 정치적인 저항일 테니까요.

글쓰기

마쓰모토/ 『야전과 영원』에서 눈길을 끄는 것은 우선 두툼한 부피와 언뜻 장황하다 싶은 이상하리만치 절박한 문체입니다. 다그치듯이 "아무것도 끝나지 않는다. 아무것도"라는 말을 거듭하며 논지를 전개합니다.

사사키/ 모든 방면에 해박한 지식을 망라하려는 사회비평가의 글이나 한 방면에 정통한 지식으로 제한된 원고지 칸을 메우려는 전문가의 글은 구태여 말하자면 전체주의적인 욕망, 권위에 대한 욕망에 뿌리내리고 있습니다. 그럼 이 두 가지 외에는 선택의 여지가 없나요? 오늘날, 이 시대에는? 단연코 아닙니다. 장담합니다.

아주 최근까지 라캉도, 푸코도, 들뢰즈도 살아서 글을 썼습니다. 사무엘 베케트는 제가 열 살 때까지 살아 있었습니다. 르장드르는 아직도 정정합니다. 일본어권 작가들로 말하면 나카이 히사오도, 오에 겐자부로[04]도, 후루이 요시키치[05]도 살아서 글을 쓰고 있습니다. 무엇 하나 불가능한 것은 없습니다. 그야말로

---

[04] 大江健三郎: 1935~, '문학과 삶은 별개가 아니다'라는 신념을 갖고 행동하는 일본의 대표적 지성인. 저서는 노벨문학상을 수상한 『만엔 원년의 풋볼』, 아쿠타가와상을 수상한 『사육』과 『읽는 인간』, 『익사』 등이 있다.

[05] 古井由吉: 1937~, 소설가이자 독일문학자. 이웃이나 가족을 소재로 인간의 내면적인 문제에 심층적으로 접근해서 시대상을 반영하는 대표적인 '내향의 세대'의 작가. 저서로 아쿠타가와상 수상작 『요오코杳子』, 일본문학대상 수상작 『거처栖』, 다니자키 준이치로상 수상작 『나팔꽃槿』, 마이니치 예술상 수상작 『백발의 노래白髮の唄』 등이 있다.

'아무것도 끝나지 않는다'죠. 초라한 선택지를 거부한 그들처럼 강력하고 활기 넘치는 글을 쓸 수 있습니다. 실제로 우리 눈앞에 존재하니까요.

　이런 일화가 있습니다. 기자가 『안티 오이디푸스: 자본주의와 분열증L'Anti-Œdipe: Capitalisme et schizophrenie』은 난해해서 전문가도 이해할 수가 없다더라고 했더니 들뢰즈는 태연히 전문가만 모른다고 한다고 대답했습니다. 실제로 그는 열렬히 지지하는 간호사와 항만 노동자들이 보낸 팬레터에 감격했다고 합니다. 들뢰즈는 그것을 '조우遭遇'라고 말합니다. 분명 입문서를 읽은 적도 없을뿐더러 학교 문턱에도 못 가보고, 정규 교육과정도 밟지 않은 사람들이 20세기 굴지의 난이도를 자랑하는 책을 읽는 것은 조우는커녕 기적에 가깝죠. 그러나 그 정도의 기적은 세상에 흔합니다. 그 책에는 훨씬 못 미치지만 『야전과 영원』도 그 점에서는 행운이었습니다. 전문가도 아닌 평범한 사람들이 수월하게 읽고 재미있어합니다. 스무 살 전후의 젊은 친구들이 단숨에 즐겁게 읽었다며 연락하곤 합니다. 반면에 한 대학교수는 "질과 양 모두에서 독자의 능력을 무한히 과대평가한 책이다. 이런 책을 일반인이 어떻게 읽는다는 말인가?"라고 하더군요. 읽을 수 있습니다. 라캉과 푸코를 전혀 몰라도 이해할 수 있습니다. 애초에 독자의 능력을 과소평가해서 위한답시고 쉽게 쓰는 것은 권위적인 태도입니다. 독자를 얕보고 업신여기는 짓이죠. 그런 식으로 쓴 글이 무조건 먹히는 것은 아닙니다. 가령 오에 겐자부로의 『핀치 러너 조서』06나 후루이 요시키치의 『빗물 흘리는 눈썹

眉雨』[07]을 읽는 데 무슨 입문서가 필요합니까? 무작정 붙들고 읽으면 됩니다.

　푸코와 라캉이 왜 이렇게 오해를 받을까요. 지식을 금전처럼 생각하기 때문입니다. 지식을 쌓아서 밑천을 만들고 이율을 따져서 투자하며, 손실이 최소화되도록 정보를 수집해서 균형 있게 지식을 늘려나갑니다. 비록 인플레와 공황이 올까, 자신이 소유한 지식의 가격이 폭락할까 겁날지언정 노후는 안심이니까요. 그러나 라캉과 푸코는 이러한 생각과는 완전히 동떨어진 글을 쓰고 있습니다. 지식과 정보의 부자가 되길 바라는 사람들은 절대 이해할 수 없는 것에 홀려서 글을 씁니다. 지식 부자라고 과시하고픈 사람들은 진절머리 날만큼 잉여향락과 권력의 향락, 다시 말해 팔루스적 향락의 틀에 갇혀 있습니다. 그 정도 향락으로는 어림도 없습니다. 그러한 향락에 빠진 사람들은 언감생심입니다. 그런데 정말로 그렇게 뭔가에 홀려서 글을 쓰는 사

---

06 정신지체아인 큰아들 오에 히카리가 태어난 뒤『개인적인 체험』,『허공의 괴물 아구이』와 함께 아버지로서의 체험담을 바탕으로 장애인에 대한 사랑과 인류의 공존문제를 조명한 작품. 뇌 안에 동굴이나 원시림을 연상시키는 오염되지 않은 신비스러운 암흑을 지닌 장애아가 주인공인 이 책은 풍자와 조소로 핵시대의 위기를 경고하고 지구를 구원하는 원리를 세웠다는 평을 받는다.

07 여덟 편의 단편소설과 한 편의 수필이 수록되어 있다. 그중 이 책의 제목이기도 한「빗물 흘리는 눈썹」은 현대와 고대의 전쟁터를 몽환 속에 교차시키면서 처자식이 있는 남자 스기야, 야스코와 가즈코라는 두 여자의 광란의 사랑을 그렸다. 광기를 불러일으키는 차소리, 새소리, 적의 신음소리, 그리고 각각의 역할을 부여한 눈(구름 사이로 보이는 불길한 여성의 눈썹, 자신을 주시하는 집단의 눈, 처형당한 여자의 얼굴을 보거나 망상인 듯한 현실세계를 응시하는 나의 눈 등)을 통해 등장인물의 정신과 육체가 뒤섞이는 모습을 치밀하게 묘사한 것이 특징이다.

람이 있을까요? 있다마다요. 간단해요. 지금까지 열거한 저자들의 책을 읽으면 금방 압니다. 압도적인 사실이니까요.

혁명과 텍스트

시라이시/ 니시타니 오사무[08] 씨가 열정적으로 소개했건만 르장드르를 일본에서 정확히 이해했다고 말하기는 힘듭니다. 우리가 결정적인 문제를 회피해온 결과인 듯합니다. 여하튼 르장드르가 말하는 '중세 해석자혁명'은 명백히 중요하지요. 그 '혁명'으로 사상 처음 텍스트(글뿐 아니라 춤, 음악, 그림 등을 포괄하는 개념)가 정보화하니까요. 우리는 아직도 그 효과의 영향권 안에 있습니다. 텍스트의 정보화로 교회의 권력에서 벗어났고 세속화도 가능했기에 국가를 법이라는 언어체계로 봅니다. 그 효과는 르장드르가 경종을 울린 작금의 '매니지먼트 원리주의(=신자유주의)'[09]에도 이어집니다. 이른바 '표현의 자유' 문제도 같은 세속

---

08 西谷修: 1950~, 도쿄외국어대학 대학원 지역문화연구과 교수. 저서로 『테러와의 전쟁이란 무엇인가―9·11 이후의 세계』, 『애프터 후쿠시마 클로니컬』, 『세계사의 해체』(사카이 나오키 공저) 등이 있다.

09 사회를 통치술로 완벽하게 정비하여 '관리, 경영'하는 것을 말한다. 철저한 경쟁원리만이 지배해서 사회가 국가의 감시를 받는 것이 아니라 국가가 사회의 감시를 받는다. 또한 가치와 균형보다는 경쟁과 독점을 더 중시하고, 자유방임 대신 감시와 행동, 항구적인 개입을 표방하며 전면적인 감시를 하므로 국민은 패배자가 되는 공포와 초조감에 찌들어 자유로운 경쟁이라는 허울 좋은 게임에 몰두한다.

화의 영향권 안에 있는데 사사키 씨는 페티 벤슬라마[10]의 『불온한 픽션*Une fiction troublante, de l'origine en partage*』을 바탕으로, 문학과 종교적인 원리주의에 관해 토론을 펼칩니다.

벤슬라마에 의하면 문학이란 인간이 텍스트를 만드는 것입니다. 텍스트가 인간을 만드는 종교를 역전시킨 것입니다. 이 역전으로 문학은 텍스트의 기원에 깃든 권력을 모든 사람과 공유합니다. 그럴 때 문학은 고유의 고뇌를 품는 동시에 진실로 민주적이며, 텍스트가 지배하는 원리주의를 뒤집어엎는 힘을 지닙니다. 문학이 허구인 이유는 이미 기록된 현실에 대한 관계를 변화시키기 때문입니다. 사사키 씨는 이 문학, 곧 허구의 힘을 르장드르의 '원리주의로부터의 소격疏隔'이라는 말로 이해합니다. 그리고 이 문학 또는 허구의 거리두기라는 힘 없이는 '혁명'도 있을 수 없다고 주장합니다.

실제로 프랑스 근대사에서도 혁명은 텍스트의 정보화에 대한 봉기로 파악할 수 있습니다. 1848년의 2월 혁명[11], 파리코뮌[12],

---

10 Fethi Benslama: 1951~. 튀니지 출신의 정신분석의. 라캉학파의 일원으로 파리 디드로 대학의 정신분석학 교수이자 임상과학부 학과장이다. 1988년 이른바 『악마의 시』 사태 때 "이슬람에서 '아버지 신화'를 이야기하는 텍스트를 분쇄하여 문학적으로 알리려 했다"라며 루시디를 옹호했다. 당시 이란의 지도자 호메이니는 알라신에 대한 신성 모독이라며 살만 루시디Salman Rushdie를 처형하라고 명령했고, 이슬람 각지에서 항의 시위가 이어졌으며 출판금지 처분이 내려졌다. 결국 루시디는 영국으로 망명했고, 일본어판 번역자 이가라시 히토시가 쓰쿠바대학에서 살해당했다. 저서로 『이슬람에서 시도하는 정신분석*La psychanalyse a l'epreuve de l'Islam, Aubier*』, 『돌연 혁명이!*Soudain la révolution! De la Tunisie au monde arabe: la signification d'un soulèvement Denoël*』 등이 있다.

인민전선[13]의 기쁨의 파업에는 항상 시인들의 봉기가 일어났습니다. 보들레르는 거리에서 전단을 뿌리고, 랭보는 파리로 달려가며, 프레베르[14]는 공장에서 연극을 합니다. 요컨대 텍스트의 원리주의에 맞서서 투쟁을 벌였습니다. 물론 이러한 봉기의 결과물은 보통선거와 유급휴가제도 같은 법적인 표상, 다시 말해 텍스트로 회수됩니다. 하지만 바로 그런 이유 때문에 혁명 혹은 봉기는 문학과 함께 불가피하다고도 할 수 있지요.

사사키/ 라캉과 푸코에 르장드르를 비교해야 하는 이유는 말씀하

---

11 Revolution of February: 1848년 2월 파리에서 일어난 혁명으로서 남성 보통선거제를 도입해 제헌의회를 조직함으로써 제2공화정을 실현했다. 주목할 만한 특징은 자발적인 민중운동이 급격히 확대되었고, '노동의 조직화'라는 목표가 광범위하게 출현했다는 점이다. 이는 독일과 오스트리아에도 영향을 미쳐서 1848년 봄에 연거푸 일어났기에 통틀어서 '민족들의 봄'이라고 한다.

12 Commune de Paris: 1871년 3월 28일~5월 28일, 파리 시민과 노동자들의 봉기로 수립된 혁명적 자치정부로서 시정부를 장악하고 군대까지 조직해서 '피의 일주일'이라는 참혹한 시가전을 벌였다. 비록 3만여 명의 희생자를 내고 7일 천하로 끝나고 말았지만 정치의 중심으로 등장한 노동자 계급은 제빵공의 야간작업 폐지, 온갖 구실로 벌금을 물리는 고용주에 대한 과태료 부과, 폐쇄된 작업장과 공장을 노동자 협동조합에 양도, 공창제의 폐지, 무상교육, 임차인과 영세상인을 위한 보호조치 등의 다양한 정책을 시행했다.

13 front populaire: 파시즘의 공세와 전쟁 위협에 맞서 노동자와 농민, 중산계급, 자유주의자와 사회주의자, 공산주의자가 제휴해서 형성한 통일전선. 대공황으로 고통받던 프랑스의 노동자, 지식인, 도시 소시민, 농민들은 프랑스노동총동맹CGT의 총파업 선언을 기점으로 총파업에 돌입하여 주 40시간 노동제, 2주 유급휴가제, 임금인상, 프랑스노동총동맹을 인정하는 마티뇽 협정을 체결했다. 그러나 공산당 지도부와 경찰의 진압, 이어진 대규모 해고와 탄압으로 노동자 운동은 실패로 돌아갔다.

14 Jacques-Henri-Marie Prévert: 1900~1977, 프랑스의 국민시인이자 시나리오 작가, 샹송 작사가. 통렬한 풍자와 소박한 인간애가 담긴 쉽고 친근감 있는 작풍이 특징이다. 이브 몽탕의 세계적인 샹송 〈고엽〉은 그의 시에 조지프 코스마Joseph Kosma가 곡을 붙인 것이다. 대표작으로 시집 『학교에서 나온 우리는』, 『이 사랑』, 『붉은 말』 등이 있다.

신 대로 르장드르가 중세 해석자혁명에 관한 글을 썼기 때문입니다. 그런데 12세기 중세 해석자혁명으로 숨겨져 있던 다양한 가능성이 줄어든 탓에 텍스트는 한낱 정보의 그릇에 불과했습니다. 객관적인 정보만 규범과 관련된 것으로 여깁니다. 오늘날 정보이론, 정보화 사회, 데이터베이스의 출발점이지요. 거꾸로 말하면, 벌써 800년 넘게 새로운 정보라고 믿는 사람들만 판치는 세상에서 '정보혁명'을 하고 있는 겁니다! 정말 우스꽝스러운 노릇 아닌가요.

『야전과 영원』을 읽은 한 독자가 이런 말을 했습니다. "새로운 텍스트와 의미를 만들고, 노래를 짓고, 새로운 사회를 창조하는 것은 당연한 일 아닌가요?"라고. 물론 옳다고 대답했습니다. 이 말을 거꾸로 생각하면 왜 당연한 일을 대단한 일인 양 말하는지 모르겠다는 뜻입니다. 한마디로 말해서 혁명은 가능합니다. 하지만 사카구치 안고가 말했다시피 앞으로 일어날 혁명 한 번으로 모든 것이 끝난다는 생각은 오산입니다. 역시 여기서도 '하나'와 '전부'에 대한 욕망이 문제입니다. 단 한 번의 혁명으로 모든 것이 끝나지는 않습니다. 그나저나 혁명은 가능하다는 당연한 말을 왜 새삼스레 부르짖어야 하는지 참으로 기가 막힙니다. 들뢰즈와 가타리의 말처럼 왜 당장이라도 다른 형태의 혁명이 가능하다고 생각하지 않나요.

폭력혁명은 혁명의 수많은 형태 중 하나일 뿐입니다. 글 쓰고, 노래하고, 춤추고, 그리는, 본래는 틀림없이 정치적이고 예술적이기도 한 갖가지 기예의 열매(이것을 통틀어서 르장드르는 '텍스트'라고 합니다만) 모두가 혁명입니다. 태곳적부터 인간은 스스로를 통치해왔습니다. 그런데 중세 해석자혁명 이후로 이 텍스트의 의미가 갈수록 퇴색해서 정보와 정보를 담아 운반하는 서류와 데이터베이스만이 규범과 정치에 관련된다는 역사적·지리적으로 한정된 관념이 출현합니다. 그 관념은 식민지주의 때문에 세계로 수출되었고, 규범과 정치는 정보화하고 말았습니다. 그만큼 다양한 형태로 저항할 가능성도 감소되었으니 단순한 폭력의 분출일 수밖에 없는 것입니다.

이리하여 정보와 폭력의 이항대립[15]에 갇혀버렸습니다. 이러한 통치의 정보화 작용으로 오늘날 혁명은 폭력혁명만 의미하게 되었습니다. 물론 통치에서 텍스트의 정치적 혁명에 힘을 발휘하는 일이 전무하다고는 할 수 없지요. 때로는 강제력 행사가 불가피한 경우도 분명 존재합니다. 그러나 폭력혁명이 전부라는 생각은 역사적으로도 완전히 협소한 시각입니다. 폭력이야말로 급진적이다? 새롭고 급진적이라고 철석같이 믿는 '모든 것은 정보다'라는 말만큼이나 신물 나고 고리타분합니다.

---

15 Binary opposition: 서양철학의 창시자인 플라톤의 『소피스테스』에서 유래한 양자대립 구조. '날것'과 '요리된 것'으로 신화의 구조, 부족의 문화적 구조를 파악하여 현대 인문학의 전형을 마련한 인류학자 클로드 레비스트로스의 사례처럼 정신-육체, 남자-여자, 서양-동양, 백인-흑인, 신-인간과 같이 두 요소를 서로 대립시켜서 정의하고 규칙을 발견하는 방식이다. 소쉬르는 성-속, 남-여, 우리-타인의 구분을 통해 텍스트, 신화, 사회의 의미망과 상징적 질서가 구축된다고 주장하며 현대 언어학의 기초를 정립했다.

문학이란 무엇인가

마쓰모토/ 예전에 사르트르는 '문학이란 무엇인가'라고 물었습니다. '특유의 보편성을 아울러 사고하라'가 답입니다. 어떤 작품을 작가의 출신과 성장환경, 사회상황으로 환원하는 작업은 일정 정도는 가능하며, 경우에 따라서는 작품을 이해하는 데 필수이기도 합니다. 그러나 작품의 특이성을 파악할 수가 없습니다. 문학의 잔인성이긴 하지만 모든 작품이 보편적일 리 만무하고, 문학을 사회상황으로 환원하는 작업은 역설적으로 말하면 굳이 그 작품, 그 작가가 아니어도 되지 않느냐고 추궁했을 때 반박할 말이 없습니다. 그렇다면 결국 남는 것은 무엇인가 하면 저는 '문체'라고 하고 싶습니다. 소설에는 고유한 논리가, 소설만 가능한 사고가 있다고 줄곧 생각했기 때문입니다. 그러므로 소설도, 비평도 원칙적으로는 끝나지 않습니다. 여기서 사사키 씨에게 문학의 정의와 다른 여러 말과의 관계, 특히 종교에 관한 말(이 책에서도 설명한 대로 종교 일반에 관한 말이 아니더라도)과의 관계에서 문학 혹은 제가 말한 의미에서의 문체는 어떤 것인지 여쭤보고 싶습니다.

사사키/ 원래 '문학'이란 '성전聖典을 읽고 쓰는 기술'을 말합니다. 요즘 널리 유행하는 리터러시literacy라는 말은 일반적으로 읽고 쓰는 기술을 의미한다고 합니다. 하지만 본래는 문학만을 의미했습니다. 완전히 중복되지요. 그뿐만 아니라 리터러시라는 용어에는 '성전을 읽고 쓰는 기술'이라는 의미에 포함되는 절대적인 정치성과 규범성이 결여되어 있습니다. 초기 기독교의 구약 성서와 신약성서는 문헌학적으로 어떻게 취급하며, 그 텍스트들은 뭐라고 부를까요? 기독교 문학이라고 부릅니다. 성전을 정치적이고 시적이며 예술적으로 읽고 쓰는 절대적인 기술을 일컬어 바로 문학이라고 합니다.

한때 문학은 일부 계층의 전유물이었습니다. 그런 문학을 해방시켜서 모든 사람이 누릴 수 있게 하려던 민주적인 시도가 '근대문학'입니다. 가공할 시도입니다. 이 책에서도 말했다시피 글을 쓰는 일은 항상 광기의 시도니까요. 글을 쓰는 것은 수정하는 것이며, 옳다고 믿어야 가능합니다. 하지만 수정한다는 것은 믿지 않는다는 뜻입니다. 글을 쓰는 광기는 믿음도 불신도 없는 영원한 공간에 내팽개치는 것입니다. 무엇을 믿든 말든 자유지만 안이한 원리주의나 저속한 풍자만을 낳습니다. 결국은 둘 다 허무주의입니다. 확신도 불신도 아닌 것이 진정한 고난의 길입니다. 모든 사람을 그 고난에 빠뜨리는 놀라운 시도가 바로 근대문학입니다. 그러나 근대문학은 일종의 '텍스트 인클로저' 효과를 입었습니다. 즉 중세 해석자혁명 이후의 동향인 텍스트와 글자이자 문체이며 기술법이기도 한 '에크리튀르écriture'의 정보론적인 문서로의 환원이라는 효과를. 또한 이해관계에 초연한 예술Interesselosigkeit에 울타리를 치는enclosure 효과를. 이는 반대로 생각하면 그 제한된 울타리를 철거하고 새로운 글을 쓸 가능성을 여는 것은 언제든 가능하다는 뜻입니다. 정치적이고 규범적이어서 진정으로 예술적인 문학의 가능성을. 정치와 예술의 결합을 찬성하는 사람이나 반대하는 사람이나 무슨 이유인지 보수적이라고 생각합니다. 그 반대입니다. 지금은 텍스트를 정보론적인 데이터베이스와 객관적인 문서로서 생각하고 왜소화하는 쪽이 보수적입니다. 12세기 이후의 전통에 의지하려 드니 지독한 보수 아닌가요.

그래서 다시 문학을 정의하면 정보로 환원할 수 없고, 전체성도 구성할 수 없는 것입니다. 말은 정보가 아니니까요. 르장드르가 말한 대로 정보화는커녕 수치화조차 불가능한 텍스트의 조작과 관련된 행위는 댄스와 요리, 회화, 복식, 음악 등 실로 방대합니다. 우리가 아직 모르는 형식도 포함해서요. 그러나 언어에서는 항상 문학이고, 문학으로만 가능합니다. 문학이 저항하는 것이 아니라 문학 자체가 저항입니다. 정보의 환원, 전체화, 형식화가 절대적으로 불가능한 것이 있습니다. 형식화를 통해서 언어화할 수 없는 언어 속의 구멍을, 현실계를 발견한다는 유치한 이야기가 아닙니다. 언어는 언어화할 수 없는 것과 확연히 구별된다고 싸잡아서 하는 주장은 건방진 구조론적·사회학적 관점에 불과합니다. 따라서 언어가 형식화되었다고 생각하는 언어학은 틀렸습니다. 중심을 침범하는 주변 혹은 외부의 문학이라는 시시한 소리를 하려는 게 아닙니다. 중심과 주변의 구도를 설정하는 외부의 그런 순수한 맥박이 문학이라는 말입니다. 결론을 말하면 문학은 죽을 수 없습니다. 아무리 괴로워도 미래영겁까지 발버둥 치며 괴로워해야 하는 것이 문학의 숙명입니다. 그러니 즐겁게 발버둥 치자고요. 문학은 끝나지 않습니다. 절대로 끝날 수 없습니다. 끝난다면 얼마나 편하겠어요. 문학의 가능성은 사라졌다? 새로운 문학도, 문체도 죄다 헛소리다? 실컷 외치세요. 안타깝지만 아무리 울부짖어도 문학은 끝나지 않습니다. 근대문학이 끝났다? 끝나도 딱히 아쉬울 것은 없습니다. 무엇 하나 달라지지도 않고요. 어차피 문학은 끝날 수 없으니까요. 하지만 근대문학의 놀라운 시도를 없었던 일로 치부할 수는 없습니다. 그런 유치한 생각은 그만 버리세요.

정치적 영성을 둘러싸고

시라이시/ 이 책은 이란혁명 당시의 푸코에게 초점을 맞췄습니다. 그는 이란혁명에는 '정치적 영성'이 넘쳐흘렀다고 말합니다. 단순한 진리의 인식이 아닙니다. 진리를 실천하는 영성입니다. 위험한 말이지요. 그러나 저는 푸코 자신이 초래한 차질을 통해 이 정치적 영성을 새롭게 묻고 싶습니다. 흔히 '실존의 미학'으로 집약되는 만년의 푸코의 이미지를 바꾸라는 뜻으로 하신 말씀인가요?

사사키/ 푸코 자신의 말마따나 실존의 미학과 자기배려는 메스껍고, 그것 자체는 혁명과 저항을 보장하지 않습니다. 실존의 미학은 그저 '정치성'을 뺀 영성의 다른 형태입니다. 물론 정치적 영성은 위험한 말입니다. '정치적인 진리를, 진실한 정치를 추구하는 실천'은 위험하기 마련입니다. 스타일을 고를 수 있다는 생각은 착각이니 명심하세요. 정치적 진리의 실천은 살아 있는 문체와 방식을 필요로 합니다. 그렇다면 문체는 무엇일까요? '당사자에게는 선택의 여지가 없는 절박한 심정을 담은 것'입니다. 가령 베케트 같은 사람은 너무도 아름다워 쉽사리 잊히지 않는 한 구절에서 그의 절박한 심정을 이렇게 썼습니다. "분명히 길을 잘못 들지는 않았어. 다른 길은 없으니까. 엉뚱한 길로 가지 않았기를, 돌아가기에는 너무 멀리 왔음을 깨닫기 전에"라고요. 혼자서는 어쩔 수가 없는, 막막한, 가망이 없는, '이렇게밖에 살 수 없는' 심정을 담은 것이 문체이며 영성입니다. 이란혁명에서 이란 국민이 봉기 말고 무엇을 할 수 있었을까요. 봉기하지 않으면 죽을 때까지 착취당할 텐데. 십자가의 요한과 아빌라의 성 테레사[16]가 그런 글을 쓰는 것 이외에 달리 선택지가 있었을까요. 없어서 싸웠습니다. 단지 그 이유입니다.

마쓰모토/ 라캉, 르장드르, 푸코를 각각 논한 3부로 구성된 이 책에서 시종일관 종교, 구체적으로는 기독교, 이슬람교의 문제를 집요하게 반복하셨습니다. 우선 라캉은 기존의 틀 안에서 없는

---

16 Teresa of Avila: 1515~1582, 카르멜 수녀회 수녀이자 로마 가톨릭의 성녀. 예수의 테레사Teresa de Jesús라고도 한다. 많은 신비한 체험과 카르멜회를 개혁한 공적으로 유명하다. 성모승천 대축일 날 성모 마리아가 꿈에 나타나 카르멜회에 목걸이를 내리며 하느님의 은총을 전했다거나, 성 요셉이 죄의 정화를 상징하는 하얀 망토를 입혀주었다. 불로 만든 창을 든 천사가 나타나 가슴을 찔러서 심장에 성흔이 박혔다 등의 이야기가 전한다. 이탈리아의 조각가 베르니니는 이를 소재로 산타 마리아 델라 비토리아 성당 제단장식인 '성녀 테레사의 법열法悅'을 조각하는데, 이는 바로크 신비주의 예술의 극치로 평가받는다. 축일은 10월 15일이며 미술에서는 가슴을 관통한 화살, 예수를 뜻하는 그리스어 모노그램인 IHS가 새겨진 심장, 성령의 상징인 비둘기로 표현된다.

것을 있다고 속여서 훔치는 잉여향락의 구조를 어지럽히는 안스크립시옹-inscription으로서의 여성의 향락 혹은 '연애편지'라는 일종의 신비체험을 말합니다. 신과 연애하고, 신에게 안겨, 신의 문자를 자신의 신체에 상흔으로 새겨 넣는 것을 뜻하지요. 이어서 르장드르는 사회적 신체를 정립하는 텍스트를 수정해서 발생하는 일종의 신화를, 푸코는 이란혁명에서 환영으로 본 통치성에 저항하는 오욕으로 점철된 신체가 으르렁거리며 싸우는 소리로서의 정치적 영성을 말합니다. 이 세 가지 개념은 공통점이 있다고 생각해도 될까요? 아니면 전혀 다르거나 미묘하지만 결정적인 차이가 있나요?

사사키/ 라캉의 여성의 향락, 르장드르의 텍스트의 혁명, 그리고 푸코의 이란혁명에 공통점과 동일성은 없습니다. 일련의 것이 서로 꼬리를 물며 반복하고 있는 것입니다.

언어와 의미

시라이시/ 미셸 드 세르토[17]도 기억해두세요. 『야전과 영원』에서는 쓰루오카 요시오[18] 씨의 『십자가 성 요한[19] 연구』(2000, 소분샤創文社)를 참조하며 세르토의 주목할 만한 증거를 인용합니다. 특히

---

17 Michel de Certeau: 1925~1986, 역사가이자 예수회 사제로서 신학과 인류학, 정신분석과 문화연구를 넘나든 독특한 인물이다. 저서로 『루됭의 마귀들림』 등이 있다.

세르토의 말을 인용한 "공허한 담론은 곧이어 생길 말의 미래다"라는 구절은 결정적입니다. 사회학적인 언론이 만연하고, 군소리하는 사람들이 사라졌습니다. 그런데 이 공허한 담론에서만 새로운 말이 출현합니다. 그때 군소리는 진실을 실천하는 영성을 띠지 않을까요.

사사키/ 현실을 언어의 바깥에 있는 실체로 보는 생각이 여전히 발호하고 있으나 실로 따분합니다. 언어의 외부는 절대 말로 표현할 수 없다거나, 언어의 외부도 전부 말로 표현할 수 있다는 생각도 마찬가지고요. 실은 언어와 언어의 바깥을 구분한 시점에서 한통속입니다. 언어는 항상 언어의 바깥을 포함하며 언어의 바깥에서 생성됩니다. 이 책에서 말씀드렸다시피 언어는 몸에 수용성 얼룩이 군데군데 배어들어 있습니다. 언어와 언어의 바깥을 확연히 구분하는 사고에서는 아무것도 태어날 수 없습니다.

일례를 들어 마리아가 누구를 잉태했을까요. 예수 그리스도지요. 예수 그리스도를 신학문헌에서는 통상 'Verbe'라고 합니다. Verbe란 '말씀'입니다. 대문자로 쓴 말씀은 그리스도를 가리킵니다. 그러면 예수 그리스도는 언어일까요, 아닐까요. 기독교

18 鶴岡賀雄: 1952~, 도쿄대 대학원 인문사회계 연구과 교수. 십자가의 요한 연구의 일인자로 꼽히는 기독교 신비주의 연구자이자 종교학자다. 저서로 『영성의 종교사』, 『기독교와 일본의 심층』 등이 있다.

19 John Of The Cross, Juan de la Cruz: 1542~1591, 기독교 신비주의 저서와 서간문으로 스페인 문학사와 중세 영성사에 한 획을 그은 16세기 스페인의 가톨릭 사제이자 신비사상가로 기념일은 12월 14일이다.

사회에서 예수 그리스도의 몸은 세계 자체였습니다. 그것을 창출하는 향락을 라캉은 '여성의 향락'이라고 부릅니다. 언어와 언어의 바깥이라는 따분한 이원론을 근거로 하는 한 사회를 창출하는 향락은 파악할 수가 없습니다.

들뢰즈와 가타리조차 표상과 표상의 바깥이라는 이원론을 근거로 하고 있습니다. 특히 가타리는 "표상이 아닌 현실의 생산 과정을, 욕망하는 기계의 생산을 보라"고 합니다. 하지만 표상을 생산하는 것은 실재하는 현실의 생산이 아닌가요? 새로운 표상과 언어를 만드는 것도 훌륭한 욕망의, 실재하는 욕망의 생산입니다. 그들이 말하는 '기계'에는 언어도 포함됩니다. 그들 자신도 말했듯이 그래서 카프카와 그의 작품은 위대한 '문학기계'입니다.

시라이시/ 처음에 라캉에 관해 말씀하신 부분에서 들뢰즈의 『의미의 논리Logique du sens』를 인용하여 상징계와 상상계[20]가 겹치는 곳에서 의미와 은유가 발생한다고 명쾌하게 설명하셨습니다. "동시에 문자la lettre이자 사물la Chose이고, 이름이자 대상이며, 의미이자 표상이며, 표현이기도 하고 지시이기도 하다"라는. 더욱이 상상계와 현실계가 겹치는 곳에서 발생한 의미는 역설적으로도 여성의 향락 또는 '위대한 타인le grand Autre=대타자의 향락'과도 관련이 있습니다. 거기서 사회의 완성과 재편이 출현한다고 여깁니다. 이러한 라캉의 해석은 이 책의 마지막에서 논한 들뢰즈의 푸코론과도 정확히 공명합니다. "우리는 의미와 사회가 발생하는 혼성상태에서 춤추고, 이야기하고, 표현한다. 따라서 새로운 다이어그램, 다른 몽타주는 있을 수 있다"라는.

사사키/ 언제부터인가 인간은 의미를 두려워하게 되었습니다. 의미가 아니라 강도intensity로 의미를 인식한다면서요. 그런데 그런 말은 누가 했을까요. 들뢰즈도 말한 적이 없습니다. 혹시나 해서 말하는데 강도의 반의어는 '외연外延, Extension'입니다.

　의미에 저항하는 것 혹은 의미가 없는 것이 그렇게 재미있나요. 물론 기성의 의미에 연연하는 것은 노예근성입니다. 그러나 새로운 의미를 창조하는 것은 언제든 가능하고 불가결합니다. 새로운 사회, 새로운 세계를 창조하는 것이니까요. 지금 열거한 세 사람이 이런 사실을 부정했다고 생각할 근거는 전무합니다.

20 라캉은 주체와 관계를 맺는 방식에 따라 그 세계를 상상계, 상징계, 실재계로 나누었다. 『에크리』에 수록된 논문들은 이 개념들을 포괄해서 설명하고 있다.

　- 상상계: 라캉이 '거울단계'라는 용어로 설명한 세계다. 어린아이는 거울에 비친 자기 모습을 보고 상상적 자아를 구성하지만 그 자아는 주체의 진정한 본질이 아니라 주체를 기만하는 환영이다. 이어서 아이는 오이디푸스 단계를 거치며 아버지의 법, 아버지의 권위를 내면화하여 상징계로 진입한다.

　- 상징계: 우리가 살고 있는 현실세계로서 언어로 이루어져 있으며, 언어를 통해 관계를 맺는 세계다. 아버지는 이 질서의 대표자이자 주체가 동일시하는 '위대한 타인(=대타자)'이다. 아버지=남근을 소유한 자로 여기며, 남근이라는 특권적 기호(시그니피앙)를 얻는 것이 주체의 욕망이다. 따라서 욕망이란 남근이 없는 상태, 곧 결여를 가리킨다. 그러나 라캉의 주장에 따르면 주체의 욕망은 결코 충족될 수 없다. 욕망은 상징계의 질서에 갇혀서 최종 목표이자 절대로 도달할 수 없는 실재계로 넘어가지 못한다. 단지 상징계가 균열을 일으키거나 구멍이 뚫릴 때만 언뜻언뜻 드러난다.

　- 실재계: 굳이 비유하자면 '어머니의 자궁' 같은 곳이어서 '주체의 원초적 현실'이자 '균열 없는 충만한 세계'이며 "안과 밖의 구분도, 대상과 주체의 구분도 없는" 세계다. 때로는 환각으로, 광기로 드러나며, '예술적 영감의 원천'으로 작용하기도 한다. 절대 도달할 수도, 포기할 수도 없는 이 모순적 대상이야말로 욕망의 궁극적 귀착점이다.

서사 비판의 재정의

시라이시/ 장 프랑수아 리오타르[21]는 『포스트모던의 조건La condition postmoderne』에서 "모던의 대서사시가 끝났다"라고 했다는데 사실 그 책에서 주장하는 바는 과학은 스스로를 정당화할 수 없다는 것입니다. 유일하게 가능한 것은 인문학입니다. 사사키 씨의 화법을 빌리면 인문학만이 '근거율=이성 원리principe de Rais'[22]를 만들 수 있습니다. 이러한 관점에서 리오타르는 1970년대 후반 북미에서 일어난 지식 변동을 비판한 것이지요. 적어도 그에게는 '이유'를 묻는 인문학에 대한 신뢰가 있습니다. 설령 서사가 끝났더라도 사람들이 이유를 묻는 한 새로운 몽타주(장치)와 다이어그램을 고안할 수 있다는 신뢰입니다.

사사키/ 거대서사가 끝났다고 떠들어대는 인간은 끊이질 않습니다. 그러나 말씀하신 대로 오늘날 많은 사회학자가 주장하는 "거대서사Grand Recit, Master Narrative가 끝났으니, 앞으로는 소서사Petit Narrative로 할 수밖에 없다"라는 말은 당사자인 리오타

---

21 Jean-François Lyotard: 1924~1998, 프랑스의 철학자. 저서로 『쟁론』, 『말로』, 『왜 철학을 하는가?』, 『니체와 소피스트』 등이 있다.

22 principe de Raison: 원래는 라틴어로 principium rationis라고 부른다. Ratio에 이유, 이성이라는 의미도 있으므로 이유의 원리이기도 하며, 어떤 것도 근거 혹은 이유 없이 존재하지 않는다는 뜻이다. 하이데거가 18세기에 '이성 원리'를 독일어로 번역할 때는 '근거의 명제Der Satz vom Grund'로 옮겼고, 이를 다시 일본어로 번역한 말이 근거율이다. 단, Grund에는 이성, 근거, 이유라는 의미와 함께 '대지'라는 의미도 있으나 Ratio나 Raison에는 그런 뜻이 없음에도 근거율이라는 용어를 적용한 이유는 르장드르가 이 개념을 사용할 때 하이데거의 분석을 전제로 했기 때문이라고 사사키 아타루는 말한다.

르조차 한 적이 없습니다. 그 책이 과학의 '정당화' 문제를 다루고 있다는 사실마저도 잊었습니다. 거대서사가 끝났다니요? 신자유주의neo-liberalism는 거대서사가 아닙니까? 애초에 성립할 때부터 신자유주의의 제1원리였던 경쟁원리는 거대서사가 아닙니까? 또한 이라크에서 펼친 이른바 '이라크 자유 작전Operation Iraqi Freedom'은 서사가 아니고 대체 무엇입니까? 거대서사가 끝났다고 말한 뒤로 내셔널리즘과 원리주의와 세계화globalism의 거대서사가 성하고 쇠퇴하는 동안 많은 사람이 죽어갔습니다. 누구나 아는 사실 아닌가요. 서사를 비판해야 하는 이유는 서사가 으레 사람을 죽이기 때문입니다. 어디서부터 어디까지가 소서사고, 어디서부터 어디까지가 거대서사입니까? 잴 수라도 있습니까? 요컨대 거대서사가 끝났다는 말은 서사에 저항하지 않아도 된다고 타인과 자신을 세뇌하여 투쟁에서 혼자만 감쪽같이 도망치려는 무리의 변명에 불과합니다. 거대서사―모든 역사적 사건들이 이해되도록 설명해주는 커다란 이야기 틀―에 대한 비판은 일단 소설적인 저작물로서 나타나지요. 서사를 비판하는 소설입니다. 또한 서사의 비판은 정치적인 비판 그 자체이며, 과학을 정당화하는 말의 산출과 근본적인 반문을 하는 '과학 이외의 학문'이 존재하는 이유입니다. 교묘하게 심미적인 문화론에 갇혀서 서사를 비판해서는 안 됩니다.

대학을 둘러싸고

시라이시/ 현재 개인적으로 대학론을 준비하고 있습니다. 그래서 말인데 요즘 대학에는 '영성'이 결정적으로 부족합니다. 대학은 학교와는 다릅니다. 학교는 정보를 전달하는 장소입니다. 텍스트를 정보화하고, 교과서에서 정의한 대로 충실히 따르는 원리주의도 만연할지 모릅니다. 그에 비해 대학은 진리를 실천하는 장소입니다. 그런 목적을 지닌 무리들이 섞여서 의미와 사회를 만듭니다. 실제로 대학은 학교와는 다른 원리로 조직된 생디카[23]가 기원이며, 거기서 문학이 주도한 속어혁명도 시작됩니다. 프랑수아 비용[24]이 『유언의 노래*Le Grand Testament Villon et le Petit*』의 첫머리에서 한 말은 '우리는 학생이다'였습니다. 대학이 근대국가의 장치라는 것은 근시안적인 견해지요. 오히려 속어를 기초로 형성되는 민족nation은 대학에서 파생했습니다. 여하튼 의미와 사회의 산출을 걸고 대학의 영성에 대한 질문을 한 것 같은데 어떤가요.

사사키/ 대학은 '무한히 수태를 기다리는 장소'라고 정의하고 싶습니다. 대학은 '다음 사회'를 낳는 향락, 즉 마리아적인 향락으

---

23 syndicat: 그리스어가 어원인 프랑스어로 '국가 통제에 반대하는 노조의 무정부주의적 사회주의'를 뜻한다.

24 François Villon: 1431~1463, 프랑스의 시인. 지난간 청춘에 대한 회한과 죽음의 공포를 읊은 시집 『유언의 노래』 중 「지난날의 당신의 발라드Ballade des dames du temps jadis」, 「그러나 작년의 눈은 어디 있느냐?Mais où sont les neiges d'antan?」, 잡시 편의 「사형수들의 노래La Ballade des pendus」가 특히 감동적인 수작으로 꼽는다.

로 일관합니다. 마리아적인 향락의 반복은 정치적 영성을 내포하기 마련입니다. 부득이하게 문맥상 기독교적인 비유에 의지하지만 물론 기독교에 국한된 이야기는 아닙니다. 반대로 놀라운 힘을 휘두를 수 있어서 위험하기도 합니다. 다음 사회를 산출할 수 있다는 것은 파괴할 수도 있다는 의미니까요. "대학교수의 조용한 서재 안에서 나온 철학적 개념이 한 문명을 파괴해버리는 일도 있으니 사상의 힘을 모욕하지 말라"는 시인 하인리히 하이네[25]의 유명한 격언이 있습니다. 그리고 그 격언을 인용해서 정치학자 이사야 벌린[26]은 고로 파괴를 막을 수 있는 것도 대학뿐이라고 단언했습니다. 이런 사실을 잊고 있습니다.

시라이시/ 제가 편집한 『네오리베 현대생활비판 서설』(2008년 증보판, 新評論)에서는 대학교육의 무상화와 기본소득Basic income을 논했습니다만 기본소득에 관해서는 어떻게 생각하십니까?

사사키/ 『야전과 영원』에서는 르장드르가 말하는 '계보원리'에 관해 썼습니다. 계보원리란 제도적으로 아이의 출산과 양육을 보장하는 원리입니다. 르장드르는 출산과 양육을 보장할 수 없는 국가 형식은 존재해서는 안 된다고 분명히 말합니다. 아주 간략

25 Heinrich Heine: 1797~1856. 독일의 낭만주의와 고전주의 전통을 잇는 서정 시인인 동시에 반전통적·혁명적 저널리스트. 저서로 〈피리 부는 사나이〉의 OST, 〈멈춰버린 밤 Still Ist Die Nacht〉, 멘델스존의 〈노래의 날개 위에〉, 슈만의 〈시인의 사랑〉 등이 실린 『노래의 책』, 『루테치아』, 『독일: 어느 겨울 동화』, 『아타 트롤』, 『로만체로』 등이 있다.
26 Isaiah Berlin: 1909~1997. 영국의 철학자이자 정치사상가. 사상사의 전문가로서 에라스무스상, 리핀코트상, 아넬리상 등을 수상했고, 일생을 시민의 자유를 옹호한 공로로 예루살렘상을 받았다. 주요 저서로 『고슴도치와 여우』, 『낭만주의의 뿌리』, 『카를 마르크스』 등이 있다.

하게 말하면 이것은 이중의 재분배 원리입니다. 재생산=번식을 위한 물리적 자본의 재분배와 상징적 자본의 재분배입니다. 화폐도 신용에 기초하므로 이 두 가지는 불가분의 관계입니다. 기본소득 논의에서 모든 주민이 월 8만 엔을 받는다고 산정하는데 그렇다면 3인 가족의 경우는 24만 엔입니다. 이것은 사실 안심하고 살라는 언어적인 메시지를 주는 것이기도 하지요. 국민에게 이런 메시지를 줄 수 없는 제도적 형식은 국가를 막론하고 역시 없애야만 합니다.

아시다시피 '고등교육의 점진적 무상화'를 비준하지 않은 국가는 일본과 마다가스카르와 르완다 세 나라뿐입니다. 상징적 자본의 재분배, 다시 말해 계보원리를 기능하게 할 마음이 없는 거지요. 또한 유엔의 기관에서 여성이 일하기 좋은 나라를 뜻하는 유리천장 지수[27]를 발표했는데 일본은 선진국 중 최저입니다. 여성이 대학을 나와서 전문직에 취직하더라도 자녀를 출산하고 양육하느라 잠시라도 그만두면 기존 급여를 보장받기는커녕 재취업해도 평생 소득은 엄청나게 줄어듭니다. 고약하게 말해서 '시간제로 일하는 아줌마'로 전락합니다. 대단한 선진국이지요. 가령 독일에서 직장여성에게 육아휴직으로 5년 후에 복

---

27 glass-ceiling index: 여성의 고위직 진출을 가로막는 승진의 최상한선, 즉 승진을 막는 보이지 않는 장벽을 말한다. 고등교육 격차, 경제활동 참여 비율, 임금 격차, 보육비용, 고위직 여성 비율, 의회 내 여성 비율, 남녀 육아휴직 비율 등의 지표를 종합하여 산출한다. 2016년 한국은 OECD 29개국 중 29위를 차지해서, 지수가 처음 발표된 2013년 이래 4년 연속 최하위다.

직해도 동일한 액수의 수입을 보장하기로 했더니 다른 EU국가들이 비판했다고 합니다. 휴직기간 5년 동안 인상된 급여도 보장하라고요. 직장여성 문제와 '저출산 문제'는 별개로 생각한다는 의미겠죠. 좌우지간 아이를 낳아 키울 수 없는 국가는 당연히 존립이 위태롭습니다.

신비주의와 내재성

마쓰모토/ 성性에 관해 질문이 있습니다. 사사키 씨는 특히 라캉에 입각해서 성과 권력장치의 밀접한 관계를 논했는데 '성은 두 가지밖에 없다'를 전제로 구성한 것 같습니다. 그 경우 이 책에서 했던 논의가 전반적으로 헤겔의 『정신현상학*Phänomenologie des Geistes*』에서 인륜공동체를 둘러싼 논의나 요시모토 다카아키[28]가 『공동환상론』에서 했던 환상으로서의 권력기구를 둘러싼 논의와 흡사한 듯싶습니다. 요컨대 성(나아가 가족)이 사회적 신체 sozialen Körpers=social body의 권력이나 공통성의 기초를 다진다는. 이 논점이 '이제 성 따위 지긋지긋해!'라고 했다던 푸코에게 어떻게 연결될까요. 한마디 덧붙이면 성을 운운할 때 염두에 두는 것은 오에 겐자부로의 『성적 인간』입니다.

---

28 吉本隆明: 1924~2012, 일본의 진보주의적 철학자이자 시인이며 평론가다. 주요 저서로 『십대를 위한 다섯 단어』, 『내 안의 행복』 등이 있다.

사사키/ 느닷없이 오에 씨의 이름을 꺼내셨는데 단언컨대 오에 겐 자부로는 지나치게 폄하되었습니다. 반대로 나카가미 겐지[29]는 과대평가되었습니다.

각설하고 성은 두 개는커녕 단 하나입니다. 언뜻 보기에는 네 개의 성이 존재하는 듯합니다. 이성애자이고 남근phallus을 가진 남자, 이성애자이고 남근이 없는 여자, 동성애자이고 남근을 가진 남자, 동성애자이고 남근이 없는 여자. 그러나 실은 하나입니다. '하나의 남근'이 작동했다 정지했다 하는 거니까요. 또한 라캉과 르장드르에 대한 논지가 헤겔과 요시모토 다카아키에 대한 논지와 비슷하다는 생각은 틀렸습니다. 르장드르에 관한 논지는 특히 더 그렇습니다. 가족과 '출산하는 두 사람'이 국가와 공동체의 기초를 확고히 다지는 것은 아니기 때문입니다. 그 반대입니다. 르장드르는 국가를 '절대적 준거의 찰나적인 한 형식'에 불과하다고 합니다. 자녀의 재생산=번식의 기초를 다질 수 없는 준거의 형식은 도그마[30]로서 성립하지 않으므로 없애야

---

29 中上健次: 1946~1992, 급진적이면서도 토속적인 방법론을 확립했다는 평가를 받는 일본 순수문학의 기수. 윤흥길의 작품을 일본과 해외에 적극적으로 소개하는가 하면 1980년대에는 『고목탄』의 속편 격인 『땅의 끝, 지상의 시간』을 한국의 『문예중앙』에 연재했고, 국풍 81 행사에 참여하여 일본어판 『한국문예』지 발행인 전옥숙과 함께 '전 순삿갓'이라는 김밥집을 차려 눈길을 끌었다. 주요 저서로 『서울 이야기』, 『고목탄』, 『곶』, 『천 년의 유락』, 『19세의 지도』, 『비둘기들의 집』, 『경멸』 등이 있다.

30 dogma: 그리스어의 '생각하다dokein'라는 동사가 어원이며 교의, 교리, 독단이라고 옮긴다. 절대적 권위를 갖는 철학적 명제나 종교상의 진리를 일컫고, 근대에 충분한 근거나 증명 없이 일정한 설을 주장하는 것을 가리키는 독단적dogmatic, 독단론dogmatism 이라는 말도 여기서 유래한다.

한다고 말합니다. 또한 푸코가 '성은 지긋지긋하다'라고 한 것은 지극히 팔루스적이면서도 여성 차별적이었던 고대 그리스의 성의 미학에 환멸을 느껴서 솔직한 심경을 표현했을 뿐 그 이상도 이하도 아닐 것입니다.

마쓰모토/ 이제껏 들뢰즈가 말한 '내재성'[31]에 강하게 끌려서 철학을 연구했기 때문에 초월성transcendence을 부르는 사유에는 역시 위화감이 듭니다. 그래서 여태 신의 문제를 제대로 파악하지 못하긴 하지만…….

사사키/ 재밌게도 들뢰즈 본인은 예술의 가능성과 진정한 무신론은 신의 강림에만 존재한다고 말합니다. 내재성은 허무주의의 이중부정입니다. '하나'의 가치를 '전부'라고 믿고, 다른 모든 것의 가치를 부정하는 허무주의와 모든 것의 가치는 똑같이 무가치하다는 허무주의. 하나도 전부도 없는, 하나도 전부도 되지 않는 것만이 끊임없이 사회를 창조합니다. 이것을 내재성이라고 한다면 지극히 역설적이게도 기독교 신비주의에서 찾을 수 있다고 한 사람이 라캉입니다. 들뢰즈는 이러한 역설에 무척 민감했던 듯합니다.

허무주의를 비판하는 이야기이니 니체의 말을 인용하겠습니다. 그는 이런 의미의 말을 했습니다.

"언젠가 이 세계에 변혁을 초래할 인간이 찾아올 것이다. 그

---

31 immanence: 입이라는 기관은 음식을 만나면 먹는 기계지만 대화를 할 때는 말하는 기계다. 들뢰즈의 이런 발상은 기관이라는 고정된 실체를 거부하고 관계 속에서 달라지는 사물의 본질을 보여준다.

인간에게도 방황하는 밤이 있을 것이다. 그 밤에 문득 펼쳐본 책 한 줄의 미미한 도움으로 변혁이 가능해질지도 모른다. 그렇다면 우리가 하는 일은 의미가 있다. 결코 무의미하지 않다. 그 극소의, 그러나 절대 제로가 되지 않는 가능성에 계속 거는 것. 그것이 우리 문헌학자의 긍지고 싸움이다."

이렇게 허무주의에 대항하는 것은 현재도 가능합니다. '현재를 좇아가기'에만 급급하면 보이지 않습니다. 비트겐슈타인이 말했듯이 현재를 좇는 자는 언젠가 현재에 따라잡힙니다. 이야기가 다시 원점으로 돌아왔습니다. 상황이 이러하니 낙오하지 않으려면 이렇게 해야 한다거나, 이런 시대에는 체념하고 이렇게 할 수밖에 없다는 식의 억압적인 말은 참담한 공포와 두려움과 비굴함의 산물일 뿐입니다. 그저 하룻밤에 펼쳐본 책 한 줄을 믿을 수 없는 나약함의 산물입니다. 그러니 이렇게 말합시다. "그딴 걸 알아서 뭐해!"

『도서신문』, 2009년 1월 31일자

이 세계에서 다른 생: 영성·혁명·예술

(질문자: 사토 마코토佐藤眞)

사토/ ……푸코에 관해서는 그동안 다양한 분들의 말씀을 들었으나 후기에 전기와 다른 방향으로 전환하기도 해서 그저 어렴풋이 파악하는 정도입니다. 그의 사상의 가능성을 고찰하는 과정에는 후기의 사상이 핵심이 될 테지만 원래 전기의 사상과 완전히 단절된 것은 아닙니다. 그래서 오히려 그 접합점이 어디인지, 전기와 후기는 어떻게 연결되는지가 점점 궁금해졌습니다.

늘 그런 생각을 하다가 사사키 씨의 책, 『야전과 영원』을 만났습니다. 그 책에서는 라캉과 르장드르라는 두 명의 사상가를

『야전과 영원』(2008)에서
결론을 대신해서—가시성과 언표 가능성, "주사위 던지기"

제102절 역사의 도박장, 통치성의 전장: 언표와 가시성

통치성은 끝나지 않는다. 그 힘겨루기는. '거울'과 근거율의 제조가 끝나지 않듯이. 영겁 속에서 텍스트를 엮고, 다시 새로이 엮는 안트로포스[01]의 행위가 끝나지 않듯이. 해방은 없다. 해방 따위는 결단코 문제가 아니다. 그 반대다. 끝나지 않고, 끝낼 수도 없는 무한한 이 힘겨루

나란히 논했습니다.

라캉, 르장드르, 푸코? 이 세 사람을 나란히 논했다는 사실 자체가 뜻밖이었는데 특히나 3장이 기존에 푸코에 관해 논한 글들과 너무나도 달라서 솔직히 당황했습니다. 그래서 여러 번 반복해서 읽는 동안 구체적으로 말해서 푸코의 전기와 후기 사상이 연결되었다고 예상하게 되었습니다. 단절되기는커녕 복잡한 형태일지언정 오히려 두 사상은 상당히 깊숙이 연결되어 있었습니다. 똑같이 한 사람의 머릿속에서 나왔으니 생각해보면 당연하지요. 본인이 부정한 것을 다시 손수 들어내고, 그렇게 되살아난 것을 재차 철저히 부정하는 반복이 푸코의 사상은 아닐까 상상하기도 했습니다.

그런 푸코의 이른바 '실존의 미학'에 사사키 씨는 찬물을 끼얹었습니다. 후기 푸코 사상의 핵심을 이룬다고까지 하는 그 중요한 개념을 거의 일도양단一刀兩斷으로 단번에. (웃음) 따라서 오늘은

기야말로 변혁의, 반란의 절대적인 가능성을 연다.

그래서 푸코의 논리 전체에서 울려 퍼지던 기묘한 명동鳴動, 즉 울림소리를 들어야 한다. 푸코는 말했다. 규율권력과 동시대의 법, 즉 주권에 관한 담론은 완전히 상반된다고. 본디 건축물로서 존재하던 감옥을 별안간 규율적인 장치로서 취급하고 있다고. 다양한 통치성은 한 시대 안에서도 상충을 초래해서 서로 힘겨루기를 한다. 갑자기 규율의 도구는 보안security을 명분으로 속여서 빼앗고, 일망 감시 장치02조차도 주권이 가로채간다. 푸코는 바로 이 양상을 혼란과 함께 묘사한 것이다. 그리고 돌연 발흥勃興해서 신자유주의에 대항하는 시아파03를, 그

실존의 미학을 중심으로 푸코의 사상에 관해 말씀해주셨으면 합니다.

사사키/ 우선 짚고 넘어가야 할 것은 푸코에게 삶 자체, 실존 자체는 별 문제가 아닙니다. 약간 과장해서 말하면 이른바 양식이나 형식이 없는 나신裸身의 삶이나 벌거벗은 생명04을 일체 문제삼지 않습니다. 우리는 이미 강제로 부여된 삶의 양식, 형식으로 항상 조련당하는 처지이며 그렇게밖에 존재할 수 없습니다. 물론 속속들이 양식화되어 양식만으로 사는 사람은 없습니다. 양식과 무관하게 살 수는 없지만 그렇다고 온전히 형식만으로 살 수도 없습니다. 이것이 바로 니체의 『도덕의 계보학: 하나의 논박서Zur Genealogie der Moral: Eine Streitschrift』에서 말하는 복합모순Problematique의 핵심 사항이며 푸코가 계승한 최대의 논점 중 하나지요. 요컨대 인간의 삶에 양식과 형식을 부여하는 조련작업은 역사상 어느 시점에든 존재하기 마련입니다. 그러나 부득이

무참한 실상을. 푸코는 정말로 지적하지 말았어야 했는가. 그리스의 신들, 주권적인 신들과 '그리스 비극'이라는 근거율을 상연하는 담론 형식과 자기배려가 본질적으로 상충을 초래하는 것을. 그는 그리스의 자기배려가 본성상 전혀 다른 영적 지식gnosis에 저항하려 했던 고대 기독교에 빼앗긴 뒤 수도원에서의 금욕과 고해 제도로 이용된 사실을 정확히 지적하지 않았는가. 착오, 비약, 빼앗기, 가로채기, 책략. 통치성의 영원한 힘겨루기. 불쑥 옛것이 불거지고, 도드라지게 불거진 순간 다른 것에 자리를 내주는 그 부단한 투쟁과정을 묘사해오지 않았는가. 새로운 것이 출현했다고 해서 옛것이 사라지는 것은 아니다. 완전히 새로

하게 실패한 것으로서만, 조련기계 같은 것이 망가지고 엎어지고 넘어지면서 삐걱삐걱 작동한 결과로서만 존재합니다. 그리고 벌거벗은 생명은 과거부터 그저 이 조련작업의 효과로서만 발견되었다고 할 수 있죠.

가령 헨리 밀러도 생뚱맞게 다음과 같이 말합니다. "인간의 중간 이름은 고문이다"라고. 이 인간적인 세계는 잔혹한 신체형이 펼쳐지는 일개 극장입니다. 우리는 항상 조련, 고문의 결과로서만 양식도, 법도, 언어도, 심지어 삶도 지탱합니다.

이에 관해 피에르 르장드르는 다음과 같이 흥미롭게 표현합니다. 우리는 발레 무용수처럼 조련되고 있다고. 이를테면 공장 노동자는 공장 노예로서 고분고분 '장단에 맞춰 춤추도록' 조련됩니다. 공장 내부에서 기간제 근로자의 동작은 모두 철저히 훈련받은 행동이며 미학적인 춤이라는 말입니다. 그런 식으로 조련되면서 기간제 근로자는 그 춤의 대가로서 쥐꼬리만한 임금

운 시대 따위는 오지 않는다. 이는 역사를 초월하여 적용되는 개념이 아니다. 개개의 역사적 시점에서 가까운 것이나 먼 것, 오래된 것이나 새로운 것이 갑자기 특이성으로 결합해서 기능하여, 불쑥 기묘한 모습을 드러내고 주체화 과정을 유도한다. 또한 그 주체가 돌연 불가해한 장치를 조립해서 괴이한 모습을 투영하는 역사의 도박장을, 우연성의 역사를 사실대로 묘사하지 않았던가? 푸코는 어째서 이 사실을 잊어버렸는가? 이런 질문은 이제 그만하자. 미셸 푸코의 위대함을 논하는 것 역시 관두자. 신랄한 비판에 부끄러워하는 푸코의 모습을 볼 수는 없을 테니.

을 받습니다. 반복해서 말하면 이 극장에서 무용수인 우리는 주어진 안무대로 영원히 춤을 춥니다.

이렇게 말하면 비관적으로 들릴지도 모릅니다만 그렇지 않습니다. 푸코가 했다는 "권력은 미세한 구석구석까지 편재하므로 거기서 빠져나가기는 불가능하다. 우리는 그런 출구 없는 상태에 놓여 있다"라는 말을 추종하는 사람은 현재까지도 끊이질 않습니다. 그러나 푸코 자신은 그런 말을 한 적이 없습니다. 오히려 이 말에 반론했습니다. 앞서 말씀드렸다시피 분명 우리는 조련되고 양식화되고 있습니다. 그러나 완벽한 조련과 양식화, 규율화는 어불성설입니다. 길들여진 채 살아가는 것은 사실이지만 항상 어정쩡하게 끝나며, 꼴사납게 실패하는 것도 역시나 사실입니다. 실패한 조련의 효과라고 해도 무방합니다. 사람들을 조련하거나 설정하려는, 설계하거나 훈육하려는 계획은 의외로 언제나 당초의 목적에서 벗어나서 실패하며 수많은 다른 주체

질 들뢰즈를 부르겠다. 그는 푸코론에서 바로 앞서 말한 힘겨루기를 보려 한다.

우선 들뢰즈는 『감시와 처벌』의 일망 감시 방식에 대한 분석을 인용하여 언표 가능한 것énonçable과 가시적인 것visible을 구별한다. 인용하겠다.

즉 형법은 범죄의 '언표 가능한 것'에 관련된 것이다. 형법은 위반을 분류하고, 번역해서, 형벌을 계산하는 언어체제다. 이는 언표의 족族, famille이며, 또한 문턱閾, seuils이다. 그런데 감옥은 '가시적인 것'이다. 단

들과 다른 상황들을 이끌어냅니다. 그리고 나중에 그 실패의 효과만 권력의 효과로서 재인식되므로 사후약방문에 불과합니다.

따라서 푸코를 읽고 출구가 없다는 결론을 내는 사람은 애초에 출구가 없다고 푸념하고 싶을 따름입니다. 사실 이런 일은 푸코 자신도 불가해하다고 투덜거리면서 반론을 덧붙입니다. 수십 년 전에 나온 책인데 몇 해 전에 역서로도 소개되었죠. 바로 『호모 사케르: 주권 권력과 벌거벗은 생명*Homo sacer: il potere sovrano e la nuda vita*』입니다. 한마디만 하면 푸코의 말을 조르주 아감벤[05]의 생명정치적biopolitical 실체로서의 벌거벗은 생명으로 이해하는 사람은 단순히 푸코를 잘못 읽기는커녕 역사적·정치적 감각이 다분히 의심스러운 인물입니다. 푸코는 생명정치bio-politics는 역사적·지리적으로 한정된 근대 특유의—푸코 자신은 '근대'라고 했습니다. 포스트모던 역사의 종말이라느니 하는 말은 생명정치라는 개념과는 하등 관계가 없습니다—한 견해에 불과하다

순히 죄와 죄인을 볼 수 있게끔 할 뿐만 아니라 그 자체가 일종의 가시성을 구성하므로 돌로 만들어진 형태이기 이전에 빛의 체제다. 감옥은 '일망 감시 방식', 즉 시각적인 배치[06]와 광학적 환경에 의해 정의된다.

'언표란 무엇인가, 가시성이란 무엇인가'라고 묻기 전에 우선 이 언표 혹은 언표 가능성과 가시성이 어떤 관계인지 물어봐야 한다. 그편이 더 이해하기 쉬울 것이다. 들뢰즈와 푸코는 말한다. "가시적인 것과 언표 가능한 것 사이에는 처음부터 그 본성에 차이différence de nature가 있다. 가시적인 것과 언표 가능한 것 사이에는 균열이, 분리가 있다." 둘

고 언명했습니다.

양식화되지 않은 생명은 없지만 동시에 완전히 양식화되는 생명도 없습니다. 그리고 실존 자체도 나중에 거슬러 올라가서 발견하는 것에 불과합니다. 벌거벗은 생명이 있고 그것을 형식화하고 고정화하는 조련과정이 있다는 생각은 오산입니다. 그저 오로지 조련과정이 있고 그 결과로서 형식화된 삶과 비형식적인 삶이 동시에 부상하기도 한다는 말입니다. 고로 영원한 조련과정만 실재합니다.

통치성으로서의 자기계발서

사토／ ……갑자기 핵심에 접근하는 발언을 하셨는데 이야기를 시작하기 전에 약간 돌아갈까요. 요즘 화급한 과제로서 대두되는

사이에는 "전체화하는 공통의 형태 따위는 존재하지 않는다. 일치도, 일대일의 대응도. 동형성同形性도 없다."

언표와 가시성은 분리되어 있다. 둘은 일치하지 않는다. 둘은 서로 별개다. 이는 블랑쇼가 단언했던 '말하는 것은 보는 것이 아니다'라는 불온한 말과 같은 의미다. 그러나 이 말을 액면 그대로 이해해서는 안 된다. 보이는 것을 말하는 것, 말하는 것을 보는 것은 자명하지 않다는 뜻이다. 'k'라는 글자를 읽을 때—음성으로 변환할 때—전혀 자명하지 않다는 뜻이다.

나아가 유별나게 난해하기로 소문난 푸코의 그 언표 개념 또한 이

빈곤문제에 관해서는 어떻게 생각하십니까?

사사키/ 그럼 말씀하신 대로 우회해서 생각해보도록 하겠습니다. 앞서 인용한 피에르 르장드르는 원래 로마법과 교회법의 전문가로서 얌전하게 교황청의 지하도서관에서 먼지를 뒤집어쓴 채 라틴어 사본의 책장이나 넘기고 있을 법한 인물입니다. 따라서 이 두 가지의 결합으로 근대법과 근대국가가 분리되어 나오는 과정을 누구보다 잘 알기에 철저히 상대화할 수 있었지요. 국가는 찰나의 형식에 불과하고 미래 따위는 약속하지 않으므로 역할을 다하지 못한다면 폐기되어야 한다고 거듭 강조합니다. 이렇게 단언하는 그를 보수파 논객이라고 하는 사람이 프랑스 안팎을 불문하고 도처에 있다니 정말 이해할 수가 없습니다. (웃음)

그런데 르장드르가 제구실을 못하면 다른 형식의 준거로 이행할 수밖에 없다고 한 그 '국가의 역할'이란 무엇인가? 국가란 무엇을 위해 존재하는가? 자문자답하면서 다양한 의견을 내놓

에 비추어 이해할 수 있다. 예를 들면 프랑스어의 키보드에는 일본어권에 사는 사람들이 사용하는 것과 달리 QWERT가 배열된 부분에 AZERT가 배열되어 있다. 푸코는 말한다. "타자기의 건반은 언표가 아니다. 하지만 타자기 사용 교본에 열거된 A, Z, E, R, T 등과 동일한 일련의 글자는 프랑스어 타자기가 채용하고 있는 알파벳 순서의 언표다." 이는 '언어의 원자原子'이지 '명제'도, '글'도 아니다. '언어 행위'도 아니다. 그렇다면 언표란 무엇인가? 그것은 가시성과의 관계를, 즉 읽을 수 있는 것, 보이는 것을 표현하는 기능을 박탈당한 언어이고, 그 사건이며, 그 흔적이다.

겠지만 실로 단순합니다. 아이를 낳고 기르는 것, 그게 전부입니다. 바로 아이가 태어나서 자라는 이 위험한 과정을 르장드르는 정확히 '도박'에 비유했는데 밝은 미래가 보장되지 않는 출산과 육아과정을 담당하는 무언가가 없으면 인간의 삶은 존재할 수가 없습니다. 빈곤문제는 이 과정 자체가 원활하게 돌아가지 않는다는 방증입니다. 출산과 육아과정은 바로 앞서 말한 '삶을 제정하는', '생존을 설정하는' 조련과정입니다. 그리고 이 과정은 부의 재분배와 불가분의 관계입니다. 다시 말해 상징적 자본과 물리적 자본을 동시에 재분배하는 것이죠. 빈곤문제는 다름 아닌 잔혹한 극장인 국가가 더는 조련을 담당할 수 없다는 표명이 아닐까요.

잔혹한 극장으로서 조련을 담당한다는 말이 어떤 뜻인지 궁금한 사람도 많을 테지요. 이 표현이 '나쁜 권력'이라는 이미지를 풍기는 듯싶습니다. 그러나 푸코도 분명히 말했습니다. '권력

따라서 보이지만 볼 수 없다. 읽을 수 없고, 가시성의 광학 속에 없으니 보이지는 않으나 AZERT를 볼 수 있는 정도로는 보인다. 주의하자. 푸코는 AZERT가 알파벳 '순서'의 언표라고 했으므로 그것 자체가 무언가를 의미하는 것은 언표의 요건이 아니다. 그것은 의미의 영역—라캉의 어휘를 이용하면 상상계와 상징계 사이—에 없는 그 무엇이다. 이렇게 말하면 오해를 살 여지가 있겠다. 우리는 상상계와 상징계의 구별을 허물어뜨렸으니까. 이렇게 말하자. 그것은 상징계에 들어가기 전의, 발가벗은 '말'이다. **말이라는 사태다.** 이는 가시성과 관계를 맺지 않는다. 무엇보다 가시성과 관계를 맺는다는 것은 어떤 이미지를, 화상

자체는 악하지 않습니다. 누구나 아는 사실이지요!'라고요. 주의하세요. 잔혹한 극장을 '학살이 아닌 극장'으로 만들지 않으려고 갖은 농간을 부린다는 사실을. 분명 아이를 낳아서 기르는 재생산, 즉 번식의 과정은 미심쩍고 수상한 것을 내포하기 마련입니다. 가령 모어를 고를 수 없는 것보다 더한 폭력이 있을까요. 부탁하지도 않았건만 어떤 나라의 말을 심어서 깨치도록 조련합니다. 그러나 작금의 빈곤문제는 이 수상한 재생산과정조차 국가가 담당하기에는 역부족이라는 사실을 의미합니다.

조련하는 것은 바로 아로새기는 것입니다. 그 효과로서 삶도, 육체도, 형식도, 법도 그리고 선악의 구별도 등장합니다. 결코 그 반대가 아닙니다. 그리고 그 과정에 끝은 없습니다.

사토/ ······끝이 없다는 말은 어떤 의미일까요. 비형식적인 삶일랑 있을 수 없다는 말인가요?

사사키/ 있을 수 없고, 설사 있을 수 있다손 치더라도 사실은 왕

을, 광학장치 속에 드러낸 모습을 말할 수 있다는, '읽을 수 있다'는 뜻이다. 그 '읽기', '말하기' 이전에 존재하는 언어의 단위가 바로 언표다. 그것은 가시성 속에 없어서 보이지 않고, 가시성과 무관해서 읽을 수 없으며, 보이는 것에 관해 아무 말도 하지 못한다.

이 언표를 이해하기 힘든 이유는 우리가 가시성과 언표 사이의 특정한 **관계체제** 안에 항상 존재하고 그 안에서 주체화하기 때문이다. "언표는 일정한 제반조건과 관련을 가질 때 비로소 해독이 가능하고, 말할 수 있다." 거꾸로 말하면 이미 그 일정한 제반조건 안에 항상 존재하는 우리의 경험 속에는 언표가 존재하지 않는다. 그것은 초월론적인

왕 임의의 형식이 부여된 주체가 자신이 아닌 것으로서 외부에서 찾는 환상에 불과합니다. 이 조련과정은 줄곧 이어지고, 유지되어야 합니다. 또한 우리가 생각도 못해봤던 각양각색의 방식이 가능합니다. 조련 자체는 선도 악도 아닙니다. 결과로서 선악을 도출하는 것 자체가 선악의 피안에 있습니다. 여기서 필히 명심해야 할 사실은 자신의 조련방식이 유일하다고 여기고 절대화해서는 곤란합니다. 세계화globalization와 관리경영, 매니지먼트 원리주의를 만년의 들뢰즈와 오늘날의 르장드르가 비판한 이유는 하나의 조련방식을 객관적이고 중립적이며 과학적인 유일무이한 것으로 신봉하기 때문입니다. 명심하세요. 가능한 방식은 여전히 많습니다. 푸코가 그토록 방대한 작업을 한 이유가 실은 이것입니다.

잠깐 아주 간단히 복습하겠습니다. 『감시와 처벌: 감옥의 탄생*Surveiller et punir: Naissance de la prison*』은 아시다시피 규율권력을 논

것으로 거슬러 올라가야만 발견할 수 있다. "사물과 말에 머무르는 한, 우리는 보는 것을 말하고, 말하는 것을 본다고, 또한 그 둘은 결합되어 있다고 믿을 수 있다. 이는 다시 말해 우리가 경험적인 실천에 머물러 있다는 뜻이다." 가시성과의 관계를, 의미를 전제로 할 수밖에 없는 산문을 통해 이를 설명하려면 무리가 따르기는 한다. 더욱이 가시성 속에 없으니 상상할 수도 없다. 그러나 논리적으로는 이해할 수 있을 것이다. 가시성과의 관계를 모조리 박탈당한, 다시 말해 '읽기', '이해하기', '간파하기', '의미하기', '지시하기'와의 관계를 일체 박탈당한 언어의 생성, 사태, 중얼거리기, 찰나의 상처 같은 것이다. 그것이 어떤 가시성과

한 책이지요. 18세기에 출현한 학교와 군대로 대표되는 조련방법입니다. 포위하고, 감시하며, 계측하고, 성적을 매기며, 치밀하게 신체를 훈련합니다. 그 결과 일정한 편찻값 안에 분포하는 개성을 가진 주체가 사라져갑니다. 이 과정은 실로 조련 그 자체이므로 푸코도 책에서 이 말을 쓰고 있습니다. 이어서 푸코는 조련의 중점으로서 성性을 발견합니다. 그에게 성이란 '개체가 아닌 것'과 개체와의 이음매가 교차하는 부분입니다. 그 이음매에 권력이 어떻게 작용하는가, 나아가서는 우리가 삶에 관해 선동하고 도발하는 권력으로 형식을 부여하는 방법을 분석한 것이 『성의 역사 지식의 의지*La volonté de savoir*』입니다. 그 후 푸코는 통치성이라는 개념을 도출합니다. 자기에 대한 자기의 통치 혹은 타인에 대한 자기의 통치라는 관점에서 조련문제를 다른 방법으로 분석하고자 합니다.

한데 여기서 이상하게 방향을 틀지요. 푸코는 항상 역사를

의 관계 속에 모여서 ('읽을 수 있는' 것, '볼 수 있는' 것이 되었을 때) 이뤄진 단위가 말이다. 우리가 사는 세계 안에 존재하는 언어다.

한편 가시성이란 무엇인가? 인용하겠다. 그것은 감옥의 광학이었다.

건축물이 가시성이고, 가시성의 장인 이유는 단순히 건축물들이 돌의 형태를 하고 있어서, 즉 사물의 배치arrangement이고, 성질의 조합이어서가 아니다. 무엇보다도 빛의 형태이고 명과 암, 불투명과 투명, 보이는 것과 보이지 않는 것을 배치하기 때문이다.

'단절'로서 보았습니다. 『광기의 역사Histoire de la Folie a l'age classique』
에서도, 『말과 사물Les mots et les choses: une archeologie des sciences humaines』
에서도, 『감시와 처벌: 감옥의 탄생』에서도 언제나 역사에서 '연
속성'과 '인과성'을, 쉬운 말로 하면 '역사의 흐름'이 아닌 단절을
발견했습니다. 특히 18세기와 그 이전에 가히 절대적인 단절이
놓여 있습니다.

사토/ ……이른바 계보학으로서 역사를 파악하는 관점이군요. 당
대의, 그 시대의 에피스테메[07], 즉 특정한 시대를 지배하는 인식
의 무의식적 체계, 혹은 특정한 방식으로 사물들에 질서를 부
여하는 무의식적인 기초만이 문제가 된다는.

사사키/ 그런데 통치성 개념을 제출하고 나서는 다릅니다. 푸코는
이 통치성을 사목司牧권력[08]과 뗄 수 없는 것으로 여깁니다. 그
리고 이 사목권력은 고대 동양(!)의 까마득히 먼 옛날부터 지속
되었다고 주장합니다. 그리스, 아니 그 이전의 히브리부터, 아니

사물을 가르고 깨부숴야 한다. 가시성은 대상의 형태가 아니고 빛이
나 사물을 만졌을 때 뚜렷해지는 형태도 아니다. 빛 자체에 의해 만들
어지는 밝기의 형태이며, 이 형태는 사물이나 대상을 오로지 번개, 섬
광, 광채로서만 존재하게 한다.

그래서 푸코는 『지식의 고고학L'arche'ologie du savoir』에서도, 그리고 『감
시와 처벌—감옥의 탄생』에서도 그것은 순수한 물질성, 사물이 아니
라 광학장치가 만드는 광도光度의 작용이 가져오는 효과라고 했다. 이
제 와서 확인할 필요도 없겠으나, 푸코도 말했듯이 실재하는 것이 없

히브리 이전의 동양에서 끝없이 지속되었다고. 그토록 역사의 단절을 강조해온 푸코가 하필이면 고대 동양에서 발단된 장대한 연속성을 발견합니다. 사람들은 이 혁신적인 전환에 깜짝 놀랍니다. 그야말로 극명한 발상의 전환이니까요.

그런데 푸코가 말하는 사목이란 무엇일까요. 간단히 말하면 '길 잃은 어린 양들'에 대한 '양치기'의 권력입니다. 길 잃은 어린 양을 한 마리 한 마리 인도하는 권력이지요. 개신교 주교의 일례지만 한 마을의 영주의 딸이 정혼했다고 칩시다. 결혼식이 코앞이건만 주인공인 딸은 몹시 우울합니다. 심지어 병이 나지도 않았는데 손이 움직이지 않고, 눈도 보이지 않는다고 합니다. 난감해하던 영주는 목사에게 상담합니다. 그 목사는 심리상담사나 탐정 같은 기묘한 행동을 합니다. 수차례 영주의 딸을 만나서 요모조모 묻고, 성장과정을 추적하기도 하며, 어릴 적에 자주 어울려 놀았던 친구들을 찾아다니며 탐문하거나 부모와 면

다는 말이 결코 아니다. 사물은 존재한다. 그러나 특정한 광학, 특정한 '시각체제'하에서만 존재한다. 거듭 말하지만 순수하게 물질적인 권력 따위는 존재하지 않는다. 건축물과 환경은 빛의 형태로 '특정한 밝기의 농담gradation을 조절해서 보이는 것과 보이지 않는 것을 설정하는 전술'로 설계된다. 사례를 들어보면 오늘날 임상의학의 혈액검사에서 요산수치와 백혈구수가 가시화되어 '실제로 드러나게' 된 것은 푸코가 이미 논했던 검사, 시험이라는 '감시'의 '가시성visibility' 기술을 통해서다. 그리고 자기배려로서 마르쿠스 아우렐리우스가 건강을 위해 몸 생각해서 양달에서 몸에 기름을 바를 때 유의한 열과 갈증, 피부의 윤기,

담하면서 하나하나 면밀히 조사했거든요.

그 결과 밝혀진 사실은 스스로 억압하고 있어서 몰랐으나 영주의 딸에게는 아무래도 좋아하는 남자가 있었던 모양입니다. 엘렌베르거[09]는 『작품집Oeuvres』에서 이를 '병원성 비밀'이라고도 부릅니다. 그 사실을 밝히고 나서 영주 부부와 딸이 함께 의논하도록 해서 행복하게 마무리를 지었습니다.

이러한 역할을 하는 것이 사목인데 뭔가와 비슷하지 않습니까. 맞습니다. 프로이트의 정신분석입니다. 정신분석과 같은 일을 하고 있는 것입니다. 그런데 과연 그럴까요. 그 반대입니다. 정신분석은 사목의 계승입니다. 프로이트는 자신이 사목이 하는 일을 계승했다고 의식했습니다. 제자들 중에도 사목이 몇 명 있었고, 반대로 정신분석을 사목에 응용하는 시도에도 관여합니다. 그 후 푸코도 말했고, 다들 아시다시피 심리학과 정신분석이 규율권력의 일부로서 일종의 근대적인 조련 역할을 담당

땀의 양에는 분명 오늘날의 혈액검사와는 다른 신체적 '가시성'의 수준이 존재한다.

따라서 '본성상' 이 가시성과 언표는 관계가 없다. 관계가 있다면 이 두 가지 형태의 "조우'에서 생긴 것이다." 그리고 들뢰즈와 푸코는 즉각 이렇게 덧붙인다. "단 조우는 강제되어야 한다." 즉 "각각의 지층 위에 혹은 각각의 역사적 형성물에 결속현상이나 포획현상이 존재하고, 그 안에 각종 언표 계열과 가시성의 조각들이 서로 끼어든다. 거기에 폭력이 없지는 않다. 강제가 없지는 않다." 이러한 역사상의 우발적인 형성과정에서 돌연 특정한 가시성과 '특정한 언표 또는 그 집합체로서

합니다.

　그리고 16세기에 사목권력에서 파생한 통치성은 어떤 것인가. 까놓고 얘기해서 통치성이란 현대의 자기계발 같은 것입니다. 이른바 경제경영서에 적힌 내용들은 적어도 푸코가 이 통치성이라는 용어로 고찰하려고 했던 것에서 파생한 형태입니다.

사토/ ······옛, 자기계발이라고요. 서점에 가면 진열장에 경제경영서가 즐비하게 꽂힌 자기계발이라는 코너가 있는데······.

사사키/ 맞습니다. 요컨대 목표를 세우고 계획해서 생산성을 높이고 철저한 자기관리로 타인을 다루며, 나아가서는 상급자로서 어떻게 자신과 주변 사람을 이끌어야 하는지를 문제 삼는 경제경영서가 많이 출간되어 있습니다. 그런데 통치성은 실로 경제경영서의 세계라고 생각하시면 됩니다.

　『데일 카네기의 자기관리론*How to Stop Worrying and Start Living*』이나 최근에 나온 스티븐 코비의 『성공하는 사람들의 7가지 습관*The*

의 말'이 조우하여 둘 사이에 관계가 생성된다. "둘 사이에 '존재하는' 고유한 관계, 빛과 언어, 한정 가능한 가시성과 한정하는 언표 간의 관계"가.

　발생하는 것에는 상충이 잔존하기 마련이다. 따라서 둘의 관계는 여전히 '조우'이고, '우연'이며, '진리의 게임'이다. 영원한 힘겨루기. 언표가 가시성을 한정하고, 그러나 가시성과 관련한 언표는 계속 '증식'할 것이다. 피차 서로에게 침투하여 가시성은 언표에 의해 변형, 강화, 분열되며, 또한 언표는 가시성에 의해 쇠약해지고, 증식하며, 굴절된다. 이 영원한 과정.

seven habits of highly effective people』이 그 본보기지요.

　역사적 사실로서 벤담 같은 자유주의liberalism의 원조들이 데일 카네기처럼 '성공하기' 위한 처세술, 관리, 삶의 처방전 같은 책을 씁니다. 푸코가 비판적으로 거론했던 '일망 감시 장치', 즉 파놉티콘panopticon을 제안한 바로 그 벤담이요. 이것이 푸코가 말하는 종교적인 사목권력의 후계로서 통치성이 초래한 결과입니다.

　『성공하는 사람들의 7가지 습관』은 읽어보셨습니까. 실로 놀라운 내용이 적혀 있습니다. 그 책에 따르면 여러분이 살아가는 데 명확한 목적을 정하고 주체성을 갖고 사는 것이 무엇보다도 중요합니다.

　주체끼리 윈-윈win-win관계를 구축하면 어찌어찌 하다는 누구나 들어봤음직한 내용이지만 그럭저럭 수긍이 갑니다. 문제는 그다음입니다.

제103절 다이어그램, 장치, 몽타주

들뢰즈와 푸코는 이 우연성에서 출현한 가시성과 언표 사이의 '관계'를 다양하게 부른다. 그리고 그때마다 새로운 양상을 띤다. 우선 『감시와 처벌』의 해당 부분을 인용한 '다이어그램'이 대표적이다. "가시적인 것과 언표 가능한 것 사이에는 균열, 분리가 존재한다. 그러나 이 형태 간의 분리는 무형의 다이어그램이 쇄도해 장소와 비-장소[10]의 두 방향으로 구체화된다."

　다이어그램은 "청각적이든 시각적이든 더는 고문서가 아니다. 그것

'끝을 생각하며 시작하라'라는 두 번째 습관에 관한 장에 이런 말이 나옵니다. "자신의 장례식에 참석했다고 상상하십시오. 그 장례식에 아이와 가족, 친척과 친구, 상사가 모였습니다. 그때 그들 중 누군가가 추도사를 낭독한다고 칩시다. 여러분은 어떤 말을 듣고 싶으십니까? 어떤 사람으로 기억되길 원하십니까?" 그 말을 쓰라고. 자기 장례식에서 듣고 싶은 추도문을 상상하며 살아라. 그러려면 자신의 인생을 관리해야 한다고. 요컨대 살아생전에 추모사에서 존경할 만한 훌륭한 사람이었노라고 할 만한 행동을 하라는 것입니다. 그것이 실존의 미학이라는 듯이.

자신이 죽은 뒤 이승에서 들을 추도사라니 한낱 망상이지만 괜찮습니다. 더 큰 문제는 명백히 몇몇 개신교 종파에서 하는 자기반성 기법의 계승입니다.

또한 거기에 서구 낭만주의의 성분을 가미한 것이라고 해도 좋습니다. 굳이 새삼스레 지적하지 않아도 어느 특정 종교에만

은 지도이고, 지도 작성법이며, 사회적 영역 전체와 공통된 외연을 가진 추상적인 기계machine abstraite이다. 무형의 소재들과 기능에 의해 정의되며 내용과 표현 사이, 담론적 형성과 비담론적 형성 사이에 어떤 형태의 구별도 하지 않는다. 그리고 보는 것과 말하는 것을 가능케 하지만 **기계 자체는 거의 침묵하며 맹목적이다."** 그래서 다이어그램은 근본적으로 '가시성과 언표'로 하여금 형태를 갖게 한다. 즉 우리가 당연시했던, 본 것을 말하고 말한 것을 보는 것 자체가 그 **효과**인 '비–장소'를 생산한다. '기계'로서, '장치'로서, '몽타주'로서.

일단 언표와 가시성이 결합된 이상 기이하고 '복잡한 의미의 그물망'

있는 구원을 전제로 한 방식이라는 사실을 누구나 알 것입니다. 수첩의 기원 중 하나는 반종교개혁 측의 선교사가 갖고 있던 행동기록 일지라는 이야기도 있을 정도니까요. 그런데도 이 책에서는 본문에 적힌 내용이 절대로 종교가 아니라고 말합니다. 자신이 종교인 것을 부정하는 종교는 그야말로 다소나마 종교사에 관한 소양이 있는 사람이면 쓴웃음을 지을 정도로 전형적인 기독교의 수법이지요. 그래서 안 된다는 말은 아닙니다. 부정하지는 않겠습니다. 부정해도 소용없습니다. 자신이 하는 행동이 객관적이고, 중립적이며, 탈종교적인, 만인에게 적합하다고 믿는 짓만큼은 그만두어야 한다는 뜻입니다.

　이 말을 이해하지 못하는 사람들은 성공법칙에 부적합한, 아주 모자란 사람들인 양 대하는 짓은.

사토/ ……『성공하는 사람들의 7가지 습관』은 종교서적이었다고, 그것도 기독교의…….

으로서 출현한다. 나아가 증식하는 언표에는 가시성의 조각이 꽂히고 가시성에는 그 관계라는 통로에서 다양한 언표나 언표의 집합체가 달라붙어 구체적인 배치마저 바뀌어간다.

　사회 자체—온전한 변천도 포함한다—도 이러한 '기계'로 이해할 수 있으리라. 왜냐하면 르장드르가 '텍스트의 객관주의적 표상', '정보화'를 비판하면서 제시한 것은 바로 이러한 역사상의 다양한 행동이고, 우발적인 제정과 고안으로 생긴 사건이니까. 그러니 유대교 법문에 바른 꿀을 핥는 아이들, '텍스트를 읽는' 이 특수한 방법이 가시성과 언표의 우연한 '조우', 즉 '다이어그램'에 따른 것이 아니면 무엇이겠는

사사키/ 정치학사의 석학으로서 일본에서도 유명한 셸던 월린[11]
은—미리 밝혀두지만 미국의 시카고 태생입니다—존 로크를 비
롯해서 벤담, 밀John Stuart Mill과 그 이후에 이르기까지 자유주의
의 주체는 '불안'에 떠는, 손실에 식겁하는 주체라고 갈파했습니
다. 그러한 주체에게 이 새로운 사목권력은 구원의 손길을 내밀
어 길 잃은 어린 양들을 인도합니다. 종래에는 정신분석과 심리
학이 그 역할을 담당해서 비판을 받아왔습니다만, 지금은 자기
계발과 관리경영이 그 역할을 이어받았습니다. 그런데 무슨 영
문인지 아무도 이 사실을 지적하지 않습니다. 죽기 얼마 전에
관리사회에 관한 아주 짧은 논문을 발표한 들뢰즈나 피에르 르
장드르를 제외하고는. 르장드르는 희석되고 일반화되어 중립화
되고 객관화되었을지언정 사실 기독교 사목권력은 온전히 매
니지먼트 원리주의의 세계에 살아 있다고 말합니다. 그는 원래
국제연합의 관료였고, 프랑스 법무부 관련 직책도 역임했던 일

가? 다이어그램은 적게는 미시적 수준에서 크게는 거시적 수준까지를
아우르는 하나의 체제이자 그 창출이다.
  따라서 다양한 다이어그램이, 장치가 **실재한다**. 사물이 실재하는 것
이 아니라 몽타주가, 기계가 **실재한다**. 들뢰즈와 푸코는 '규율 다이어그
램', '주권 다이어그램', '사목 다이어그램'을 예로 든다. 하기야 물론 '신
자유주의적neo-liberal 다이어그램'도, '경찰 다이어그램'도, '자기배려 다
이어그램'도, 『로마법대전』의 '동로마제국적 다이어그램'도, '나치 다이
어그램'도 당연히 존재할 수 있고, '사목 다이어그램'의 하위 다이어그
램으로서 '수도원 다이어그램', '후스파[12] 다이어그램' 등 우발적인 여

종의 직장인이기도 하므로 『하버드 비즈니스 리뷰*Harvard Business Review*』를 인용해서 정확하게 비판적으로 분석합니다. 그리고 이러한 언설로 새로운 통치성Governmentality, 새로운 기독교 권력은 '보편적인 것'으로서 전 세계에 살포되지요. 바꿔 말해서 현대는 그러한 새로운 종교가 완전히 장악하고 있습니다. 누차 얘기했듯이 싸잡아서 부정할 수는 없지만 스스로 그렇게 주장할 만큼 객관적이지도, 중립적이지도, 보편적이지도 않습니다. 그래서 르장드르는 매니지먼트 일반이 아니라 매니지먼트 원리주의라는 조어를 써서 비판한 것입니다. 이 현상에 정면으로 맞서는 것은 이슬람교 정도죠. 르장드르도 그렇게 말했고, 푸코는 그 사실을 알았기 때문에 부딪히는 돌[13]이 되어버렸지만.

러 다이어그램이 존재할 가능성도 있다. 통치성과 반통치성은 다이어그램의, 정치의, 몽타주의 다른 이름이다. 그리고 중대한 문제가 있다. 본성상 다이어그램은 "실로 불안정하고, 유동적이며, 돌연변이를 야기하는 방법이어서 소재와 기능을 부단히 어지럽힌다. 결국 모든 다이어그램은 여러 사회에 걸쳐 있으며inter-social 생성되는 도중이다. 그 기능은 결코 기존 세계를 제한하지 않으며 새로운 유형의 현실, 새로운 진리의 모델을 창조한다." "예기치 못한 결합, 있지도 않은 연속체를 구성하면서 역사를 창조한다." 반복하건대 순수한 물질이나 사물은 존재하지 않는다. 실재하는 것은 다이어그램, 장치dispositif, 기계, 몽타주이고, 그

보는 것과 말하는 것을 분리한다

사토/ 하던 얘기로 돌아가겠습니다. 오늘 저는 '생존의 조건'이라는 주제로 인터뷰를 했습니다. 필시 지금 생존의 조건이 문제시되는 것은 확실하지요.

사사키/ 이것을 어떻게 생각하면 좋을까요. 요컨대 이러한 것이 문제가 되는 것 자체가 실은 통치성이 제대로 기능하지 않는다는 증거입니다. 자기 자신도 못 다스리는 인간이 다른 사람을 통치하기란 결코 녹록하지 않습니다. 통치기능이 왜 원활히 제 구실을 못하는지, 어째서 이토록 실패했는지 그 이유조차 파악할 수 없습니다. 그 결과 수많은 경제경영서가 진열장을 점거하기에 이릅니다. 통치government는 어원을 거슬러 올라가면 키잡이를 뜻하는 그리스어의 쿠베르네테스kubernetes입니다. 우리는 본인이 키잡이 구실을 제대로 못한다고 느낍니다. 잘 조종하고 있

것이 생산하는 '현실'과 '진리'다. 물론 그것은 임의의 장치 아래서 생산되는 주체화 장치를 잇달아 제조할 것이다.

장치, 기계라고 해서 '물질적인 것'을 문제 삼는 것은 아니다. 기술만을 문제 삼는 것도 아니다. 왜냐하면 "기계는 기술적이기 전에 사회적이다. 아니, 오히려 물질에 관한 기술이 존재하기 전에, 인간에 관한 기술이 존재"하니까. 주체화의 몽타주, 주체화의 다이어그램이.

다이어그램은 여러 사회에 걸쳐 있으므로 지리적으로나 역사적으로나 '다양한 사회를 넘나든다.' 따라서 다이어그램은 진화론에 복종하지 않는다. "전혀 새로운 권력이 출현했다." 시발점은 아닐 테지만 푸

다고 확신한다면 그 많은 천편일률적인 책들이 필요 없겠지요.

푸코는 사회주의에는 독자적인 통치성이 없다고 말했습니다. 이 지적은 매우 중요합니다. 이념하에 있는 자신을 바르게 이끄는 양식 같은 것이 사회주의—여기서 푸코가 말한 사회주의는 프랑스 좌익 정당을 가리키지만—에는 결여되어 있다고 했습니다. 맞는 말이어서 자기통치의 실상, 조련당하는 방식은 우익이나 좌익이나 차이가 없습니다. 똑같이 양복을 입고, 수첩에 목표를 적으며, 똑같이 연설을 하고, 정신분석가에게 상담을 받고, 똑같이 이성애자로서 동성애자에게 편견을 갖고 떠들어대니까요. 요컨대 정리하면 이념으로서, 이념 수준으로 하는 비판만으로는 부족합니다. 조련과 자기통치의 수준이 맞지 않습니다. 반대로 실존의 미학과 자기배려 같은 말을 했다는 사실만으로 저항하고 있다고 여겨도 통치성이, 개념이 결여되어서 미흡합니다.

반대로 말하면 신자유주의는 실존의 미학을 갖고 있습니다.

코의 중계로 전파된 이런 주장을 경계하는 자세는 항상 필요하다. 당연히 새로운 다이어그램의 몽타주가 형성된다. 그러기 마련이다. '중세 해석자혁명'이 절대적으로 새로운 다이어그램의 창출이었던 사실을 누가 의심할 수 있겠는가. 하지만 그렇다고 해서 다른 장치, 다른 몽타주가 '구닥다리'가 되고 '낡아서' '사라진다'는 생각은 금물이다. 다이어그램은 한순간에 사라지지 않는다. 유배되어 뜻밖의 다른 장소, 엉뚱한 문맥에서 불거지므로, 출현하자마자 사라질 리 만무하다. 적어도 전혀 새로운 권력에 의해 마술처럼 통째로 사라지는 일은 없다.

다이어그램은 말하자면 복잡한 힘의 결정체여서 적절히 시계열時間

매니지먼트 원리주의와 자기계발이라는 형태로 말이죠. 앞서 언급했던 『성공하는 사람들의 7가지 습관』만이 아니라 흔히 업무 요령이나 수첩 적는 요령도 어떤 의미에서는 실존의 미학, 자기 배려입니다. 그것이 통치성이고, 스타일이며, 미학이지요. 이 수준을 바꾸지 않고 이념만 비판해서는 죽도 밥도 안 됩니다. 오히려 신자유주의를 연명시킵니다. 구체적인 생활방식이 바뀌기 전에는 비판이 아닙니다. 신자유주의는 통치성을 갖추고 있으며 그 이념과 자기계발적 생활방식은 훌륭하게 연결되어 있습니다.

들뢰즈와 푸코가 말한 대로 실제로는 언표 가능성과 가시성의 수준은 본성상 엄격히 분리됩니다. 간단히 말하면 가령 신자유주의 이념의 수준, 즉 언설의 수준과 신자유주의의 가시적인 스타일의 수준은 완전히 별개일 것입니다. 그러나 그 별개일 두 수준을 통합하고 있는 곳에 강력한 발명의 힘이 있습니다. 푸코가 다른 곳에서 신자유주의는 사회학적 권력이라고 시원스레

系列, Time Series에 따라 배치되지 않고 '가로로 넘나든다.' 이를 무시하고, '케케묵은 잔재'로 여기기 때문에 갑자기 불거졌을 때 으레 '회귀'니 '부활'이니 소란을 피운다. 그리고 '새로운 가능성'을 발견해서 떠들어댄다. 우스꽝스럽게 우왕좌왕하고 좌고우면하는 꼴이 참으로 가관이다. 부활도, 회귀도 없다. 다이어그램은 낡은 것이든 새로운 것이든 간에 우연히 그 결합관계를 날조하고, 또한 다른 결합관계의 결과물인 장치나 몽타주를 전혀 무관한 문맥에서 뺏어온다.

예를 들겠다. '근대 민주주의 다이어그램'은 무엇으로 구성되는가? 다른 데서 뺏어온 온갖 '진부한' 장치의 몽타주로 이루어져 있다. 우선

잘라 말해서 또다시 머리를 쥐어 싸매고 고민했지만요. (웃음)

그럼 그 통치성이, 조련이 성공했느냐 하면 그렇지는 않습니다. 틀림없이 모종의 방식으로, 흔히들 신자유주의라고 하는 방식으로 지금 통치당하고 있습니다. 그러나 앞서 말씀드렸다시피 뭔가 실패했습니다. 뭔가가 이상합니다. 좌우를 막론하고 어딘가 잘못되었다고 생각하지 않으십니까?

사토/ ……통치당하는 자와 통치하는 자를 구별할 수 없다는 비판은 물론 아니고…….

사사키/ 통치당하는 자와 통치하는 자를 구별할 수 없다는 비판은 민주주의의 근원적인 문제로서 이전부터 논의되어왔습니다. 민주주의에서 주권은 국민에게 있으므로 통치당하는 사람과 통치하는 사람을 구별하기가 애매한 것은 어떤 의미에서 당연합니다. 푸코는 그것과는 별개로 그 두 가지를 혼동하는 것을 문제시합니다. 통치하는 자가 통치당하는 자라는 순환이 민주

'권력분립 원리의 장치'는 단지 합중국 헌법이 전면적으로 채용했다는 역사적 우연, 즉 '조우'로 '민주주의 다이어그램'의 본질이 되었을 뿐 원래는 중세의 '혼합왕정, 혼합정체[14] 다이어그램'이 지녔던 장치를 유용한 것이다. 그렇다면 '대표적인 원리 장치'는? 아리스토텔레스도 말한 바와 같이 원래 '귀족정치 다이어그램'이고, 그리스는 '그리스 민주제 다이어그램'과 아무런 관계도 없다. 어떤 우연으로 '민주주의 다이어그램'에 강제로 뺏긴 것이다. 그럼 '다수결 원리 장치'는 어떠한가? 로마 교황 선거, 즉 '콘클라베'[15]가 고안한 몽타주이며 '살아 있는 문서의 몽타주'를 '민주주의 다이어그램'이 수용했다. 지리멸렬하지만 전혀 개

주의가 성립하기 훨씬 이전부터 존재했다고 했죠.

사토/ ……생활방식의 수준과 이념의 수준을 나누어 파악하는 것은 푸코의 말로 하면 '영혼의 형이상학'과 '실존의 문체론'을 분리하는 것이라고 사사키 씨는 말씀하셨지요.

사사키/ 이야기가 약간 비약하는 듯싶지만 실은 그렇지 않습니다. 지금부터 푸코의 마지막 강의에 입각해서 이야기하겠습니다. '영혼의 형이상학'이란 말할 것도 없이 소크라테스로부터 플라톤이 계승한 것으로 이후 기독교적 세계관, 서양적 사고의 틀을 결정한 사고방식입니다.

　그런데 푸코는 그것과 생존의 문체론, 즉 생활방식과의 사이에 '필연적인 관계'를 인정하지 않습니다. 소크라테스는 감각적인 세계, 육체의 세계를 초월한 절대적인 '형상'의, '이데아'의, 정화된 '영혼'의 영원불멸한 세계, 초월적 타계他界를 전제로 하는 형이상학으로서 '혼의 형이상학'을 발견했습니다. 그리고 동시에

의치 않는다. '세속화 장치'의 함정을 간파한 우리가 대체 무엇 때문에 동요하겠는가? 무섭고 불온하며 폭력적인 일이지만 유쾌한 일이기도 하다. 그렇다. 앞서 논증한 내용은 새 것이든 낡은 것이든, 아무데서나 무엇이든 닥치는 대로 가져다가 다이어그램을, 장치를, 몽타주를, 기계를 만들 수 있다는 말이기 때문이다. 이 다이어그램의 '우연성'은 '창조성', '고안'의 다른 이름이다. 그리고 이 우연성의 한복판에 있는 다이어그램이 '제3자'다. 푸코와 함께 권력에 대항하고 비판적 권력 담론을 소개한 들뢰즈는 칸트의 상상력의 도식이 바로 '가시성과 언표의 제3의 심급'[16]이었다고 말머리를 꺼낸 다음 이렇게 말한다.

실존의 미학도, 즉 '미적 대상으로서의 삶bios'도 발견했습니다. 윤리 아래에서 하나의 미로서, 하나의 예술작품으로서 자기를 단련하는 것. 푸코는 세네카의 말을 인용해서 "삶을 일종의 영원한 단련으로 바꿔야 한다"라고 요약합니다. 푸코가 일정 시기까지 이 실존의 미학을 과도하게 연구한 것은 명백한 사실입니다. 비록 마지막에 부정하긴 했지만요.

죽기 몇 달 전에 했던 마지막 강연에서 그는 영혼의 형이상학과 생존의 문체론 사이에는 필연적인 관계도 없는데 하물며 유일한 관계가 있겠느냐고 단언합니다. 생존의 문체론은 영혼의 형이상학의 귀결도, 투영도, 적용도 아니라고요.

사토/ ……즉 사사키 씨가 말씀하셨던 가시성과 언표 가능성을 분리하는 것, 다른 말로 하면 보기와 말하기는 다르다는 것을 나타낸다고…….

사사키/ 약간 깊이 들어가서 말하면 하이데거와 메를로퐁티[17]만

푸코의 경우 제3의 심급이 두 형태의 피안이나 안쪽에 작용하면서 '한정 가능한 것과 한정, 가시적인 것과 언표 가능한 것, 빛의 수용성과 언어의 자발성'을 일치시켜야 한다.

아무럼 르장드르에게 제3자는 '몽타주'를 건 '역사적 도박장'에서 돌연히 '고안'되는 것이었다. 가시성과 언표의 우연한 접점을 밑천으로 르장드르가 부여한 한없이 넓은 의미에서의 '텍스트'를 조작해서 걸고 암중모색한 끝에 '돌연' 그 관계가 제3자, 즉 다이어그램으로 '결정'된다. 다이어그램은 제3자의 다른 이름이다. 단, 우연과 도박과 창조성과

이 아니라 라캉도 보는 것은 말하는 것을 도출한다고 여겼습니다. 보는 것은 말하는 것과 의미하는 것 두 겹으로 되어 있으며, 밝기는 말의 밝기이므로, 말하는 것이 보는 것이고 보이는 것이 말하는 것이라고 생각했습니다. 그들은 거기에 은밀히 존재하는 필연적인 관계를 보았다고 해도 무방합니다. 아마 거기에 존재하는 유일한 관계를 전제로 해야만 현상학과 해석학이 가능했겠지요. 보이는 것이 다의적일지라도 결국에는 일정한 언어적인 의미를 갖는 구도를 전제로 합니다. 하지만 푸코는 원칙적으로 이것을 허용하지 않습니다.

가령 『감시와 처벌』에서도 푸코는 18세기의 보는 것과 말하는 것 사이에서 상충을 발견했습니다. 전달되는 수준에서 자연상태[18]의 투쟁을 기피하는, 원시계약에 의한, 사회계약에 의한 주권을, 사회체socius(=사회적 신체)를 건설하는 꿈이 있었습니다. 한편 규율권력의 기술자들은 사회 전체로 확대되는 전술과 병

역사적 소요의 한복판에서 조용히 들끓는 제3자다. 제3자를 자명하게 여긴다든지 비판하거나 귀를 틀어막고 없는 일로 치부하기보다는 냉큼 새로운 제3자를 만들면 그만이라는 얘기다. 푸코가 르장드르를 비판했다고? 르장드르가 들뢰즈를 비판했다고? 들뢰즈가 푸코와 소원해졌다고? 이 세 사람이 라캉을 비판했다고? 누구랑 누가 어쨌다더라 하는 성가신 이야기는 전혀 관심 없다. 분명 그 비판을 주의 깊게 살펴보기는 했지만 그것은 그들을 한 상에 불러 모으기 위한 준비였다. 이것이 우리의 몽타주다. 계속 가자.

참선兵站線, 시각성과 감시의 권력을 창조했습니다. 거기에 존재하는 것은 원시적인 계약이 아니라 끝없는 강제이고, 기본적 인권이 아니라 무한히 발전하는 조련이며, 일반의지가 아니라 자동적인 복종이었습니다.

역사를 관통한 키니코스학파

사사키/ 이야기가 약간 복잡해졌지만 계속하겠습니다. 가시적인 것과 언표 가능한 것 사이의 차이와 상충의 확인 등과 같은 행동은 때로 명확히 말할 수 없을지언정 푸코의 경우에는 빈번하게 반복됩니다. 그것은 초기의 『광기의 역사』의 광기를 둘러싼 담론의 분석과 『임상의학의 탄생Naissance de la clinique』의 죽음에 대한 의학적인 시각의 분석 이래로 오래도록 그 논지로 계속 회귀

제104절 영원한 야전

그렇다. 우리는 다이어그램을, 기계를, 장치를, 몽타주를 만들 수 있다. 이 판국에도 '창조한다느니 고안한다느니 하는 것은 어떤 주체를 전제로 하는 말이 아닐까? 행여 작가라는 개념이 이미 낡은 것은 아닐까?' 하는 겁먹은 목소리가 들리는 듯하다. 이제 아무것도 두려워하지 않아도 된다. 아무것도. 우리는 창조한다. 창조하기 위해 생각한다. 도박한다.

　그렇다. 보기, 말하기가 전혀 다른 형식이라면 창조를 위한 사유는

했습니다. 여기서 푸코는 오해의 여지없이 명확히 언표 가능성의 수준에 대해서 가시성의 수준, 즉 이 분석의 수준에 대한 '실존의 문체론' 수준의 확고한 독립성을 인정합니다.

그리고 중요한 맥락에서 푸코는 느닷없이 디오게네스에 관해 말합니다. 플라톤이 '미친 소크라테스'라고 부른 그 디오게네스입니다. 창시자는 아닐지라도 '시니컬'의 어원인 키니코스학파, 즉 견유학파犬儒學派[그리스어: Κυνικοι, 라틴어: Cynici]에 속하는 철학자 디오게네스. 가난한 비렁뱅이였던 그는 지팡이를 짚고 자루를 맨 채 맨발로 쏘다니고, 집도 조국도 없이 국가를 부정하고 스스로를 세계시민이라 칭하며 큰 항아리 속에 살았습니다. 디오게네스는 동시대 사람들을 조롱했으며, 거만하고 건방졌습니다. 지위도, 명예도, 관습도, 결혼제도도, 인육을 포함한 음식의 금기조차 냉소했습니다. 체포되어 노예로 팔려갔을 때 이제 무엇을 할 수 있느냐고 묻자 그는 당당히 사람을 지배하는 것이

"이제 형식조차 없는 바깥을 지향한다." "사유는 보기와 말하기의 간격에서, 분리에서 성립한다. 이는 푸코와 블랑쇼의 두 번째 만남이고, '바깥', 즉 '추상적인 폭풍'이 보기와 말하기의 틈에 몰아치는 한 사유는 '바깥'에 속한다."

드디어 우리의 논리에 블랑쇼가 돌아왔다. '바깥'과 '밤'의 인물이. 우리는 '바깥'에 있다. 그 '바깥'의 한복판에서 힘차게 우연의 일격을 가하고, 창조하고, 고안하고, 사유하며, 수탈하고, 엮고, 잉태하고, 도박하며, 애태운다. '텍스트'와의 '열광적인 춤'으로. '한밤중'에. '밤'이 가고 다시 오려 하는 저 믿음과 불신 사이의 영원히 어스레한 새벽녘에.

라고 대답합니다. 알렉산더 대왕이 "나는 알렉산더. 너는 누구냐"라고 하자 "나는 디오게네스, 개다"라고 대답합니다. 그리고 원하는 게 무엇이냐고 묻자 "내가 지금 간절히 원하는 것은 햇볕을 막고 있는 대왕이 잠시 비켜주는 것이다"라고 했답니다.

그는 심신 모두 엄격하게 단련하는 것을 무엇보다도 으뜸으로 여겼는데 한편으로 무엇을 하든 숨기지 않고 공공연히 광장에서 합니다. 음주뿐만 아니라 성교와 자위도 주저 없이 합니다. 또한 플라톤과 여러 번 유머러스한 말을 주고받았다고도 합니다. 플라톤이 "인간은 날개 없는 두 발 짐승"이라고 정의하자, 이를 전해 들은 디오게네스가 털을 벗겨낸 닭을 집어던지며 "이것이 플라톤이 말한 인간이다"라고 비웃었다고 합니다.

파렴치하기 짝이 없을 만큼 흉포하고 반항적이며 게다가 더럽고 악취를 풍겼습니다. (웃음) 그 부도덕하고 도발적이며 흉물스러운 몰골은 분명 매력적이지는 않습니다. 그러나 무엇보다도

"사유하기는 선천적인 능력의 행사가 아니라 사유에 도래해야 함을 의미한다. 사유하기는 가시적인 것과 언표 가능한 것을 결합하는 내면성에 의존하는 것이 아니라 틈을 뚫고 들어오는 바깥의 침입과 함께 실현된다. 바로 주사위 던지기로서의, 특이성의 방사放射로서의 '바깥의 사유'. 두 다이어그램 사이에 그리고 두 다이어그램의 상태 사이에 돌연변이가 생겨서 역학관계가 재조정된다. (……) 바깥의 공식은 푸코가 인용한 니체의 공식이다. 우연의 그릇을 뒤흔드는 필연성의 강철 손."

'동란', '소요', '돌연변이' 속에서의 "사유는 보기와 말하기의 간격, 분

디오게네스는 항상 사실을 말합니다. 진실을 말합니다. 자칫 입을 잘못 놀렸다가는 목이 날아갈 판인데도 태연하게 말합니다. 진리를 말하는 이러한 용기를 파레시아parrhesia라고 하는데 디오게네스는 인간이 하는 일 중에서 가장 아름다운 것은 파레시아라고 서슴지 않고 말합니다. 죽음을 두려워하지 않고 진실을 말하는 용기가 아름답다고 합니다.

그러나 필시 파레시아만으로는 부족합니다. 아마 푸코는 환멸을 느꼈던 듯싶습니다. 파레시아를 연구하다가 파레시아 자체에. 파레시아는 최종적으로는 참주제僭主制[19]로 귀착합니다. 죽음을 두려워하지 않고 간언諫言하는 것은 용감하기는 하지만 독재자의 존재를 전제로 하지요. 실제로 플라톤은 민주제라면 많은 사람에게 직언해야 하니 비효율적이지만 참주제라면 한 명에게만 간언하면 되므로 더 낫다고 말합니다. 하긴 무지막지한 패악을 부리는 젊은 군주에게 간언하는 중신은 용기 빼면 시체지요.

리에서 이루어진다." 따라서 그것은 다이어그램의 새로운 창출이자 주사위를 던지는, 비장의 카드를 꺼내는 도박사의 '승부'다. 경쟁도, 이익도 아닌 순전히 분만의, 개념의 싸움이다. '바깥'의 바람을 맞은 도박꾼들의 영원한 싸움. 그 고요한 소요. 그래서 블랑쇼는 바깥바람이 몰아치는 고안할 때를 '밤'이라고 불렀던 것이다. 그는 이렇게 말했다. "밤중에 짐승이 다른 짐승의 소리를 들은 듯싶은 순간이 항시 있는 법이다. 그것이 또 다른 밤l'autre nuit이다." 글 쓰는 자들의 싸움. 그 밤의, '바깥'에서 몰아치는 폭풍. **영원한 야전.** 확인하겠다. '바깥'은 내부의 외부이므로 바깥이 아니다. 그런 실체화된 외부 따위는 전혀 문제가

지금도 마찬가지 아닌가요. 장사[20]라 자처하며 우국충정으로 간언하는 사람은. (웃음)

플라톤은 소크라테스로부터 혼의 형이상학을 계승했습니다. 초월적인 다른 세계, 타계他界에서 영원한 삶을 추구하고자 했습니다. 오염된 물질세계를 떠난 혼은 타계에서 영원한 삶을 삽니다. 그러나 반대로 디오게네스는 이승에서, 현세에서 다른 것을 추구했습니다. 플라톤이 다른 세계에서 영원한 삶을 추구했다면 디오게네스는 이승에서 다른 삶을 영원히 추구했습니다. 앞서 말한 대로 디오게네스는 파레시아를 실천한 인물이지만 동시에 유난히 이상한 스타일의 자기통치성을 지닌 인물이기도 합니다. 언표 가능성은 가시성과 필연적인 관계를 맺지 않는다고 했습니다. 그리고 현재의 통치는 필연적인 관계가 없을 곳에 마치 필연적인 관계가 있는 듯이 성립한다고도 했습니다. 그러나 반대로 말하면 거기에 본래는 필연적인 관계는 없으므로 얼

아니다. 내부에서 내부를 창조하는 자의 삶이야말로 '바깥'이다. 주체는 창조행위라는 도박에서 '바깥'의 습격으로 주름pli이 되고 균열déchirure이 된다. "균열은 이제 천의 우발적인 사건이 아니라 바깥쪽 천을 꼬고 박아서 두 겹으로 만들 때의 새로운 규칙이 된다. '임의'의 규칙 또는 우연한 방출, 주사위 던지기다." "안이란 바깥의 작용이고, 어떤 주체화다." 그리고 우리는 작가가 된다. 무한히 고안하는 중동무이한 안트로포스의 절대적인 영겁의 역사 속에서 '바깥'을 박으며 계속 살아가는 것이다. 우리는 작가다. "'이제 작가는 없다'라고 하는 사람들은 (……) 오만하기 그지없다."

마든지 다르게 구성할 수 있지요. 이렇게 표현해보면 어떨까요.

오늘날 혼의 형이상학에 해당하는 것의 언표 가능성의 수준과 실존의 문체론에 해당하는 것의 가시성의 수준을 종합한 신자유주의의 통치는 필연적인 유일한 종합이 아니라고요. 그 증거로 신자유주의의 통치는 눈곱만치도 성공한 듯이 보이지 않지요. 반복하지만 좌우를 막론하고 많은 분이 어쩐지 실패했다고 느끼지 않습니까. 짐작건대 푸코는 부단히 다른 접합을 찾는 자세의 모델로서 견유학파에 주목한 듯합니다.

푸코는 마지막 강의에서 이렇게 말합니다. "여러분께 알려드리고 싶었습니다. 견유학파는 흔히들 생각하듯이 단순히 고대 철학 속의 좀 특수한, 특이한, 그리고 결국 완전히 잊힌 형상이 아니라 다양한 형식 밑에서 다양한 목표를 갖고 서양사 전체를 관통하는 traversant(횡단하는) 역사적 범주입니다." 이 발언은 푸코를 아는 사람에게는 충격입니다. 그토록 역사를 초월한 개념의

이 '바깥'. 이 영원한 야전. 고안해내기 위한 한없는 춤. 라캉은 이를 여성의 향락이라 부르리라. 이론화를 향한 저 굳은 의지, 저 향락의 유형학이 없었다면 다른 사람들도 애초에 그 비판조차 할 수 없었을 테니까. 라캉은 정신분석이라는 다이어그램의 바깥으로 나가지 않았다. '여자가 되는' 순간을 제외하면. 이는 환자를 먼저 생각해야 하는 라캉의 본분이었다. 라캉에게 달리 무슨 방법이 있었을까? 자크 라캉은 위대했다. 임상의인 그를 트집 잡는 말을 들은 적이 없다. 르장드르는 정말로 기묘한 남자다. 이중적인 입장을 취한다. 유연하고 확고부동한 태도로 서양을 철저히 상대화해서 제시할 때 그는 '모든 다이어그램의

적용을 비판하고, 보편적 진리를 규탄해온 사람이 이런 말을 했으니까요.

'진리가 살아 있는 추문으로서의 실존의 형식'과 견유학파의 핵심을 정의하면서 푸코는 역사를 초월하여 다양한 역사적 시점에서 견유학파의 계승을 연달아 발견합니다. 당시 교회에 의한 권력 형태, 사목권력의 형태에 저항하는 것인 한 교회의 기독교 영성운동으로 보았습니다. 가령 프란체스코회의 수도사는 '무소유, 방랑, 가난, 구걸'로, 또한 도미니크회의 수도사는 '넝마를 걸치고 맨발로 이 마을 저 마을 돌아다니며 퇴폐한 성직자의 타락과 싸운 것'으로 견유학파를 계승했다고 합니다. 그리고 놀랍게도 "근대 유럽 세계의 혁명은 단순히 정치적인 프로젝트가 아니라 삶의 형식이기도 했습니다"라고 하며 근대 유럽의 혁명운동에서 견유학파의 환생을 발견합니다. 푸코는 젊었을 때 프랑스 공산당을 탈당했습니다. 더군다나 마르크스주의에는 일

창출을, 몽타주의 창조를 존중해야 하는 우리의 몽타주만 몽타주가 아니다'라고 계속 말했다. 르장드르는 과연 다이어그램을 알고 있었다. 자신의 법 권리가 야만스러운 장치일 뿐이라는 것을 속속들이 파악하고 있었다.

그러나 그는 스스로를 서양의 해석자 중 한 명에 불과하다고 한정한다. 따라서 반동反動으로도 보인다. 법을, 근거율을, '거울'을 지켜야 한다. 그러나 그것이 일개의 서양인으로서 '중세 해석자혁명'의 귀결을 받아들이기 위해서 하는 금욕 때문인 한 르장드르는 용서치 않는다. 단적으로 말하면 문화의 다이어그램이 변천했던 이전의 '매니지먼트

관되게 비판적이었습니다. 나아가 근대예술에서도 견유학파를 발견해나갑니다. 푸코는 마네부터 프랜시스 베이컨까지, 보들레르부터 사무엘 베케트와 윌리엄 버로스[21]에 이르기까지의 이름을 열거하며 이렇게 말합니다. "근대예술, 그것은 문화에 대한 견유학파다."

기독교 영성, 근대예술, 혁명운동을 관통해서 출몰하는, 저항하는 견유학파의 자세. 이는 언표 가능성과 가시성의 다른 접합을 고안해서 다른 진리를 찾고 다른 생존의 형태로 살아가려는 영원한 노력입니다. 푸코는 마지막으로 이 점을 지적하고 죽은 것이죠.

사토/ ……견유학파적 실천, 즉 '다른 삶을 사는 것이 사목권력에 대한 대항'이라는 말씀입니까?

사사키/ 네. 눈치 채셨겠지만 이야기가 한 바퀴 돌아서 다시 원점으로 돌아왔군요. 말씀드렸듯이 하나의 조련방법을 유일한 것

원리주의 다이어그램'을 통렬하게 질타한다. 그리고 르장드르가 보여준 '거리두기[疏隔]의 자유'와 '근거율의 필요성'과 '세속화의 상대화'는 우리의 창조행위를 인도하는 최고의 지침이 될 것이다.

푸코는 바로 저 압도적인 도주극을 벌이던 와중에 이 위대한 다이어그램이 고안된 역사를 발견하려다가 때로는 마음의 평정을 잃고, 때로는 실패를 거듭했다. 이 얼마나 아름다운 차질이며, 이 얼마나 성실한 현혹인가. 열에 달떠서 떨리는 그 쉰 목소리. 비판능력, 지극히 명석한 분석능력으로 르장드르는 정치적 영성을 논할 때 자클린 라캉과 별안간 손을 맞잡고 매니지먼트 원리주의를 분석하느라 애먹던 우리에게

으로 여기고 절대화해서는 안 됩니다. 자신의 조련방법만 객관적이고 중립적이며 과학적인 유일무이한 것이라고 믿어서는 안 됩니다. 모든 가능성을 열어두어야 합니다. 의외의 방법도 먹힐지 모릅니다. 우리 자신을 통치하기 위한 전혀 색다른 시도를 해볼 여지는 충분하니 다양하게 시도해봐야 합니다. 지금 우리를 지배하고 있는 이 통치양식이 필연이고 유일한 것일까요. 객관적이고 중립적이며 보편적이고 세계적인 통치이니 어쩔 수 없이 복종할 수밖에 없을까요. 그렇지 않습니다. 말도 안 됩니다. 가능한 시도는 여전히 수두룩하게 널려 있습니다.

보편적인 것에 대한 끝나지 않는 싸움

사사키／ 혹시나 해서 말하는데 물론 디오게네스를 자처하며 새삼

묵묵히 다양한 개념을 건네주었다. 그 무기, 그 훌륭한 비장의 카드들.
　그렇다. 오늘은 다른 어떤 날들과도 다르지 않은 하루이고, 어떤 날들도 오늘과 다름없는, 다른 날들과 닮은 구석이 하나도 없는 하루다. 따라서 우리에게는 끝이 없다. 우리가 태어나고 죽는 찰나의 영겁, 짧은 영원 속에 몇 번이고 밤은 올 것이다. '바깥'의 시간이. '바깥'바람을 쐬고, 삐걱거리는 소리를 받아들이며, 그칠 줄 모르고 울리는 작은 소리를 들으면서 우리는 제한 없는 '바깥'의 주름, '바깥'의 효과가 된다. 거기서 우리는 무한히 고안한다. 안트로포스의 고안하는 힘에 한계 따위는 없다. 가자. 어서 가서 글 쓰고 노래하고 춤추고, 그림 그리

스레 지팡이 짚고 누더기를 걸친 채 돌아다니라는 얘기가 아닙니다. (웃음) 아주 단순합니다. 다른 방법이 가능하다고 생각할 근거는 역사를 보면 얼마든지 나오지만 다른 방법이 불가능하다고 생각할 근거는 사실 전무합니다! (웃음)

사토/ ······적어도 정치적인 투쟁이 성립하지 않으므로 개인의 혁명을 수행합니다. 즉 실존의 미학을 추구한다는 어수룩한 말은 절대 아니라는 것은 똑똑히 알았습니다. 따라서 자신이 진실이라고 믿는 바를 외부의 강요나 위협에 맞서 오로지 자발적인 의지에 힘입어 자유롭고 투명하게 말하는 자세(파레시아)를 추구하는 동시에 생활방식을 문제 삼아야 합니다. 단호히 다른 삶의 자세를 추구하는 것입니다. 그래야만 정말로 실존의 조건에 연결되거든요.

사사키/ 정말로 어수룩하지요. 거기에 아이러니가 더해지면 아예 목불인견입니다. (웃음)

고, 심사숙고하자. '거울'을, 제3자를, 근거율을 만들기 위해. 공격하기 위해. 손에 쥐기 위해. 지키기 위해. 굶주림과 추위에 저항하고, 죽음에 맞서 살아남기 위해. 모든 죽음과 위험의 선동을 웃어넘기기 위해. 전진하기 위해. 옆으로 한 발 나가기 위해. 거리를 유지하기 위해. 자유를 구현하기 위해. 투쟁하기 위해. 도박하기 위해. 이기기 위해. 지기 위해. 승리하고 패배하는 기쁨을 위해.

 드디어 할 말을 다했다. 붓을 놓을 때다. 그러나 끝은 없다. 여기서부터 시작이다.

푸코가 통치성이라는 용어를 처음 쓴 것은 1978년으로, 이 개념으로 새로운 돌파구가 열렸습니다. 그런데 통치성 이론과 함께 도출된 사목권력은 아득히 먼 동양문명부터 현재까지 면면히 이어져왔습니다. 그러나 처음에 말씀드렸다시피 완벽하게 조련되고 길들여지는 양은 눈 씻고 찾아도 없습니다. 그래서 그것에 대한 저항도 계속되고 있고 계속할 수밖에 없습니다. 아무것도 끝나지 않습니다. 첫술에 배부른 법이 아니니 아무것도 끝내서는 안 됩니다. 곰곰이 생각하니 참으로 잔혹한 말이군요. 푸코는 잔혹한 사람입니다. (웃음) 조금도 위안이 되질 않습니다. 아무것도 끝나지 않는다, 첫술에 배부른 법은 없다니 찝찝합니다. 내내 계속되는 것입니다. 끝없이 싸울 수밖에 없으므로.

주의하십시오. 이것을 단순히 근사한 선전propaganda으로서 소비해서는 안 됩니다. 견유학파는 하나도 근사하지 않습니다. 구리고 더러워서 전혀 인기가 없습니다. (웃음) 하지만 그렇게 할 수밖에 없습니다. 다양한 가능성을 포기할 수 있습니까. 이 통치방식이 유일하고, 앞으로 더는 다른 삶과 다른 가능성이 없다고 해서 전부 포기할 수 있습니까. 그것은 역사적 사실로 봐도 무리입니다.

다른 삶과 다른 통치는 언제든 있을 수 있습니다. 르장드르도 실은 같은 말을 했습니다. 방대한 절차가 다른 방식으로, 노래로, 시로, 춤으로, 낭송으로, 그리고 블랑쇼가 말한 이른바 '묘비와 추는 열정적인 춤'인 독서로 우리 자신을 통치해왔습니다. 아주 먼 옛날 태고부터. 그러므로 통치하거나 통치당하는 방법의 종류도 무궁무진합니다. 그러한 한 반드시 가능성은 있습니다. 그런 가능성을 버려서는 안 됩니다. 어쨌거나 버릴 수는 없습니다.

사토/ ……오랜 시간 감사합니다.

『담談』 no.85' 담배종합연구센터, 2009년

01 anthropos: 직립원인이라는 뜻의 그리스어가 기원이다. 유럽인이 무력과 경제력으로 정복한 땅에서 발견한 지식의 객체이자 인류학의 관찰대상인 이른바 미개인을 말한다. 반면에 라틴어가 기원인 후마니타스humanitas는 모든 지식의 주체이자 인문학의 연구 대상이 되는 인간이나 집단으로, 유럽 연구 또는 유럽적 인간의 연구와 문명적 인간을 지칭한다.

02 panopticon: '모두'를 뜻하는 'pan'과 '보다'를 뜻하는 'opticon'의 합성어로서 직역하면 모두 다 본다는 뜻이다. 원래는 제레미 벤담이 죄수를 감시할 목적으로 설계한 감옥을 가리킨다. 중앙의 원형공간에 높은 감시탑을 세우고, 그 둘레를 따라서 죄수들의 방을 배치했다. 중앙의 감시탑은 어둡고 죄수의 방은 늘 환했기 때문에 최소의 노력으로 최대의 통제와 감시 효과를 거둘 수 있는 시스템이다. 푸코가 『감시와 처벌』에서 파놉티콘의 감시체계 원리가 사회 전반으로 파고들어 규범사회의 기본 원리인 파놉티시즘 panopticism으로 바뀌었음을 지적하면서 새로이 주목을 받았다. 한편 요즘 대두되는 시놉티콘은 파놉티콘의 반대되는 개념으로 감시에 대한 역감시란 의미다. 파놉티콘에서 한 단계 더 발전한 것으로 사이버 세상이 열리면서 일방적 감시가 아닌 상호감시가 가능한 시대가 등장했음을 의미한다. 즉 과거처럼 소수만이 권력과 언론을 독점하고 다수의 일반 시민을 통제하는 체제가 아니라 일반 시민들 역시 자신들을 감시하는 권력자를 감시하고 통제한다는 말이다.

03 Shiah派: 이슬람교 2대 종파 중 하나. 마호메트의 사위인 알리Ali가 마호메트의 정통 후계자가 되어 세운 교파로서 현재 이란의 국교다. 역대 칼리프를 정통 후계자로 인정하지 않기 때문에 수니파와 대립하여 분리파 또는 이단파로 불린다.

04 nuda vita: 조르주 아감벤이 『호모 사케르: 주권 권력과 벌거벗은 생명』에서 쓴 용어로서 생물학적으로 살아 있지만 아무런 정치적·법적 보호가 없는 인간을 뜻한다. 호모 사케르의 원뜻은 '성스러운 인간'이다. 그러나 고대 로마법에서는 범죄자로 판정한 자들을 지칭하는 법적 개념이었다. 아감벤은 이를 현대적 개념으로 재해석하여 아무런 권리도 가질 수 없고, 무엇에도 보호받지 못하며, 모든 법적인 보호가 박탈당한 인간을 가리키는 용어로 썼다. 이들은 사회질서 바깥에 위치하기에 언제든 살해당해도 상관없는 존재이며, 이들의 죽음은 숭고한 가치를 실현하기 위한 희생과 관계가 없다. 즉 법체계를 포함한 공동체가 공유하는 모든 가치체계로부터 배제된 사회 내부의 외부자다.

아우슈비츠에 감금되었던 유대인이나 인간 세계와 동물 세계의 사이에 존재했던 늑대 인간, 삶과 죽음의 경계에 있는 뇌사자처럼.

05 Giorgio Agamben: 1942~, 이탈리아의 철학자이자 미학적 시각을 지닌 비평가. 신학적이고 철학적인 문제, 참신한 역사인식과 세계관으로 특히 유명하다. 저서로 『행간』, 『아우슈비츠의 남은 자들』, 『남겨진 시간』, 『불과 글』, 『목적 없는 수단』 등이 있다.

06 agencement: 영어로는 arrangement. 배열, 배치, 합성을 뜻한다. 질 들뢰즈가 만들어낸 말로서 다중체multiplicite라는 용어와도 혼용되곤 한다. 요즘 학계나 문화계에서 트렌드로 자리 잡은 융합convergence이나 모든 지식을 총괄한다는 뜻의 통섭consilience과도 유사한 개념이다. 『천 개의 고원』에 등장하는 리좀처럼 두 가지 또는 그 이상의 것들이 연동해서 관계를 맺고 재배치(재결합)되어 서로를 더욱 역동적으로 변화시키는 결연관계를 의미한다. 따라서 세상 속에 여러 개체가 본질의 차이를 극복하고 서로의 관계에 공명하며 상생, 소통한다는 뜻이 담겨 있다.

07 episteme: 원래는 학문적 지식을 나타내는 그리스어로 필연적·연속적인 것에 대한 바른 인식을 의미한다. 고대부터 억견臆見 또는 의견으로 번역되는 독사doxa에 반대되는 개념이다. 그러나 푸코는 『말과 사물』에서 아주 독자적인 의미로 사용했다. 요컨대 르네상스 시대부터 현대까지 각 시대의 지식체계는 서로 공통성을 찾을 수 없는 원리들로 구축되어 있다. 마치 지질이 단층을 이루어 포개져 있듯이 시대마다 다른 에피스테메(인식의 틀)가 사람들의 사고방식을 각기 다르게 규정한다는 것이다. 참고로 15~16세기 후반 르네상스 시대의 에피스테메는 적합, 대립적 모방, 비교, 공감이라는 네 가지 원리에 기초한 '유사성'이었다. 이어서 17~18세기 고전주의의 에피스테메는 표상(재현)이며, 끝으로 18세기 말의 근대의 에피스테메는 실체다.

08 pastoral power: 사제권력이라고도 한다. 개인의 구원을 통한 신국 건설을 추구하는 기독교 사제들은 개인을 일일이 돌본다는 명목 아래 그들의 영혼과 내면세계에 접근하여 비밀을 캐낸 다음 한 사람씩 관리했다. 근대국가도 이러한 사목권력을 공식화하고, 이를 담당하는 수많은 관료를 양산하면서 복지국가라는 목표를 앞세워 개인들에 대한 지식과 정보를 확보하고 관리한다. 사제들이 내세의 구원을 약속했던 반면 근대국가는 현세에서의 구원, 즉 복지국가의 완성이라는 목표를 달성하려는 것처럼 행동한다.

09 Henri F. Ellenberger: 1905~1993, 캐나다의 정신과 의사, 의학사가, 범죄학자이며 때로는 정신의학의 역사학의 창시자로도 여긴다. 1970년에 출판한 역동정신의학사의 백과전서적인 연구서 『무의식의 발견 The discovery of the unconscious: the history and evolution of dynamic psychiatry』으로 유명하다.

10 non-places: 전통적인 장소의 요건인 관계성·역사성·정체성을 갖지 못하는, 다시 말해 사회적 맥락이 끊긴 곳을 의미한다. 마르크 오제Marc Auge가 슈퍼모더니티라고 규정한 현대사회의 특징을 기술하면서 인류학의 전통적인 연구대상, 즉 '인류학적 장소'와 대비되는 장소를 특징짓기 위해 고안한 개념이다.

11 Sheldon S. Wolin: 1922~2015, 미국의 대표적 정치사상가, 프린스턴 대학 명예교수이자 저널 『민주주의Democracy』의 초대 편집인이다. 저서로 『정치와 비전: 서구 정치사상에서의 지속과 혁신』, 『이것을 민주주의라고 말할 수 있을까?: 관리되는 민주주의와

전도된 전체주의의 유령』 등이 있다.

12 Hussites: 종교개혁의 선구자로 손꼽히는 체코 출신의 로마 가톨릭 사제 얀 후스의 가
   르침을 따르던 기독교 교파. 교양학·신학 교수였던 후스(1372~1415)는 설교와 강연,
   저술활동을 통해 로마 가톨릭의 부패와 타락을 비판하며 초대 교회의 순수한 열정으
   로 돌아갈 것과 청렴하고 순수한 교회, 재물과 부패를 멀리하는 교회를 만들어야 한다
   고 주장했다. 또한 성만찬에서 평신도도 포도주를 마실 수 있도록 하고 성경의 절대적
   권위를 강조하며 성서를 체코어로 번역해서 보급했으며, 교권주의를 철저히 반대했다.
   그리고 농민 계몽에 힘쓰면서 면죄부 판매와 성직매매에 반대했고, 교회의 신뢰성 회
   복을 외치며 강력한 개혁을 시도했던 존 위클리프의 저서와 성경을 체코어로 번역했
   다. 그러나 교황 요한 23세가 파문한 후에도 신념을 굽히지 않았기에 콘스탄츠 공의회
   에 참석했다가 체코 정부에 체포되어 끔찍한 고문을 받고 화형당했다. 이 사건은 후스
   파 전쟁Hussite Wars으로 이어졌고 16세기 신교 개혁자들의 사상의 전조가 되었다.

13 stone that causes to stumble: '걸려 넘어지게 하는 바위'나 '거치는 바위'도 같은 의미다.
   사도 베드로는 인류를 구원하기 위해 오신 예수 그리스도와 그분의 복음이 그것을 불
   신하는 이방인들에게는 오히려 구원을 얻는 데 장애가 된다(베드로전서 2:8)고 피력했
   다. 사도 바울 역시 예수 그리스도와 그분의 말씀을 배척하는 이스라엘 백성에게는 그
   리스도가 도리어 구원을 얻는 데 장애물(걸림돌)과 같이 되었다고 가르치고 있다(로마
   서 9:32~33).

14 politeia: 아리스토텔레스는 『정치학』에서 "정체를 구분하면 세 가지의 올바른 형태, 즉
   왕정, 귀족정체, 혼합정체와 이들의 변형인 왕정이 왜곡된 참주정체, 귀족정체가 왜곡
   된 과두정체, 혼합정체가 왜곡된 민주정체"가 있다고 말했다. 그리고 이 중에서 "'현실
   적으로 가능한 이상적인 정치체제'는 귀족정과 민주정의 혼합정체다"라고 주장했다.
   또한 그리스의 역사가 폴리비우스(기원전 200~118)는 『역사』에서 로마가 지중해 세
   계를 통합할 수 있었던 원인을 아리스토텔레스가 말한 혼합정이 구현되었기 때문이라
   고 설명했다. 로마는 콘술consol이라는 두 명의 집정관을 두었고, 엘리트들로 구성된
   원로원senatus이 집정관과 부하 관리들에 대한 감독권 및 청문권을 가지고 있었다. 또
   한 시민 전체가 회의하는 민회comitia는 호민관을 뽑아서 원로원이 심의한 법안에 대
   해 거부권을 행사할 수 있었으며 원로원이 추천한 최고 통치권자에 대한 의결권이 있
   었다. 특히 콘술은 오직 원로원에서 심의되고 민회에서 결의된 법으로만 통치권을 행
   사할 수 있었다. 이 세 요소가 절묘하게 조화를 이루었기에 견제와 균형 속에서 정체의
   악순환이라는 불안정한 역사의 비극을 방지할 수 있었다고 한다.

15 Conclave: 가톨릭에서 새로운 교황을 뽑기 위한 절차. 원래 라틴어의 cum(함께)과
   clavis(열쇠)의 합성어로서 열쇠로 잠근다는 뜻이며 추기경들이 외부의 간섭 없이 비밀
   투표장인 성당을 걸어 잠그고 선거하던 장소를 가리킨다. 선거기간이 3년 가까이 연장
   되자 지혜롭고 신속한 결정을 위해 추기경들을 한곳에 감금하고 빵과 물만을 공급했던
   비테르보시의 선거에서 유래한다. 만장일치로 교황이 선출되면 투표용지만 태워 흰 연
   기를 피우고, 반대의 경우는 투표용지에 화공약품을 섞어 태워서 검은 연기를 피운다.
   교황 서거 후 15일(필요에 따라 사흘은 연장 가능) 안에 열며, 현재의 콘클라베는 바티

칸 내의 시스티나 성당이다. 3분의 2의 다수결이 나올 때까지 계속해서 오전, 오후 두 차례 비밀투표를 실시한다. 외부접촉 및 촬영과 녹음은 일체 금지되며 일체의 선거 관련 기록은 교황청 고문서실에 보관된다. 교황 베네딕토 16세의 선거부터 흰 연기와 함께 성베드로 대성당의 타종도 겸한다.

16 troisième instance: 파르헤지아스트Parrhesiast, 즉 두려움 없이 진리를 말하는 지식인을 일컫는다. 푸코는 죽기 직전 한 잡지와의 대담에서 이렇게 이야기했다. "지식인의 역할은 다른 이들에게 무엇을 해야 하는지 말해주는 것에 있지 않습니다. 그들이 무슨 권리로 그렇게 할 수 있겠습니까? (중략) 지식인의 역할은 다른 이들의 정치적 의지를 만들어내는 데 있지 않습니다. 지식인의 역할은 자기 자신의 영역에서 분석을 수행하면서, 자명해 보이는 원리들에 대해 새롭게 질문하고, 행위와 사고의 방식 및 습성을 흔들어 놓으며, 상투적인 믿음을 일소하고, 규칙과 제도들을 새롭게 파악하는 데 있습니다."

17 Maurice Merleau-Ponty: 1908~1961, 프랑스-유럽 현대철학의 주축을 이루는 현상학과 실존주의에 큰 영향을 끼친 프랑스 철학자. 저서로는 『간접적인 언어와 침묵의 목소리』, 『지각의 현상학』, 『의미와 무의미』, 『휴머니즘과 폭력』, 『보이는 것과 보이지 않는 것』, 『눈과 마음』 등이 있다.

18 state of nature: 사회나 국가가 성립하기 이전의 인간의 자연 그대로, 본성 그대로의 생존상태를 말한다. 홉스는 '만인 대 만인의 투쟁상태'로, 로크는 평화적 자연사회로, 루소는 상호적인 고립으로 보았다.

19 Tyrannides: 영어는 tyrant. 고대 그리스에서 왕정과 귀족정을 거쳐 민주정으로 넘어가는 사이에 등장한 참주는 원래 폭군, 독재자의 의미를 갖고 있다. 그러나 집정관 솔론의 개혁에 불만을 품은 금광 졸부 페이시스트라토스가 쿠데타로 이룩한 아테네의 참주정은 민주적이고 합법적인 성향을 띠었으며 귀족과 대립하는 평민층을 보호함으로써 세력안정을 꾀했다. 이후 참주정은 스파르타와 알크마이온 가문에 의해 붕괴되었으며 아테네는 민주정의 길을 걷게 되었다.

20 壯士: 1880년대 자유민권운동에서 활약한 직업적인 정치활동가를 말한다. 중국의 고전 『전국책戰国策』, 『사기史記』에 등장하는 장사가 어원이다. 자유민권운동에 대한 탄압과 자유당과 입헌개진당立憲改進党의 반목이 심각했던 1883년부터 활발히 활동했고 자유민권파의 통일과 운동의 재건을 꾀하는 대동단결운동 및 조약개정 교섭의 실태 폭로를 계기로 토지세의 경감, 언론집회의 자유, 외교 실책의 만회를 요구하며 원로원에 건백서建白書(청원서)를 제출했던 1890년이 극성기였다.

21 William Burroughs: 1914~1997, 1950년대 중반 잃어버린 세대lost generation에 이어서 샌프란시스코와 뉴욕을 중심으로 대두된 패배의 세대beat generation의 대표주자. 앨런 긴즈버그, 잭 케루악, 루시엔 카와 함께 스토킹, 동성애와 살인사건을 그린 〈킬 유어 달링Kill Your Darling〉이라는 영화의 실존인물이기도 하다. 저서로 『정키: 회복되지 못한 마약 중독자의 고백』, 『퀴어』, 『벌거벗은 점심』 등이 있다.

끝나지 않는다고 그는 말했다

(인터뷰 문책文責: 다구치 히로유키田口寬之)

그는 웃었다. 모 드라마에서 가세 다이슈加勢大周가 "웃는 얼굴은 사람이 언어로 말하기 훨씬 이전에 사냥감을 위협했던 표정에서 기원한다"라고 했던 말이 기억났다. 사사로운 얘기를 해서 죄송하지만 아마도 고등학생이던 1990년대 중반에 방영된 텔레비전 드라마였을 것이다. 그 시절 필자는 『스튜디오 보이스*STUDIO VOICE*』[01]가 전하는 작가들의 최신 인터뷰 기사에 가슴 설레곤 했다.

사회학적 경향으로서 일본의 담론 공간에 사적인 경험을 근거로 한 '자기 이야기'가 발호하기 시작한 것도 같은 무렵이었기 때문이리라. 그 유행은 2000년대가 저물어가는 지금도 여전히 식을 줄을 모른다. "그렇게 내버려둘 수는 없어."

들려온 목소리는 플로우[02]하고, 라임[03]하는 듯했다. 작년 말

01 인기 월간지 『유행통신』 같은 패션잡지로 유명한 인파스 퍼블리케이션스Infas Publications가 발행하는 일본 서브컬처를 대표하는 독특한 잡지. 매달 하나의 주제에 포커스를 맞춰서 심층 분석한다. 총 120여 페이지의 3분의 2를 사진, 디자인, 패션 관련 기사로 채우는데 이 특집 기사에는 '멀티 정보매체 믹스 매거진'이라는 부제가 붙어 있다.

600쪽이 넘는 충격의 대작 『야전과 영원—푸코, 라캉, 르장드르』를 출판한, 지금 웃고 있는 그 사람의 음성이다. 라임스타 Rhymester의 우타마루 씨가 블로그에서 "비보이B-Boy의 자세를 견지하는 현대사상가"라고 했던 바로 그 사사키 아타루.

"우타마루 씨야 물론 장난으로 하신 말씀이겠지만 솔직히 기뻤습니다. 분명 힙합을 좋아하고 간혹 현장에 관해 증언하기도 합니다. 그러나 힙합은 그 자체가 진정한 언어를 가진 문화이므로 외부에서 사상의 언어를 이용해서 비평하는 상스러운 짓은 절대 하지 않습니다. 푸코는 환경을 조성해서 관리하려고 해도 반드시 실패한다는 의미심장한 말을 했습니다. 실제로 힙합이 탄생한 장소는 당국이 관리하는 철저히 인공적으로 조성된 환경이었습니다. 유색 인종들이 가난에 찌들어 살도록, 그러나 마약에 빠져 서로 싸우는 자유만은 주어진 듯이 통제된 환경. 그러나 거기에서 무엇이 탄생했습니까? 놀랍도록 혁신적인 세계문화global culture, 힙합이 탄생했습니다. 아무리 관리된 환경에서도 난생처음 듣는, 권력을 전복시키는 목소리들은 반드시 들려옵니다. 그편에 서기로 했죠, 더 재미있으니까."

권력, 국가, 죽음, 타인—『야전과 영원—푸코, 라캉, 르장드르』는 부제로 열거한 세 사람을 비롯한 다양한 사상가들의 논의를 통해 근대적인 개념들을 검토한다. 그런데 처음부터 끝까지 '현

02 flow: 래퍼가 목소리와 발음, 랩의 속도 등을 통해 독특한 분위기와 흐름을 만들어내는 것.
03 rhyme: 가사 구절에서 단어들의 발음 등을 비슷하게 맞춰 운율감을 살리는 기술.

대사상 연구의 전문서'에는 전무한 내용이어서 솔직히 무서웠다. 웃음과 위협이 분화되지 않은 시대의 인간을 야만이라고 한다면 이 책에 담긴 말은 야만성을 간직한 채 논리의 안내역으로 기능해서 거의 시 같았다. 이런 매력적인 말로 하면 나 같은 사람은 금방 회유당하고 만다. 그래서 안절부절못하다가 고지식하게도 본인에게 확인했다. 정말로 사사키는 그편에 서 있는가?

"서 있다고 믿습니다. 그러나 제가 틀렸는지 맞았는지 누가 알겠어요. 들뢰즈의 말마따나 해보기 전에는 모릅니다. 이것은 도박입니다. 행여 변변찮은 편에 서 있을지라도 알 턱이 없습니다. 창작하는 사람 편에 서서 글을 쓰는 것은 알몸으로 지뢰밭을 내달리는 격입니다. 제 생각이 틀려서 다음 순간 목숨이 날아갈지도 모릅니다. 적에게 감쪽같이 이용당하고 있을 수도 있습니다. 하지만 한 발자국도 움직이지 않고 제자리에 서 있는 것보다는 낫습니다."

역시 그의 매력은 망설임 없는 말에서 나오는 것이 아니다. 망설임과 그 망설임을 억누르는 긴장이 담긴 시적인 한마디 한마디가 전율을 느끼게 한다. 그런 사사키의 처녀작을 기꺼이 맞이한 것은 호사카 가즈시[04], 가와카미 미에코[05] 같은 소설가를 비

---

04 保坂和志: 1956~, 소설가. 저서로 『계절의 기억』, 『글쓰기에 지친 이들을 위한 창작 교실』, 『춤추는 고양이 차짱』 등이 있다.
05 川上未栄子: 1976~, 서점 직원, 치과의사 조수, 호스티스와 무명가수 출신이라는 독특한 이력을 가진 소설가이자 시인 겸 배우. 저서로 『와타쿠시리츠 인 치아 또는 세계』, 『젖과 알』, 『헤븐』, 『인생이 알려준 것들』 등이 있다.

롯해서 사진가, 시인 등 구체적으로 창작을 하고 있는 사람들이었다고 한다.

"'옛날에는 가능했던 일이 이제 더는 불가능하다. 그러니 안타깝지만 포기하고 이렇게 시작할 수밖에 없다.' 그런 말을 들으면 왠지 안심이 되지요. 그러나 그런 안심일랑 필요 없습니다. 설사 졌더라도 그때마다 오뚝이처럼 일어나서 다시 도박하면 됩니다. 현상을 분석하며 우쭐해서 싱글벙글하고 있을 형편이 아닙니다. 그런 분석이 대체 무슨 도움이 됩니까?"

철학도, 음악도, 잡지도 그러하리라. 예전에 비해 제약이 많아서 힘들다는 장르는 지금도 무수히 많다. 그러나 사사키의 암시는 당연한 사실을 일깨워준다. 작가와 스튜디오, 즉 창조력을 잃어버린 시대는 이제껏 단 한 번도 없었다.

"어차피 틀렸어, 시대가 이러니 포기해라? 그것이 사상입니까? 콧잔등에 땀방울이 송골송골 맺힐 만큼 열변을 토하며 한다는 소리가 고작 그겁니까? 그렇게 깨어 있는 사람인 척하며 폼 잡고 있으면 답니까? 꼴사납다고 해도 계속 발버둥 치는 편을 택합시다. 그럴 수밖에 없습니다. 아무것도 끝나지 않으므로. 많은 스튜디오에서, 많은 목소리가 계속해서 울려 퍼집니다. 지금까지도, 지금도 그리고 앞으로도. 당연한 일입니다."

『스튜디오 보이스』 vol. 405, 2009년 9월호, 인파스 퍼블리케이션스

'ONCE AGAIN'이 혁명이다

(대담자: 우타마루와 사사키 아타루, 사회자: 사사키 아쓰시)

사사키/ 죄송합니다. 물 한 잔만 주시겠습니까. 병이 나은 지 얼마 안 돼서.

우타마루/ 감기 걸리셨어요?

사회자/ 노로 바이러스인가요?

사사키/ 바이러스성 위장염입니다. 나흘 가량 39도가 넘는 고열에 시달렸어요.

우타마루/ 아니 어쩌다가요.

사사키/ 병보다 더 무서웠던 것은 래퍼인 치하루千春 씨의 팬 중에…… 짓궂은 분이 계시거든요. (웃음) 클럽 마니아인 그 간호사께서 연락하셔서는 열이 내리지 않으면 고자가 된다면서 멋쩍게 웃으시더라고요. 남성은 여러 날 39도 이상의 고열에 시달리면 고환염이 생겨서 정자의 생산능력이 사라질 가능성이 있다며 호되게 겁을 주더니만 병 주고 약 주는 건지 고소해하는 말투로 "아타루 씨야 왕성하시잖아요. 그렇죠!"라고 해서 얼마나 식겁했는지 몰라요. (웃음) ……근데 왜 뜬금없이 이런 멍청한 이야기를 하고 있는 거지. (웃음)

우타마루/ 이젠 괜찮으세요?

사사키/ 네, 일단은 한시름 놓았습니다.

사회자/ 꽤 오래 앓으셨나 봐요?

사사키/ 차도가 있어서 고열도 한결 덜 나고 기분도 개운해요. 말이 나온 김에 우타마루 씨가 용종으로 입원하셨을 때 겪은 체험도 말씀해보세요.

우타마루/ 난생처음 입원했어요. 제 경우에는 간단한 수술이었지만. 입원보다는 전신마취 체험이 더 즐거웠어요.

사사키/ 하긴 그래요.

우타마루/ 아주 짧은 시간인데.

사회자/ 무슨 일을 당하는지 아예 모르다가 깨어났을 때에는 다 끝난 느낌이랄까?

우타마루/ 아무렴요. 그런데 다만 예상과는 달리 정신이 말똥말똥하다가 부지불식간에 곯아떨어집니다.

사사키/ 소세키가 겪은 '슈젠지의 중병'01 상태처럼 의식을 잃은 것조차 못 느낍니다. 깨어 있는 상태로 순간이동을 한다네요.

우타마루/ 전혀 졸리지 않아, 마취가 듣지 않나…… 하고 생각하다 보면 이내 일어나라는 소리가 들립니다.

사회자/ 시간감각이 없다고 할까?

우타마루/ 이렇게 멀쩡한데 수술했으면 절대 가만 안 둬……, 아아

---

01 修善寺の大患: 1910년 여름, 위궤양으로 입원했던 나쓰메 소세키夏目漱石가 요양을 위해 유명한 온천지역인 이즈伊豆에 위치한 슈젠지修善寺의 기쿠야 여관菊屋旅館에 머물렀으나 병이 악화되어 800그램의 피를 토하고 의식을 잃은 사건. 겨우 생사의 기로에서 목숨을 건졌지만 이 일은 이후 소세키의 인생관과 작품에 크게 영향을 주었다고 한다.

아 앗 하는 느낌이에요. 인공호흡 상태에서 깨어나기 때문에 순간적으로 자기가 숨을 못 쉰다고 믿는대요. 가벼운 패닉상태에 빠져서 답답하니 숨을 들이쉬려고 하지만 손이 올라가질 않아 이상한 생각이 들어서 몸이 덜덜 떨리면 달려들어 제압합니다. 그러면 '너희들 큰 코 다칠 줄 알아, 다시 잠들게 했다간 각오해!'라고 속으로 잔뜩 벼른답니다.

사사키/ 다리를 수술했을 때는 저도 그랬어요. 전신마취용 마스크를 씌우고 마취가 되었는지 묻는데 정신이 말짱한 거예요. 담배를 피우거나 술을 마셔서 효과가 없는 건가? 하고 의아해하면서 '아무렇지도 않⋯⋯'라고 하려는 찰나에 곧바로 정신을 차린 듯했어요. 제일 좋아하는 귀여운 간호사가 얼굴을 바짝 갖다 대고 제 뺨을 톡톡 두드리며 "사사키 씨, 사사키 씨"라고 부르기에 죽어서 천국에 왔나 했다니까요. 농담입니다. (웃음) 자, 축배를 듭시다!

우타마루/ 수술 후 한동안 마시지도 먹지도 못하잖아요. 목에 삽관을 해서 무지 거추장스럽기 때문에 저는 벌컥벌컥 마시고 싶은데 안 된다고 하더라고요. 멀쩡한 사람 잡아두는 듯해서 어찌나 조바심이 나던지. 그때는 입 때문에 입원하신 게 아닌가요? 하긴 전신마취를 했다면 호흡이⋯⋯.

사사키/ 입이나 목이라면 괴롭지요⋯⋯. 제 경우는 아주 악덕회사의 택시에 치어서 허리가 골절되고 뒤꿈치에는 금 가고, 손바닥의 손목 부분까지 찔렸어요. 완치될 때까지 석 달이나 걸렸습니다. 다행히 그 덕에 담배를 끊긴 했지만요. (웃음)

우타마루/ 고생 많으셨겠네요. 상당한 돈이 생겼지 않나요? 언제였지요?

사사키/ 서른한 살 때입니다. 로드레이서라는 경기용 자전거를 취미로 탔는데 외과의사가 헬멧을 쓰지 않았다면 즉사했다고 하더군요. 끝내주는 기삿거리겠다 싶었어요. (웃음) 병상에서 『존재와 시간』을, 특히 '죽음을 향해 가는 존재'를 차분히 읽은 뒤 『야전과 영원』을 썼어요. (웃음) 시로 씨(우타마루 씨의 본명은 사사키 시로佐々木士郎), 혹시 요즘 홍보 때문에 굉장히 바쁘신가요?

우타마루/ 잠시 안정을 취하고 왔으나 내일 하루만 아침부터 밤까지 〈라디오 트라이애슬론Radio Triathlon〉이라는 프로그램에 출연합니다.

사회자/ 앨범 《매니페스트Manifest》의 인기가 폭발적이죠. 축하드립니다.

사사키/ 그나저나 라임스타의 《매니페스트》 이야기를 다시 하려니 좀 망설여지네요. 듣고 싶긴 한데 홍보하면서 물리도록 말씀하셨을 테니. 제 말이 맞죠?

우타마루/ 피상적인 이야기는 자료에 쓰고, 나머지는 팟캐스트에서 자주 말하니까요. (웃음) 본전도 못 찾을 말을 뭐 하려 해요. 그래도 아타루 씨가 감상한 소감은 아주 구미가 당깁니다. 연말에 엑스포나이트ex-ponight의 토크쇼에서 만난 후에 『야전과 영원』을 다시 읽었습니다. 처음에 받자마자 읽었을 때도 재미있었지만 앨범을 완성하고 주의 깊게 다시 한번 읽어보니 한결 쉽게 이해가 갔습니다. 제가 평소에 했던 생각이어서 더더욱 깊이 공감했습니다. 외람되지만.

이러한 영향관계가……

사사키/ 웬걸요, 오히려 기쁩니다. 감사드립니다, 정말로……. 들뢰즈라는 철학자가 말했듯이 아무리 난해한 책도 마음이 통하면 별도의 정규 철학교육을 받지 않아도 불현듯 알지요. 프랑스 현대 사상가들은 대개 JB '제임스 브라운'[02]과 같은 또래입니다. 그리고 JB도 곰곰이 생각하면 엄청나게 전위적이고 강렬하며 난해한 곡을 만듭니다. 기성 음악의 개념으로는 좀 이해할 수 없는 발상이지요. 문득 이런 터무니없는 음악에 맞춰서 신나게 춤을 추다니 참으로 별종이다 싶겠지만 괜한 편견입니다. 철학자도 마찬가지가 아닌가 싶습니다.

우타마루/ 난해하게 느끼고 못 느끼고는 사람 나름입니다.

사사키/ 읽자마자 단박에 깨닫지 못해도 어느 순간 불시에 귀가 열리면서 깨달으면 조금도 난해하지 않습니다. 일단 그 순간만 넘기면 난해하다고 생각되던 부분이 언제 그랬냐는 듯 말끔히 사라집니다. 그것이 펑크음악이고, 미흡하나마 저도 그런 식으로 글을 쓰려고 노력했습니다. 약간은 그 덕을 보았는지 이해하는 사람은 스르륵 읽습니다. 실제로 사상이나 비평과 전혀 무관한 사람이 술술 읽고 재미있어합니다. 시로 씨의 경우는 또 다

---

02 James Joseph Brown Jr.: 1933~2006, 미국의 소울 가수. 소울과 펑크의 대중화에 기여해 소울의 대부라 부른다. 대표곡으로 〈Papa's Got A Brand New Bag〉, 〈I Got You I Feel Good〉, 〈It's A Man's Man's Man's World〉 등이 있다.

른 명백한 이유가 있어요. 즉 원래 순서가 반대여서 이런(손가락으로 우타마루에서 아타루를 따라 가리키며) 영향관계가 있기 때문입니다. 알면 당연합니다. 애초에 자신의 영향을 받은 사람이 쓴 책이니까요. (웃음)

우타마루/ 만났을 때부터 그렇게 말씀하셨어요. 처음에는 이 사람 대체 무슨 말을 하는 거지? 나는 이렇게 어려운 책을 쓴다는 말을 한 기억이 없는데 하며 어리둥절했어요. 그런데 오롯이 제 얘기라 여기고 재차 읽었더니 한결 쉽게 이해가 갔습니다. 이 책을 전문가가 아닌 분들이 이해하기 쉽다고 하셨던 이유도 그래서일 테고. 아마도 한창 앨범을 제작하던 무렵에 책을 받았을 거예요. 그럼에도 처음 읽었을 때보다 절실하게 와 닿았습니다. 특히 경박한 사람들이 숱하게 판치는 작금의 세태에 관한 이야기는 제 취향에 꼭 맞았습니다. 무슨 일이 생기면 마치 시대의 전환점인 양 말하는데 그럴 리가 없죠. 우선 어째서 그때까지 있었던 여러 가지 일을 없던 일처럼 잘난 체하며 이제껏 이룩한 것을 부정하는지 잘 모르겠다고 합니다. 그런 근본적인 생각이 정직했습니다. 아직 그것은 '마지막 절'은 아니지만 도박이라고 합니다. 앞날은 모르지만 매번 도박을 노래합니다. 아마 대단한 정론일 거예요. 일전의 좌담 때에도 이 사람은 결국 여느 때처럼 진지한 말을 했거든요.

사사키/ 니체는 "진리의 옹호자가 가장 드문 것은 진리를 말하는 것이 위험할 때가 아니라 진리가 지루할 때다"라는 명언을 남겼습니다. 반대로 말하면 지루하고, 당연한 말일지라도 옳은 얘기라면 미사여구든 라임이든 총동원해서 재미있게 들려줘야 한다는 게 저의 소박한 생각입니다. 가장 중요한 것은 실은 당연해서 시시할지도 모릅니다.

우타마루/ 당연하고 시시한 것을 지루하지 않게 말하기 위해 다들 갖은 고생을 합니다. 기본적으로는 그렇습니다. 더욱이 진지한 결론에 도달하기까지 불쾌하리만치 일일이 퇴로를 차단해나갑니다. 정확히 조사해보면 사상가가 말한 적도 없고, 근거가 무엇인지 전혀 모를 소리지요. 그런 것을 모질게 철저히 추궁하는 방법이 아주 정당한 전쟁의 수순을 밟고 있다고 생각합니다. 싸움을 거는 올바른 방법입니다. 주제넘은 소리 같지만 막상 뭔가를 하나 직접 만들어보니 그때의 기분과 일치해서 더욱 제 얘기로서 읽을 수 있었습니다.

사사키/ 정말 기쁩니다.

우타마루/ 첫인상은 웬 술 취한 사람이 난데없이 두툼한 책을 들고 나타나서 영 꽝이었어요. (웃음)

사회자/ 그때 처음 만난 거죠? (웃음)

사사키/ 그전에도 만났지만 헤어스타일이나 체형이 지독하게 변했거든요. 그냥 일하다가 놀러 온 것이라서. 왜 그런 사람 있잖아요. 클럽에서 어중된 단골손님처럼 남의 들러리 노릇이나 하는. 어떤 상황에서나 마찬가지지만 그런 꼴이 되기는 죽어도 싫었습니다. 혼자 제대로 뭔가 해보려고 음악활동을 딱 끊고 아날로그 레코드도 장비도 통째로 죄다 팔아치우고 책을 샀어요. 그전에는 레게 머리나 아프로 머리03, 혹은 트위스트 파마를 했는데 갑자기 머리를 짧게 깎고 나타나니까 옛날 친구도 못 알아보더라고요. (웃음) 얼굴 생김새까지 바뀌었나?

마일스가 구식이라니 무슨 소리?

사회자/ 그동안 『야전과 영원』을 쓰셨다고요?

우타마루/ 애초에 구상하셨나요? 이 논문을 책으로 내겠다고 결심한 이유는 무엇입니까? 그 사고가 계기인가요?

사사키/ 잘못된 생각을 바로잡고 싶었습니다. '우리가 프랑스 현대사상이라고 불러온 무언가'에 속하는 인물들은 입도 뻥긋 한 적이 없는 말을 실제로 했다고 여깁니다. 원전을 근거로 살펴보면 틀림없는 낭설입니다. 반복하면 푸코나 들뢰즈, 르장드르나 데리다, 마일스 데이비스[04]나 JB도 대개 동시대 사람입니다. 아울러 안토니오 카를로스 조빔[05]이나 B. B. 킹[06], 오넷 콜맨[07], 존 콜트레인[08], 샘 쿡[09], 모타운Motown의 설립자 베리 고디 주니어

---

03 Afro hair: 큰 헬멧을 쓴 것 같은 곱슬머리의 펑크스타일.

04 Miles Dewey Davis: 1926~1991, 퓨전재즈의 길을 연 미국의 재즈트럼펫 연주자, 작곡가. 주요 앨범으로 《So What》, 《Milestones》, 《All Blues》, 《Bitches Brew》 등이 있다.

05 Antonio Carlos Jobim: 1927~1994, 브라질의 작곡가이자 연주자로 삼바와 재즈를 접목한 보사노바의 선구자. 히트곡으로는 브라질을 상징하는 보사노바 음악이자 리우 올림픽 개회식에서 지젤 번천이 등장할 때 나온 〈Girl from Ipanema〉 외에 〈Chega de Saudade〉, 〈Insensatez〉, 〈Wave〉, 〈Red Blouse〉 등이 있다.

06 B. B. King: 1925~2015, 미국의 블루스 가수 겸 기타리스트. 대표적인 앨범은 《Live At The Regal》, 《Riding With The King》 등이 있다.

07 Ornette Coleman: 1930~, 프리재즈의 시조로 불리는 미국의 재즈색소폰 연주자, 바이올리니스트, 작곡가. 대표적인 앨범은 《The Shape of Jazz to Come》, 《Something Else》, 《Song X》 등이 있다.

도 실은 대개 같은 세대입니다. 동갑인 들뢰즈와 버드 파웰[10]은 1924년생, 푸코와 마일스는 1926년생이고, JB는 고다르와 클린트 이스트우드와 르장드르와 데리다보다 세 살 아래이니 좀 놀랍죠? 그런 식으로 보면 뉴아카데미즘[11]인지 뭔지 모르겠지만 멋대로 딱지를 붙여서 프랑스 현대사상은 끝났다느니, 그립다느니, 진부하다느니 하는 사람들의 생각을 가늠할 수가 없습니다. 차라리 음악의 세계가 건전해요. 이제 와서 새삼스럽게 마일스나 JB가 진부하다니 대체 무슨 망발인지 모르겠어요.

새파랗게 어린 애들도 기쿠치 나루요시[12] 씨 등의 노력을 통해서 위대한 마일스를 접할 테고, 그 주변에서 얼쩡거리는 비보이들도 JB가 진부하다고 하면 의미가 애매모호하다고 할 겁니다. 음악이라면 보통 그 당시 사람들을 존경하며 심취해서 듣고 재평가하여 자신의 뼈와 살로 만든 뒤 창조로 연결시킵니다. 그러나 진지하게 논하는 사람도 물론 있지만 무슨 영문인지 철학

---

08 John William Coltrane: 1926~1967, 미국의 재즈 테너색소폰 연주자이자 작곡가. 대표적인 앨범으로《Crescent》,《A Love Supreme》,《Expressions》등이 있다.

09 Sam Cooke: 1931~1964, 미국의 가스펠·소울 가수로 소울음악을 개척한 인물. 히트곡은 〈A change is gonna come〉, 〈You Send Me〉, 〈Chain Gang〉 등이 있다.

10 Bud Powell: 1924~1966. 빠르고 거침없는 즉흥연주로 유명한 미국의 재즈피아니스트 겸 작곡가. 대표적인 앨범으로《The Amazing Bud Powell Vol. 1. 2)가 있다.

11 new academism: 1980년대 초 일본에서 발흥한 새로운 사상의 조류. 1983년에 간행된 사상가 아사다 아키라浅田彰의 『구조와 힘』과 사상가 나카자와 신이치中沢新一가 간행한 『티베트의 모차르트』가 함께 화제가 되자 매스컴이 이들의 학문적 접근을 뉴아카데미즘이라고 명명했다.

12 菊池成孔: 1963~, 일본의 재즈 뮤지션, 문필가, 작곡가. 주요 작품으로《루팡 3세 사운드트랙》,《기동전사 건담 썬더볼트》등이 있다.

과 사상의 세계에서는 프랑스 현대사상은 진부하다는 이야기가 활개를 칩니다. 존경심이 결여된 탓에 이런 해괴한 이야기를 하는 것입니다. 그렇지 않으면 자신이 믿는 사상이나 비평이 유행만 좇아서 천박해집니다. 단호하게 말해서 그것 역시 정상은 아닙니다. 애초에 이런 사정이 있었던 것입니다.

다음으로 연결하기 위해

우타마루/ 그렇군요. 재미있네요.

사사키/ 따라서 음악을 사랑하는 사람들처럼 제대로 하자는 것뿐입니다. 음악을 사랑하는 사람들이 음악을 귀동냥하듯이 프랑스 현대사상을 찬찬히 읽으면 해괴한 이야기나 떠드는 자들이 하는 말은 완전히 틀렸다는 걸 금방 알 수 있거든요. 가령 음악을 좋아하는 사람이면 누구나 이해하는 간단한 예를 들겠습니다. 《Living In America》의 판매량이 JB의 진면목이라고는 할 수 없지요. 웬걸, 잘 들으면 그의 진가는 다른 데 있어요. 당연한 말 아닌가요? 그런 생각을 미흡하나마 철학이나 사상으로 말했을 뿐입니다.

우타마루/ 《Living In America》가 연구할 가치가 없다고는 말하지 않겠지만, 굉장히 쉽습니다.

사사키/ 베스트 음반의 첫 번째 수록곡이라는 평계를 대면서 《Please Please Please》의 JB가 최고라고 말하는데 잠깐만요. (웃음) 마일스 데이비스도 첫 ing 4부작(마라톤 4부작 시리즈로 유명한 Cookin', Relaxin', Steamin', Workin') 때 들려준 그윽하면서도 대단히 긴장감 있는 그 하드팝hard-pop 시대의 작품만 듣고 멋지다고 하는 것도 물론 압니다. 훌륭한 걸작이지요. 그러나 뭐라고 형용하면 좋을라나, 《On The Corner》의 '모조리 중독되어 발광하는 재즈 펑크'랄까, 누가 불고, 누가 치는지 종잡을 수가 없는 그 마일스가 사라졌습니다. 그게 뭐 어떠냐는 말입니다.

우타마루/ 하기야 일본의 음악평론계에서도 온통 《Please Please Please》적인 JB만 말하던 시대가 있었죠. 힙합 이전에는.

사사키/ 정말로 그런 일이 다시금 재검토되고 재평가되어야 마땅하다고 생각합니다.

사회자/ 들뢰즈의 경우도 찬찬히 연구해서 진면목을 발견해야 한다는 말씀이군요.

사사키/ 하면 이렇게 됩니다. 실로 힙합을 비롯한 음악은 지금 열거한 같은 세대 뮤지션의 유산을 집요하게 듣고 다른 가능성을 발견해서 다음으로 연결시킵니다. 그와 마찬가지로 하면 당연히 엇비슷하게나마 다음의 미래상이 보이지 않겠느냐는 것입니다. 평범한 이야기죠? (웃음)

우타마루/ 창작과정에서는 지극히 정통적인 이야기입니다. 힙합은 근본적으로 완전한 무에서 무언가를 창조한 것은 아닙니다. 오히려 그 반대여서 지금까지 여러분이 해온 것의 구조를 더 잘 보이게끔 첨예화했을 뿐입니다. 특별히 그것 자체는 다들 앞서 해온 일이지만. 그래서 자유로이 조합시킬 수 있는 본연의 힙합 같은 것도 책에 등장하지요. 그렇게 생각하고 읽었습니다. 지금 말씀하신 전망이 설 때 그렇게 힙합에 깊이 탐닉했던 것이 프랑스 사상연구에서도 도움이 되셨습니까? 요컨대 다른 사람들이 하는 눈속임을 하지 않으셔서.

사사키/ 프랑스 현대사상보다 흑인음악을 훨씬 먼저 접했고, 빠져 있던 세월도 기니까요. 힙합을 비롯해서 브라질 음악도 무척 좋아하므로 진정한 광의의 흑인음악을 먼저 접했습니다. 그리고 면전에 대고 말하려니 쑥스럽지만 바로 이분이 계셨기 때문입니다. 입에 발린 말이나 거짓말이 아니어서 도리어 싫으시죠? (쓴웃음)

우타마루/ ……고마운 말씀입니다.

라임스타 《매니페스트》에 관하여

사사키/ 자, 그럼 다시 《매니페스트》 이야기로 돌아갈까요. (웃음) 이 앨범은 라임스타의 경력상 굴지의 앨범으로서 최고 걸작 중 하나라고 생각합니다. 완성도는 뭐랄까. 일전에 오랜 세월 라임스타 팬인 친구들 몇 명과 어울려서 술을 마셨습니다. 술자리에서 각자 좋아하는 곡을 대면서 "다들 들었어? 들었지? 끝내주지?"라며 소감을 물었는데 전부 제각각이더군요. 싱글 컷single cut 의 곡과 〈K.U.F.U〉라는 곡은 빠지면 섭섭하고 〈라이카라이카ㅋ 이ㅋ라이ㅋ〉는 대박이지요. 아무튼 〈Under the Moon〉에 〈시부야 표류기渋谷漂流記〉, 〈미스터 미스틱〉까지. 결국 전곡의 제목이 다 나왔다니까요. 버릴 곡이 없어요. 하나같이 30대에 접어든 못난 놈들이 거나하게 취해서는 서로 라임스타의 곡 이름을 대고 아냐면서 눈물짓는 민망한 광경이 펼쳐졌답니다. (웃음) 그리고 오늘은 친구들이 개별적으로 시로 씨께 물어봐달라고 부탁한 질문 목록을 가져왔습니다.

우타마루/ 거시적인 얘기를 하다가 뜬금없이 미시적인 얘기를 꺼내다니 기막힌 반전이군요. (웃음)

사사키/ 죄송합니다. (웃음) 그러나 정말로 걸작입니다. 개인적으로는 좋아하지 않는 앨범이 전혀 없어서 난처하지만 굳이 고른다면 지금까지 발표하신 앨범 중에서는 《그레이 존》을 제일 좋아합니다.

우타마루/ 감사드립니다. 라임스타 광팬의 의견이군요.

사사키/ 《그레이 존》의 팽팽한 긴장감이 무턱대고 좋아요. 앨범이 화려하기도 하고, 초기 작품인 〈나더러 말하라면俺に言わせりゃ〉이나 《EGOTOPIA》에 대한 참조와 회귀도 등장하지요. 게다가 그것이 새로운 것을 창출한다는 점에서도 대단히 중요하다고 생각합니다. 당연히 잭 D의 라임, "Once again, back is the incredible"(퍼블릭 에너미Public Enemy의 곡 〈Bring the noise〉의 한 소절. 이후 라킴Rakim의 〈Guess Who's Back〉 등으로 다른 래퍼들에 의해 샘플링되었다)처럼 인용한 숱한 소절들이 가득해서 일일이 설명하기는 시간적으로나 내용적으로나 좀 무리입니다. 이 자리에 DJ 다이시젠大自然 씨를 데려오는 것이 최선인 듯싶습니다. (웃음) 얼마 전 유스트림Ustream에서 이번 이 앨범의 발매와 동시에 라임을 주제로 한 DJ를 했지요.

우타마루/ 이번 앨범은 그리 다양한 힙합 용어가 들어 있지는 않지만 다이시젠 씨의 DJ가 좋았습니다. 힙합적인 말 혹은 음악적인 문맥을 읽고 즉석에서 DJ로 해체해서 풀이합니다.

사사키/ 그저 말없이 흐르는 음악만 듣고 젊은이들도 무슨 말을 하려는지 직감적으로 단박에 알아차립니다.

우타마루/ 연주가 강의가 되는 거지요. 여기에 담겨 있는 다양한 힙합 지능지수 같은 것을 파악합니다. 물론 다른 방법이 있겠지만 말은 쉬워도 막상 하려면 의외로 힘들어서 드뭅니다.

사사키/ DJ는 역시 지적인 작업이라는 사실을 새삼 절실히 깨달았습니다.

우타마루/ DJ라는 것은 단순히 BPM(Beats Per Minutes: 박자의 단위)을 맞춰서 기분 좋게 연결하는 이외에도 문맥을 부각시키거나 바꿔 읽을 수 있다고 합니다.

사사키/ 이 곡에서 이 곡으로 연결하면 BPM이 이상하지요. 하지만 어째서 이렇게 어색하게 연결하는지 아냐고 무언의 질문을 던지는 것이 디제잉DJing이라고 할 수 있습니다.

참고문헌을 공유하는 기쁨

우타마루/ 특히 힙합의 DJ는 그러한 문맥, 말에서 말로, 인용에서 원문으로 바꾸는 작업을 극히 일상적으로 합니다.

사사키/ 차곡차곡 쌓인 참고곡reference들을 슬며시 되새기며 즐길 수도 있지만 그런 것을 모르는 사람도 충분히 즐길 수 있다는 말이군요.

우타마루/ 더욱이 그것 자체가 또한 새로운 오락이 됩니다. 우리는 힙합을 사랑하니까 무심결에 얼마나 훌륭한지 말하지만.

사사키/ 참고곡, 즉 인용이나 준거, 곡의 근거로 말하자면 아카데미즘 세계에서도 저더러 괴짜라며 어처구니없어한 적이 있어요. 학술잡지에 기고해도 상당히 싫어합니다. 변태라고 하던걸요. (웃음) 각주의 양이 워낙 많아선지. 『야전과 영원』도 1,686개의 각주가 달려 있거든요.

우타마루/ 그것 자체가 읽을거리군요.

사사키/ 『현대사상』에 투고한 50쪽의 논문에서 다른 사람은 각주가 대체로 5개 정도였어요. 많아야 20~30개. 근데 저는 98개를 첨부했습니다.

사회자/ 게다가 하나같이 길다고 하더군요.

사사키/ 담당 편집자가 미묘한 뉘앙스의 메일을 보냈더라고요. (웃음) 봐달라는 투로. 그러나 저는 각주 다는 것을 무척 좋아해서 참고문헌, 준거, 인용을 빠짐없이 명시합니다.

우타마루/ 독자와 공유하는 전제가 있으면 없어도 되나요, 아니면 그냥 넣고 싶은 건가요?

사사키/ 이유는 두 가지입니다. 하나는 소통이라는 것을 신뢰하지 않기 때문입니다.

우타마루/ 각주를 잔뜩 넣는 사람은 그런 이유겠죠.

사사키/ 긴장감이 없는 당파 안에 있다면 허투루 의사소통해도 괜찮아요. 하지만 그렇지 않은 경우에는 논지를 성립시키려면 철저하게 참고문헌을 명시해야만 합니다. 최근에는 각주를 달지 않은 문장도 의뢰를 받아서 쓰긴 하는데 요청하면 곧바로 달 수 있도록 쓰며, 누구를 존경하고 영향을 받았는지 가능한

한 정확히 명시합니다. 사실 소통의 단절을 주제로 하는 사람은 어설픈 소통을 믿고, 승인받고 싶어합니다. 애초에 믿지 않는 사람은 철저히 할 수밖에 없습니다. 하지만 이것 역시 일반적인 일이지요. 참고문헌을 명시하는 또 다른 이유는 둘도 없는 기쁨입니다. 단적으로 유쾌합니다. 존경해서 발췌한 참고문헌을 명시하고 공유하는 것은 순수하게 즐거운 일이니까요. 공유하는 집단은 스스로 고립된 당파와는 딴판이지요. 가령 저는 각주에서 전부 말합니다. 숨기지 않습니다. 문장 속에서도 고유명사는 전부 밝히고 유래는 낱낱이 파헤칩니다. 카드는 전부 공개합니다. 그래야 모르는 힙합의 유래도 조사하면 알 수 있지 않습니까. 정말로 그러한 보편적이고 공명정대하게 출처를 공유하는 기쁨을 모든 사람과 나누고 싶은 절실한 열망 때문입니다. 각주를 다는 것이 즐거운 이유는 역시 제가 힙합을 좋아해서가 아닌지 문득 생각하기도 합니다.

우타마루/ 이 부분은 어떤 의미이고, 어떤 정의로 사용했는지를 명확히 하지 않으면 찜찜하고 이후에도 온전히 전달되도록, 이해하도록 작업해야만 마음이 놓인다는 말씀이군요. 저도 비슷한 유형인 듯싶습니다. 전에 아이돌의 노래를 비평한 『마브론マ ブ論』이라는 책을 썼을 때 실천한 것은 저와 아이돌과의 시대적인 문맥을 전혀 공유하지 않는 사람이, 20년 후에 외국인이 읽어도 일본어를 알면 읽을 수 있도록 주석을 다는 일이었습니다. 완전히는 무리여도 어느 정도는 준비해두려고요. 그러나 실제로 방법을 찾아서 하다 보면 지옥에 빠집니다. '힙합의 정의'부터

시작해서 '힙합의 발상지 뉴욕'과 '미국의 역사와 힙합'을 파고
들다 보면 지옥에 들어가고 맙니다.

사사키/ 푸코에서 출발해 정신분석에 이어 철학의 발단으로 들어
가면 지옥입니다.

우타마루/ 그래서 다른 책이 완성됩니다. 그건 제 사정이고 어쨌든
글을 쓰는 사람이나 읽는 사람도 서로에게 제 역할에 충실하기
를 요구하지요. 석연치가 않으니까요. 지난번에 말했다시피 '어
리둥절하게 만드는 표현'은 얼마든지 가능하지만 하지 않습니
다. 지금이 좋은 기회라고 생각했기에 이 앨범도 어리둥절해하
지 않게끔 만들었습니다. 들으면 누구나 단번에 끝을 어떻게 생
각할지는 고사하고 적어도 말하는 것에 관해서는 알게 됩니다.

사사키/ 힙합의…… 어디까지나 나쁜 의미에서의 상투적인 어구
를 배제해서 매우 직설적이지요. 걸작이라고 생각합니다.

우타마루/ 〈Come On!!!!!!!!〉이라는 곡만큼은 힙합의 상투적인 표
현 때문에 아는 사람만 아는 비유도 들어 있지만요. '아라키13
선생님'이라고 해도 곤란해, 누구? 같은. 갑자기 기존의 인용과
는 차원이 다른 이야기지만. 그래서 제게도 좋은 기회였다고 생
각합니다. 연말의 사사키 간담회와 그 앨범이 나온 시기가 거의
비슷해서. 아무래도 인연인 듯싶습니다. 한창 제작하는 기간에

---

13 荒木師匠: 1970~, 왕년의 줄리아나 도쿄에서 활약했던 일본 디스코계의 전설적 댄서
아라키 구미코를 말한다. 줄리아나 도쿄는 도쿄 시바우라에 1991년부터 1994년까지
있었던 디스코 클럽으로 초창기 하드코어 테크노, 하우스 등 당시 유행하던 클럽음악
을 전문적으로 취급했으며, 1990년대 이후의 일본 댄스음악에 막대한 영향을 끼쳤다.

『야전과 영원』을 읽었거든요.

우타마루 씨가 작사하는 방법

사사키/ 이어서 라임스타 광팬인 친구들의 질문을 받아볼까요? (웃음) 우타마루 씨가 작사하는 방법에 관한 질문입니다. 시로 씨가 가사를 어떻게 쓰는지 궁금합니다. 대놓고 질문한 인터뷰는 읽은 적이 없어서.

우타마루/ 이번에 저 말고도 다양한 사람들의 가사 쓰는 방법을 정리한 책이 나와요(이노마타 다카시猪又孝 편저, 『랩의 언어』, 블루스 인터랙션즈Blues Interactions).

사사키/ 주제나 하고자 하는 말이 정해져 있는 것은 우타마루 씨가 낫고, 무리 없는 연주와 실감나는 분위기로 압도하는 곡은 머미디MUMMY-D 씨가 강합니다.

주제가 딱 정해져 있으면 시로 씨의 독무대 같아요. 지브라 ZEBRA 씨와 비교해도 재미있고. 이야기를 전개할 때에 심리적인 묘사의 질도 다르고, 들어가는 타이밍도 다릅니다. 이야기를 전개할 때 같은 박자로 질질 끌지 않고 어느 정도 생략해서 확 건너뛰어야만 합니다. 그렇지 않으면 실감이 나질 않습니다. 실은 그 생략하는 방법이 시로 씨는 대단히 특징적이지요. 논리적인 듯하다가 급격히 비약합니다.

우타마루/ 대답하기 싫은 건 묻지 마세요~.

사사키/ 제가 한 질문이 아니거든요. (웃음) 저도 여쭤볼 게 있는데 훅hook(힙합용어로 곡의 멜로디를 뜻함) 만드는 솜씨가 아주 능수능란하시잖아요?

우타마루/ 이번에는 머미디가 만든 훅이 훨씬 많아요.

사사키/ 그런 작사는 어떻게 하시나요?

우타마루/ 능수능란하다고 생각한 적은 추호도 없어요. 이번에는 머미디가 하는 편이 낫겠다 싶었습니다. 실은 매번 바뀌지만 최신 업그레이드판이라면 곡에 대한 랩을 하는 방법을 포함해서 무엇을 해야 할지를 명확히 정한 다음에 작업합니다. 하면서 발견하기도 하지만 하여간 해야 할 일은 공중에 떠 있거나 무에서 창조하는 것이 아닙니다. 그보다는 머미디와 그 곡을 의논하다 보면 정답이 나오므로 그것을 망치지 않게끔 발굴하는 작업에 가깝습니다. 곡과 주제의 방향이 대강 정해지면 오히려 악곡만으로도 충분하므로 가장 효과적인 정답은 반드시 묻혀 있어요.

창작은 방대한 쓰레기에서 탄생한다

사사키/ 구체적으로는 어떤 작업인가요?

우타마루/ 처음에는 일단 생각나는 대로 전부 해봅니다.

사사키/ 공책에 직접 쓰나요?

우타마루/ 처음에는 백지상태입니다. 말로 해봅니다. 몇 단계를 거치는데 모든 것은 가능성의 유무를 확인하고 남은 방대한 아이디어입니다. 하지만 100점이나 120점짜리 아이디어도 모자랄 판에 종종 80점짜리 아이디어를 채택하고 다음 단계로 넘어가기도 합니다. 그러면 대체로 실패하지요. 작업은 어중간한 상태에서 지지부진합니다. 애초에 전 단계에서 이상한 선택을 했다고밖에 생각할 수가 없어요. 아무리 고민해도 정답이 나올 리 만무하니 고작 네 번째 절부터 도저히 곡을 쓸 수가 없는 상황이 벌어집니다. 처음으로 돌아가면 되지만 전부 버리려니 가슴이 아파서 이러지도 저러지도 못하는 최악의 상황에 빠지죠. 자신의 잘못된 아이디어를 버리지 못하는 심정은 아마 다들 아실 거예요.

사사키/ 간혹 쓸데없는 고집을 부리기도 하지요.

우타마루/ 전부 나쁜 것은 아니므로 방심할 수가 없어요. 일부는 쓸 만하거든요.

사사키/ 경애하는 호사카 가즈시保坂和志 씨가 수필에서 이렇게 말했습니다. "그런 경우는 역시 버려!"라고. 하긴 대단한 용기가 필요하기는 하지요. 직접 만든 것이므로 미련이 남아서 못 버립니다. 그래도 버려야만 합니다. 그의 말에 따르면 행여 나아지지 않을까 싶어서 시답잖은 소설을 만지작거리며 미적미적하는 것은 최악이니 냉큼 버리고 새로운 것을 쓰라고 합니다. 이 아이디어를 다음 작품에 채택하는 것은 아주 못난 짓이니 싹 내다버리고 다음으로 넘어가라고 합니다. 사실 맞는 말이죠. 저의 일천한 경험에 비춰보더라도 공감하기는 하지만 어려운 일입니다.

우타마루/ 원래 사유의 과정 자체를 곧잘 창작으로 여깁니다. 그러나 제로에서, 아무것도 없는 완전한 무의 상태에서 떨떠름하게 창조한다기보다는 방대한 쓰레기에서 탄생합니다. 유무로 말하면 최근에는 줄곧 무를 선택하는 방법이 중요하다는 생각이 불현듯 들었습니다.

사사키/ 라임과 플로어가 최고인 래퍼 라킴은 스스로에게 가장 엄격한 비평가였다고 했죠. 자신의 창작물을 가망 '없다'라고 비판하는 것이 예술가의 질을 결정합니다. 그 판단력을 향상시키는 것이 무엇인가 하면 귀와 눈의 감성을 수용하는 정밀도입니다. 요컨대 자신이 창작한 방대한 초고를 타인의 작품과 똑같은 정밀도로 비평하고, 단점을 지적할 수 있어야 합니다.

무엇을 싫어하는지, 무엇을 하지 않는지가 중요

우타마루/ 그건 그렇고, 더 근본적인 것으로 '고안하다'란 무슨 말인가요. 다들 고안하는 것을 창조라고 착각합니다. 고안하는 것은 생각해내는 것이지요. 거기에서 선택하는 것이 감각이고 예술가로서의 자질입니다. 그럼 처음에 고안하는 상태에 뭘 가져가느냐 하는 설정문제가 있는데 사실 그 부분은 제어할 수가 없습니다. 가령 자기 내면에 있는 것 외에도 다양한 것으로부터 영향을 받으면서 만들기 마련입니다. 제가 곧잘 하는 말인데 개인이라면 괜찮지만 그룹을 짜서 하는 사람은 더더욱 좋아하는 것은 달라도, 싫어하는 것만큼은 그룹과 일치하는 편이 좋습니다. 유사시에 긍정적인 면을 지적하는 사람은 가능성을 넓혀주지만, 가망 없거나 지양해야 할 것에 관한 판단만큼은 일치하는 것이 매우 중요합니다. 스차다라파SCHADARAPARR는 특히 그 부분이 엄격한 그룹이어서 틀리는 법이 없습니다.

사사키/ 절대 하지 않는다는 원칙을 어기고 섣불리 했다가는 창작자로서의 미래를 영원히 망치게 되지요.

우타마루/ 아무도 가르쳐주지 않으니까요.

사사키/ 무엇을 해서는 안 되는지는 다른 사람이 가르쳐줄 수 없어요. 오직 스스로 결정해야 할 몫입니다.

'ONCE AGAIN'에서 시작한다

사사키/ ……라임스타의 두 번째 앨범 《EGOTOPIA》에 수록되어 있는 곡 〈Relight My Fire〉의 한 소절이지요(댄 하트먼Dan Hartman 의 댄스 클래식. 〈And You Don't Stop〉에 "Relight My Fire, 이쯤에서 은퇴라니 아직 일러"라는 소절이 있다). 다시 한번 불을 붙여줘. 그런데 이것은 처음부터 'Re'였어요. 처음부터 'ONCE AGAIN'이었지요. 말 그대로 힙합의 본질을 짚고 있습니다. 처음부터 '재개'였습니다. 그러나 이야기가 비약할 듯 말 듯하지만 어떤 혁명도 재개입니다. 모든 혁명은 무엇 무엇으로 돌아가라는 슬로건을 바탕으로 일어났습니다. 종교개혁이든 청교도혁명이든 이후의 어떤 시민혁명이나 르네상스도 그래서 회귀만이 실은 갱신의 의지를 북돋았습니다. 상당수의 20세기 예술운동도 그런 면이 있지요.

우타마루/ 런 디엠씨[14]도 그래요. 올드스쿨old school 힙합으로의 회귀지요.

사사키/ 그 위협적인 패션에서 이미 회귀에 대한 의지가 보였어

---

14 Run-D.M.C.: 미국 힙합계에서 가장 영향력 있는 그룹. 2004년 『롤링스톤』 지에서 선정한 '가장 위대한 뮤지션'에 올랐고, 2009년 로큰롤 명예의 전당에 헌액되었다. 주요 앨범으로 《Live At Montreux》, 《Playlist: The Very Best Of RUN-DMC》, 《The Essential RUN-D.M.C.》 등이 있다.

요. 하지만 거기서부터 다시 갱신이 시작됩니다. 따라서 '어떠한 혁명도 회귀다'라는 관점에서 봐도 라임스타는 정말로 처음부터 'ONCE AGAIN'이었고 계속해서 그 말을 해왔습니다.

저의 스승인 피에르 르장드르라는 분이 말한 적이 있습니다. 혁명은 역시 유럽에서 생긴 개념입니다. 가장 최초의 혁명은 12세기에 일어난 중세 해석자혁명입니다. 실은 그것도 6세기의 유스티아누스 대제가 제정한, 제정했지만 완전히 사라진 『로마법대전』으로 돌아가라는 운동이었습니다. 600년을 되감자는 것입니다. 그러나 그렇게 해서 근대가 탄생했습니다. 그러한 '회귀'가 말하자면 '옛것과의 새로운 관계'만이 진정한 의미에서 새로운 것, 참신한 것을 창조한다는 뜻입니다. 라임스타, 시로 씨도 자각적으로 그것을 바탕으로 만듭니다. 가사나 집필하신 글, 말씀들을 살펴보면 시로 씨도 '가짜'라는 또 다른 확고한 축이 있는 듯합니다. 가짜의 문제에 관해서는 세 가지 이야기가 있습니다. 세르반테스의 『돈키호테』와 사카구치 안고와 노예인 흑인들. 이 세 가지를 순서대로 이야기하겠습니다.

돈키호테, 가짜 기사의 정의

사사키/ 우선 세르반테스라는 인물은 기구한 남자여서 힘든 생애를 보냈습니다. 24세에 레판토 해전에서 왼손이 평생 불구가 되었고, 팔에도 사라지지 않는 두 개의 상처가 남았습니다. 더욱이 연금도 받지 못한 채 이탈리아 원정에도 가서 싸웁니다. 겨우 연금을 받을 수 있으려나 했더니만 스페인으로 돌아오는 배에서 터키인 해적에게 붙잡혀 알제Algiers의 강제노동수용소 같은 곳에 수용됩니다. 여러 번 탈주를 기도했지만 끝내 도망치지 못합니다. 몸값 500에스쿠도escudo를 겨우겨우 내줘서 11년 만에 돌아왔더니 벌써 33세. 귀가 들리질 않는 아버지는 어머니와 여동생 둘을 거느리고 가난에 허덕이고, 설상가상으로 국가에서 받는 연금이라 봤자 달랑 50에스쿠도여서 적자입니다. 나라를 위해 싸웠건만 참으로 허무하죠.

그나저나 그 당시에 그 나이 먹도록 변변한 직업조차 없이 지냈으니 대단합니다. 결혼하자마자 이혼한 거나 다름없고, 직업도 없이 각지를 전전합니다. 38세에 소설을 썼지만 팔리질 않아 마흔 살에 결국 포기하고 붓을 꺾습니다. 그리고 스페인 무적함대의 식료품 조달 담당 자리에 간신히 취직하지만 웬걸, 이번에는 밀 징수 때문에 말썽이 생겨 교회에서 파문당합니다. 같은 해에 그가 진력했던 무적함대가 영국 해군과의 전투에서 괴멸당하는 바람에 또다시 실업자 신세. 이후로도 남미에서 새로 일을 시작하려다가 실패했고, 밀 매매문제로 체포되는가 하면 세금징수원이 되어서는 업무에서 큰 실수를 하는 바람에 두어 번 투옥됩니다. 속수무책이죠. 그가 포기하기를 바라는 모진 운명의 장난 같습니다. 세르반테스는 한심하고 쓸모없는 인간입니다.

그런데 그 뇌옥牢獄에서 구상한 책이 있습니다. 그것을 글로 옮겨서 58세 때 출판한 책이 『돈키호테 정편正編』입니다. 블라디미르 나보코프Vladimir Nabokov라는 작가가 이렇게 말합니다. 세르반테스와 동시대 작가로서 셰익스피어가 있으나 그에 비하면 분명 재능이 없다고. 오랜 역사를 자랑하는 연극 분야에서 활동해온 셰익스피어에게는 다양한 장르를 시도한 경험이 축적되어 있기에 훌륭한 희곡을 쓸 수 있습니다. 그에 반해『돈키호테』는 장담컨대 대단히 장황하고 시시합니다. 유머감각도 상당히 썰렁해서 재미가 없습니다. 나보코프도 냉혹한 사람인지라 셰익스피어의 완성도에 비하면 이 작자는 쓰레기라고 서슴없이 말합니다. 하지만 뭐니 뭐니 해도 역시 최초의 근대소설로서 영원한 넘버원은 세르반테스의『돈키호테』입니다. 그것은 부동의 사실입니다. 어째서인가 하면 우타마루 씨가 발표한〈ONCE AGAIN〉의 소절처럼 "분명 영화와 만화만 보고, 달콤한 말만 들으며 시간만 보내기" 때문입니다.

『돈키호테』는 원래 어떤 이야기인가 하면 기사도 소설, 즉 허무맹랑한 영웅의 꿈 이야기만 읽다가 착각에 빠진 영감의 이야기입니다. 17세기에는 기사 자체도 사라진 지 오래여서 기사도는커녕 기사도 소설도 구닥다리로 여겼습니다. 그런데 그런 멍청한 소설만 읽고 느닷없이 기사가 되겠노라고 말합니다. 별난 사람이지요. 기사도 소설을 너무도 많이 읽은 탓에 허구와 현실, 현실과 환상을 구별하지 못하게 된 것입니다. '완전히 미쳤다'라고 원전에 똑똑히 적혀 있습니다. 이윽고 기사 행세를 시작합니다. 대단히 현대적인 문제를 다룬 이야기지요. 허구와 현실을 구별하지 못해서 망상에 사로잡힌 시골 아저씨가 분장하고 산초 판사를 데리고 환상의 둘시네아 공주를 위해 싸우는 꼴이 영락없는 바보입니다. 꼴사납습니다. 그리고 말도 안 되는 이상,

터무니없는 정의, 허무맹랑한 기사도, 동경하는 가상의 공주를 위해 미친 듯이, 아니 완전히 미쳐서 계속 싸웁니다. 말이 좋아 기사지 실은 우스꽝스러운 완전히 가짜 기사인 것입니다.

그러나 이야기는 이제부터입니다. 중간까지는 등한시하던 주변 사람들이 점점 맞장구를 칩니다. 이 작자 재미있는걸. 제정신이 아니라며 재미있어합니다. 엷은 미소를 띠며 네네, 이상적인 기사세요, 훌륭하세요, 저기에 고약한 용이 있어요, 못된 관리가 있어요, 둘시네아 공주요? 있다마다요! 하며 맞장구를 칩니다. 히죽히죽 웃거나 킥킥거리면서 돈키호테를 웃음거리로 삼습니다. 삐딱한 태도로 코웃음을 칩니다. 저속한 의미에서 최악의 포스트모던적인 광경이 펼쳐지는 것입니다. 산초 판사도 중간까지는 그랬습니다. 그런데 희한하게도 읽을수록 깊이 공감합니다. 그렇게 히죽히죽 웃고 있는 놈들보다 완전히 가짜인, 있지도 않은 가짜 정의의 가짜 기사, 덜떨어진 짝퉁 기사인 돈키호테가 월등히 아름답게 보입니다. '기사도? 정의? 뭔 말라비틀어진 소리야. 이상적인 공주? 사랑? 놀고 있네, 이 아저씨 바보 아니야'라며 삐딱하게 구는 족속들보다도 훨씬. 왜냐하면 긍지가 높고, 정의를 관철하며, 강한 자를 누르고 약자를 돕습니다. 여성에게 친절하며, 고상하고 고귀하며, 화술이 능해서 대놓고 광기를 비판해도 당당히 논리적으로 반론합니다. 게다가 가끔일지언정 정말로 강합니다. 무엇이 잘못되었나요? 그는 분명 가짜입니다, 가짜. 하지만 아무런 잘못도 없는데 뭐 어떻습니까?

마지막은 돈키호테도 달밤에 '혹시 둘시네아 공주는 이 세상

에 없는 게 아닐까' 하고 고뇌합니다. 이 대목에서는 나보코프도 감동해서 아예 두 손 들었어요. (웃음)

그는 맨 마지막에 임종을 앞두고 '나는 틀렸어'라고 자책하며 광기에서 벗어나 정신을 차립니다. 그리고 병석에서 죽음을 맞이합니다. 그 이유는 자신이 인생을 잘못 살았고, 패배했다는 것을 깨닫고 우울해졌기 때문이라고 분명히 적혀 있습니다. 그래서 "여러분에게 사과드리고 싶습니다. 제정신이 아니었습니다. 저는 돈키호테가 아니었습니다. 그저 알론소 키하노Alonso Quijano였습니다. 광기에 사로잡혀 있었어요. 전부 잘못했어요. 내 친구 산초, 끌어들여서 정말로 미안해!"라고 합니다.

그러자 때로는 돈키호테 이야기에 빠져서 진지해지기도 하지만 원칙적으로는 야유했고 둘시네아 공주도 없다고 했던 산초 판사가 돌연 울기 시작합니다. "그런 말씀 마십시오. 소중한 나리, 죽지 마십시오. 가슴속 근심만으로 죽다니 그게 더 광기 아닙니까. 둘시네아 공주도 어딘가에 있습니다. 자, 일어나십시오. 내일부터 다시 여행을 가십시다. 공주님을 찾으러 가자고요"라고 말합니다. 그리고 "기사는 쓰러지기도 하고 쓰러뜨리기도 합니다. 오늘은 졌어도 내일은 이길 거예요"라고 흐느껴 웁니다.

이것은 이미 포스트모던을 넘어섰습니다. 가짜입니다. 하지만 그게 뭐 그리 대수입니까. 가짜도 상관없습니다. 옳은지 그른지만이 문제입니다. 물론 이것은 기사도 소설의 패러디입니다. 그런데 패러디를 끝까지 파헤치니 정의가 등장했습니다. 사랑이 등장했습니다. 필시 조소해야 할 가짜였는데.

더욱 대단한 것은 세르반테스가 소설 중간에서 자신이 썼다는 사실을 포기합니다. 후편에서 알 수 없는 시장에서 아랍인에게 영문 모르는 사실을 기록한 책을 샀으나 아랍어를 못해서 2개 국어하는 사람이 번역한 것을 편집했을 뿐이라는 전대미문의 말을 꺼냅니다. 역사적 사실도 아니고 그것을 기록한 1차 문헌도 아니며 더욱이 번역도 아닌 편집만 했다는 말이지요. 따라서 이 책 자체가 저질 복사본을 무수히 베낀 것입니다. 엉망진창이지요. 돈키호테도, 『돈키호테』라는 책도 어디까지나 가짜의, 가짜의, 가짜의, 가짜인 것입니다. 하지만 여기에 쓰여 있는 돈키호테의 정의가 잘못되었나요? 옳잖아요. 가짜에, 덜떨어진 인간일지언정 이 책 속에 존재하는 정의는 정의가 아닙니까. 가짜이기에 덜떨어진 짝퉁 기사라서 안 된다고 할 수 있나요. 이러한 것을 말한 책이 근대소설의 효시가 아니고 뭡니까. 그렇다면 저는 근대문학이 끝났다는 말은 절대 인정할 수 없습니다. 왜냐하면 처음부터 가짜니까. 이미 애초에 완전히 사라져서 잃어버리긴 했어도 'ONCE AGAIN'인데 끝났다니 어불성설입니다.

우타마루/ 그것은 원전도 픽션, 다시 말해 창작물이었으니까 그 시점에서는 가짜였습니다. 실은 『시네마 허슬러_The Cinema Hustler_』에서 썼다시피 〈영 제네레이션_Young Generation_〉(우타마루 씨가 올 타임 베스트에서 열거한 피터 예츠 감독의 영화)도 돈키호테 강좌입니다. 이번에 DVD가 나옵니다. 요컨대 공상적인 생각에 심취하고, 비현실적인 것을 동경하는 주위에서 보면 미치광이입니다. 그러나 분명 지금 여기에 있는 사람이며, 무조건 찬성하는 사람보다는 아무리 생각해도 훨씬 더 고귀한 사람입니다.

사카구치 안고, 옳은 것이면 가짜라도

사사키 / 전적으로 동감입니다. 그 밖에 사카구치 안고라는 사람이 있습니다. 아마도 『돈키호테』는 읽지 않았을 겁니다. 그런데도 완전히 똑같이, 더욱이 다른 방식으로 지금의 우리에게 팍팍꽂히게끔 말합니다. 전쟁 중이던 1942년에 『일본문화사관日本文化私観』이라는 책을 냅니다. 모든 후배 비보이들에게 적극 추천합니다. 브루노 타우트[15]나 장 콕토[16] 같은 고매한 분들이 일본을 방문해서 일본인은 왜 전통의상을 입지 않느냐고 하거나 가쓰라별궁桂離宮을 극찬하며 근대 일본의 문화가 저속하다는 둥의 건방진 말을 합니다. 짧은 다리에 양복바지를 입고, 양복 차림으로 종종걸음 치며, 다다미를 버리고, 싸구려 가짜 양옥집에 살면서 거드름 피우는 꼴이 망측하다며 일본 옷을 입으라고 합니다. 정말로 라임스타가 부른 노래에 그런 소절이 있었지요. (웃음)

그 말을 안고는 무슨 소리냐며 되받아칩니다. 가쓰라 별궁? 호류지法隆寺? 쓸모없으면 그딴 건 허물어서 정류장으로나 만

'ONCE AGAIN'이 필명이다

---

15 Bruno Taut: 1880~1938, 쾰른의 독일공작연맹 전람회에 전시한 유리로 만든 파빌리온으로 알려진 독일 표현파 건축의 대표적인 작가. 『일본미의 재발견』이라는 저서를 통해 일본 가쓰라 별궁에는 기능, 합목적성, 철학적 정신 세 가지가 함께 어우러진 건축적 미덕이 있다고 평함으로써 유럽의 건축·디자인·가구 등에 많은 영향을 미쳤다.

16 Jean Cocteau: 1889~1963, 다방면에 천부적 재능을 보인 프랑스의 시인, 소설가, 극작가, 연출가. 주요 작품으로 『무서운 아이들』, 『앙팡테리블』, 희곡 『지옥의 기계』, 『쌍두의 독수리L'Aigle á deuxtêtes』 등이 있다.

들라고. "유럽인의 흉내를 내서 어설프다, 촌스럽다, 진짜 일본은 어디 갔느냐며 비웃지만 그건 일본을 잘 몰라서 하는 소리다. 그게 뭐 어때서?"라고 따집니다. 생활에 필요하고 우리의 진솔한 생활이 담겨 있다면 비웃는 쪽이 비정상이라는 것입니다. "우리의 생활이 정통한 요구를 바탕으로 하는 한 어리석은 일본인을 비웃는 그들이 심히 천박할 따름이다"라고.

'타락론'은 아니지만 자신들이 원조라고 여기며 비웃는 유럽인에게 거짓말 작작하라고 일침을 놓은 거죠. 설사 일본인이 만든 것은 아닐지라도 생활양식에 알맞으면 장땡 아니냐, 아랍인과 미국인과 프랑스인이 만든 것이 생활양식에 안성맞춤이라면 가짜라도 상관없지 않느냐고.

우타마루/ 아까도 말했지만 그럼 진짜는 무엇이냐고 합니다. 최초의 것이 가장 훌륭한가요? 일본 건축이 하루아침에 나타났나요? 대륙의 영향을 받긴 했지요.

사사키/ 대륙의 영향을 받았다고는 해도 본래는 다양한 나라의 영향에 기인한 것입니다. 이를테면 페르시아 같은. 그럼 페르시아 문화의 발상지는 어디인가요?

우타마루/ 천치 같은 얘기군요.

사사키/ 안고의 문고나 시문집anthology 중에 『일본문화사관』과 함께 반드시 한 권에 담아야 하는 수필이 있습니다. 바로 종전 후에 쓴 「이제 군비는 필요 없다」라는 간결한 글로서 저자의 일관된 주장을 싣고 있습니다. 전쟁 중이던 1942년에 '가짜도 상관없다. 우리의 생활이 유럽을 베꼈다고? 그래서 뭐?'라고 아주 똑같은 논리로 엉뚱한 말을 합니다. 요컨대 '헌법 제9조가 가짜라도 상관없지 않은가, 빌린 헌법이다? 미국이 강요한 헌법이다? 미국에는 제9조 따위는 없다? 그게 뭐 어때서? 가짜? 덜떨어진 짝퉁? 그래도 옳잖아?'라고. "남이 억지로 강요한 헌법일지언정 나는 전쟁을 하지 않겠다는 이 조항만은 정말로 세계 제일의 헌법이다"라고 단언했습니다. 정말로 논리적으로 일관되고, 더욱이 전쟁에 졌으니 미국에 아양을 떠는 것이 아닙니다. 전쟁 중일 때부터 같은 논리였으므로. 가짜도 된다. 옳은지 그른지만 문제라는 뜻입니다. 이것은 실은 흑인음악의 문제이기도 합니다. 블루스만이 기원이고 진짜다? 말 같잖은 소리 마세요. 거짓말입니다.

우타마루 / 거짓말이다마다요.

여러 겹의 뿌리의 상실

사사키 / 순서대로 말하겠습니다. 카리브 해에 마르티니크Martinique라는 섬이 있습니다. 자메이카나 쿠바의 남동쪽에 있는 작은 섬으로 프랑스 식민지입니다. 좁고 한정되어 있는 탓에 모형정원처럼 남미 전체에서 일어난 일의 전형적인 사례로 생각할 수 있습니다. 무슨 일이 일어났느냐면 원주민을 전멸시켰습니다. 학살과 백인에게 옮은 역병으로 전원이 죽습니다. 원주민인 인디오의 거의 전부가. 노동력이 부족하니 미국에서 흑인 노예를 사옵니다. 실은 인도와 일본과 중국에서도 노예를 사오지만 그 얘기는 차치하겠습니다. 아무튼 위생상태가 불량한 배에 꽉꽉 실은 탓에 병에 걸려 계속해서 죽어나갑니다. 노예선은 배 전체가 강제수용소나 진배없으므로 성가신 죽은 시체는 대서양에 던져버립니다. 도착하면 죽도록 강제노동을 시키고 병이 나도 치료는커녕 그냥 내버려둡니다. 새 노예를 데려오는 편이 경비가 싸게 먹히니 죽은 채로 방치합니다. 또한 뿌리를 끊기 위해 민족을 떼어놓고 분리시킵니다. 말이 통하는 같은 부족 사람들끼리 일을 시키면 반란을 일으키거나 도망치므로 말이 통하지 않도록 부족을 뿔뿔이 흩어놓고 강제노동을 시킵니다. ……요컨대 이중으로 가짜라는 말입니다. 진짜 원주민은 죽었습니다. 흑인도 진짜 뿌리에서 분리되었습니다. 여기서 흑인은 타관 사람이므로 사실은 '여기는 우리의 나라, 백인은 나가라'라고 할 자격이 없습니다.

또 하나. 그런 식으로 무작위로 섞여 있으니 흑인 노예들은 자신들의 독자적인 부족문화와 풍속, 노래, 춤, 언어를 완전히 상실합니다. 정말 가혹한 얘기지만 짚고 넘어가야 할 것이 있습니다. 고대부터 전해 내려온 흑인들의 리듬이 지금도 블루스와 재즈에 살아 있다니 웃기지 마세요. 거짓말입니다.

우타마루/ 훗날 만든 것이지요.

사사키/ 진짜 아프리카 흑인 부족의 리듬은 완전히 잃어버렸습니다. 여전히 전 세계에 블루스나 삼바에서 아프리카 고대부터 이어지는 심오한 리듬이 느껴진다고 하는 비평가가 있습니다. 대륙 전체에서 지옥보다 못한 강제수용소 같은 상태가 백 수십 년간 지속된 처참한 노예의 처지와 뿌리의 상실을 전혀 몰라서 하는 소리입니다. 그런 비참한 사실을 직시하지 않았던 것입니다. 같은 흑인인데 말도 통하지 않습니다. 굴욕이지요. 공통어라고는 적인 백인이 심어준 프랑스어와 영어뿐입니다. 2세라도 되면 그 억압자의 말밖에 못합니다. 게다가 노예는 대물림됩니다. 노래라도 불러야 기운이 나건만 애초에 리듬이 맞지 않으니 함께 집단노동을 하려면 부득불 서툰 영어와 프랑스어로 노래할 수밖에 없었죠. 원래는 그런 환경에서 나온 노동가입니다. 다시 말해 그들은 전부 가짜를 강요당했습니다. 남북전쟁 후에 군대의 트럼펫이나 클라리넷을 대량으로 팔아넘기는데 그것이 재즈가 발생한 원인 중 하나입니다. 그러나 이 역시 그들에게는 가짜지요. 어떻게 불어야 하는지도 모릅니다. 게다가 눈동냥으로 배워서 불었더니 그것 또한 가짜라고 합니다. 전부 삭제되고 뿌리에서 분리되었으며 거기에서 모든 것이 시작됩니다. 전부 가짜입니다.

우타마루/ 경솔하게 뿌리주의 같은 멍청한 소리를 하는 사람이 많은데 가타부타하기가 어렵습니다. 흑인음악 현실의 주체인 아프리칸 아메리칸 역시 그 환상에 편승하기도 하므로 골치 아픕니다. 특히 힙합의 경우는 훨씬 성가십니다. 다만, 말씀하신 대로 여기에는 이치에 합당한 주장이 있습니다.

사사키/ 물론 그들이 뿌리라고 우기는 심정은 이해할 수 있어요. 저도 그것은 긍정하고 싶습니다. 그러나 우리에게 그 말이 틀렸다고 할 권리는……, 으음, 권리라고까지 하기는 무리려나. 그래도 가급적 널리 알려야 합니다. 시로 씨도 흑인음악이 가짜라고

255

말씀하셨죠?

우타마루/ 좋은 말이긴 한데 꽤 큰일이네요? 일일이 설득하며 돌아다녀야 하니까.

사사키/ 큰일이긴 해도 조금씩이라도 계속 말할 수밖에 없어요. 또 하나 미리 말씀드리고 싶은 것이 있습니다. 상투적인 말이랄까, 판에 박힌 태도에 관해서입니다. 즉 더는 진짜가 없고 가짜뿐인 것을 구태여 '풍자적'으로 긍정해서 과시하는 태도지요. 그런데 이것도 하도 우려먹어서 식상하고 무덤덤합니다. 그런 풍자 따위 조금도 필요치 않습니다. 있지도 않은 진짜에 내심 의지하고 있기 때문에 그런 풍자가 생기는 것입니다.

반복이 혁명을 낳는다

사회자/ 방금 하신 세 가지 가짜 이야기를 들었더니 진짜는 결국 무엇일까? 하는 기분이 듭니다. 차라리 어디에도 진짜는 없으니 나도 진짜가 아니라고 할 수 있으면 편하지만 그럴 수 없으니 어떤 사람이든 공연히 뿌리나 근원에 의지하는 듯합니다.

우타마루/ 결국은 신흥종교도 마찬가지죠. 모두들 확고한 무언가를 찾아서 갑니다. 기분은 십분 이해하지만 어차피 똑같습니다. 모조품, 가짜에 얼마만큼 굳건한 긍지를 갖는지가 관건입니다. 그러나 모든 인간이 그토록 강인한 정신을 가진 것은 아닙니다.

사사키/ 가짜여도 분명 옳은, 질이 다른 것은 있습니다. 가짜와 올바름, 강함, 아름다움, 질은 별개입니다.

우타마루/ 그래서 제가 힙합 이후를 왜 이렇게 강조하는가 하면 가짜·진짜 이데올로기 같은 것에 편승하면 괴롭지만 그 순간부터 편해집니다. 그런 것보다 중요한 것이 있습니다. 보란 듯이 더 재미있는 일을, 앗 하고 놀랄 일을 하면 됩니다. 가령 모두가 완전히 잊은 놀라운 일이 있다면 그것을 당장 끄집어내기만 해도 땅에서 솟았나, 하늘에서 떨어졌나 싶을 것입니다.

사사키/ 실은 중세 해석자혁명도 600년가량 잊고 있던 로마법이 난데없이 발견되는 바람에 이게 웬 떡이냐 했습니다.

우타마루/ 한물간 개그나 날릴 때는 아니지만. (웃음) 아무튼 그런 발상이 절실히 필요합니다.

사사키/ 모든 것을 안다고 여기겠지만 거짓말입니다. 엄청난 뭔가를 잊고 있을지도 모릅니다. 세계는 그만큼 넓고 풍성합니다.

우타마루/ 그럼요. 그리고 당연히 그것을 재차 반복하면 앞서 했을 때와는 다른 결과가 나옵니다.

사사키/ 반복이 차이를 낳습니다. 그리고 그것은 이제 혁명입니다. 그저 하찮고 무미건조한 반복이 아니라 진짜 혁명이 됩니다. 'Once again, back is the incredible'이라고, 거기에서 정말로 신선한 창조성으로 충만한 것이 탄생합니다. 따라서 새로운, 신품을 말하는 새로움, 신기함 따위는 필요 없죠. 정말로 참신하면 됩니다.

우타마루/ 진짜·가짜 이데올로기라고 하지만 힙합이야말로 진짜·가짜에 얽매이는 것 아니냐고 하는 사람은 반드시 나옵니다. 그러나 '진실하게 행동하라keep it real'는 말은 더 작은 일에서나 통합니다. 말하자면 우리는 항상 용서 없는 심판을 당하고 있다는 각오를 표명하는 부분이지요. 어쨌든 무에서 무언가를 창조해

내야 한다거나 직선적으로 진화하는 역사의 선두에, 새로운 곳에 있어야 한다는 강박관념은 시시합니다.

사사키/ 무슨 영문인지 이런 힙합 이야기를 하면 포스트모던이라고 하는데 역시나 거짓말입니다. 사실 근대소설의 개시를 알리는 『돈키호테』는커녕 중세부터 내내 그러했거든요. 그 따위 의미도 불분명한 딱지를 못 붙여서 안달이었습니다.

우타마루/ 그래서 그런 경박한 현상이 각 시대에 나타납니다. 가령 아무 얘기나 올려도 되는 트위터가 등장했습니다. 즐거운 도구입니다. 익히 아는 사실이지만 트위터가 인간 의식의 근본을 바꾼다거나 새로운 의사소통의 바람직한 모습이라고 하더군요. 글쎄요, 저는 새로운 의사소통이란 게 뭔지 묻고 싶네요. 아무튼 그럴 적마다 나타나는 경박한 현상이 과거에도 있었으니 여러분도 좀더 보고 배우세요. (웃음)

사사키/ 벌써 과거의 제 경박한 모습이 여러모로 부끄럽습니다. (웃음)

우타마루/ 신아카데미즘이 진부하다고 하는 사람은 그 시점에서의 경박한 현상을 보고 말할 테니 당연히 조심해야 합니다. 어지간히 공부한 작자들은 하나같이 그렇게 말합니다. 따라서 이런 아니꼬운 사람이 나타나서. (웃음)

사사키/ 아니꼽다고요? 제가요? (웃음)

우타마루/ 그런데 이런 말을 아니꼬워하다니 정말 이상해요. 매정하지만 제대로 말하면 결론은 이렇다고 할 수밖에 없어요. 뭔가가 등장하면 얼씨구나 하고 신나게 잔치를 벌이는 재미를 망치기도 하겠지만.

사사키/ 우리가 너무 노골적으로 말하는 건 아닐까요.

'우리의 시대'를 특권으로 여긴다

우타마루/ 이를테면 대학축제 같은 것이 그렇죠. 그 안에서 재미난 일을 할지도 모르지만 학원제는 매년 하니까요. 거기서 흥이 나서 노는 사람들에게 찬물을 끼얹어서 미안합니다. 물론 인정하고 싶지 않을 테지만 학생들은 자신들이 참여하는 해의 축제가 최고라고 생각하고 싶을 거예요. 하지만 축제를 시작한 사람이 있기 마련입니다. 나머지는 요소요소에서 축제에 이러한 요소를 도입해서 흥을 돋운 사람들입니다. 그 의미에서 말하면 지금 여러분이 신나서 떠들어대는 축제는 끝까지 그 은혜의 연장선상에 있을 것입니다.

사사키/ 가짜다, 반복이며 계속이라는 의미에서는 새로운 것이 없다고 하면 실망하는 사람이 있어요. 이상하게도 자신이 태어난 시간, 살고 있는 일생이 완전히 새로운 시대여야 직성이 풀리는 사람이 있습니다. 『야전과 영원』에서 유치한 생각이라고 단단히 못을 박았건만 좀처럼 전달되질 않는군요.

우타마루/ 그런 사람은 자신이 살고 있는 시간이 특별하다고 생각하고 싶은 거죠.

사사키/ 자신의 인생만큼은 반짝반짝 빛나는 특별한 시대라고 생각하지 않으면 살아갈 수가 없어서겠죠. 선조에 대한 존경심도, 후진에 대한 기원도 없어요. 자신의 시대만 특별하게 여기다니 대단히 슬픈 욕망이고, 실제로 그런 사람들을 보면 전혀 유쾌해 보이지 않아요.

본쿠라들의 도박

우타마루/ 특별히 새로운 것이 탄생하지 않는다는 말은 아닙니다. 물론 날마다 새로운 일은 일어납니다. 특히 1980년대 후반 이후의 힙합이 훌륭한 점은 재능도 없는 의지박약인 녀석이 무작정 돈이나 벌어볼 생각으로 샘플링sampling[기존의 녹음물에서 일부를 빌려와 새로운 녹음물에 활용하는 행위] 한 것을 새롭고 신선하다며 감탄합니다!! 그런 엉뚱하고 기발한 일이 새로운 것이 되기 때문입니다.

사사키/ 어쭙잖은 인간들이 야비한 동기로 시답잖은 말을 하건만 질이 빼어나다고 합니다.

우타마루/ 맞아요. 이것이 힙합의 통쾌하고 아름다운 점입니다. 음악 전반을 훤히 꿰고 있는 사람이 힙합 클래식을 만들 수 있느냐고 하면 그것은 별개의 문제입니다. 그보다 지식도 기술도 밑천도 없는 얼간이들이 가망 없는 도박에서 이기기도 하는 걸요.

사사키/ 저는 시로 씨가 자주 쓰는 '본쿠라'라는 말을 무척 좋아합니다. 한자로는 '분암盆暗'이라고 씁니다. 노름에서 주사위를 던지는 돗자리에 그림자가 져서 어둡다, 보이지 않는다는 뜻입니다. 노름에 약하다는 의미지요. 미래는 근본적으로 예측할 수가 없으므로 실은 누구든 도박에는 약한, 다시 말해 본쿠라입니다. 요컨대 확률론이나 계량경제학을 구사해서 투자하지만 금융공학이든 뭐든 맬짱 거짓말이었잖아요? 결국 아무것도 예측할 수 없었잖습니까. 그들이 하는 말은 단지 사후약방문입니다.

우타마루/ 그 탓에 세상에 큰일이 났지요.

사회자/ 아직도 거기서 헤어나지 못하고 있어요.

사사키/ 마이런 숄스[17]나 로버트 머턴[18] 등 노벨경제학상을 받은 양반들이 헤지펀드로 돈을 벌려다가 아시아와 러시아의 경제위기를 예측하지 못해서 5년 만에 파산했고, 그들의 이론을 고집한 작자들이 세계 금융공황의 불씨가 되었으니 어차피 전부 거짓말이었던 셈입니다.

우타마루/ 요는 일단 '삼라만상을 하나의 원리로 설명할 수 있다'라는 자만심이 문제입니다.

사사키/ 지당한 말이지만…… 경제사건이든 뭐든 한 번밖에 일어나지 않죠. 역사적 사건은 단 한 번만 일어납니다. 그러니 하나하나가 전부 예외입니다. 왜냐하면 이 시간은 한 번밖에 없으니

---

17 Myron Samuel Scholes: 1941~. 캐나다의 경제학자. 피셔 블랙Fischer Black과 함께 블랙-숄스 공식을 개발한 공로로 시카고대학 재학 당시의 스승인 로버트 머턴과 함께 노벨경제학상을 수상했다. 현재의 주식가격, 미래의 옵션 계약부가격, 만기일과 완료일, 무결손 투자이율을 토대로 만든 이 공식은 많은 분야에서 경제적인 평가방법을 제시했으며, 재정제도의 새로운 형태를 만들어 효율적인 위기관리를 가속화시켰다는 평을 받는다. 대표적 저서로『옵션과 법인 채무의 평가The Pricing of Options and Corporate Liabilities』가 있다.

18 Robert Merton: 1944~. 재정경제학의 권위자. 숄스와의 합작품인 미국의 대표적인 헤지펀드 '롱텀캐피털 매니지먼트'로 1999년 대규모 투자손실을 보고 뉴욕 금융당국으로부터 40억 달러의 구제금융을 받았다. 주요 저서로『합리적 옵션 평가 이론Theory of Rational Option Pricing』,『시연속 재정학Contionuous—Time Finance』,『재무의 이해 Financial economics』 등이 있다.

까. 그런데 금융공학이 의거하고 있는 확률론과 통계학은 주사위를 여러 번 던지는 것을 전제로 합니다. 주사위를 열 번 던지면 6이 일곱 번 나오지만 계속 던져서 평균을 내면 점점 6분의 1에 가까워집니다. 그런 것을 전제로 하다니 가당키나 합니까. 역사상 이 시간의 주사위는 한 번밖에 던질 수 없는데.

우타마루/ 그러니까 뿌린 대로 거둔다는 점성술 같은 얘기지요.

사사키/ 점성술입니다. 초자연적입니다. 이제는 그런 말을 했다가는 점성술사에게 실례일 듯싶습니다. 이단인 점성술에 관대했던 성 토마스 아퀴나스와 루터도 어안이 벙벙할 겁니다.

우타마루/ 격하게 공감합니다. 현실에는 수십 억의 인간이 각자 마음껏 다양한 생각을 합니다. 때로는 스스로도 예측하지 못한 행동을 하면서 순간순간을 살고 있습니다. 그래서 밥술깨나 뜨는 사람들은 세계의 법칙을 끝까지 지켜보았으니 적어도 너희보다는 낫다는 식으로 말합니다. 앨런 무어Alan Moore의 『프롬 헬 From Hell』을 읽었는데 거기서 잭 더 리퍼Jack the Ripper[19세기 영국의 유명한 연쇄살인범]가 런던의 거리에서 '펜타그램'을 판독하는 수법이랑 비슷하지요. 요점은 런던이야 유서 깊은 거리이므로 적당히 점을 이어나가면 그런 펜타그램 같은 의미심장한 것을 연상시키는 것쯤은 얼마든지 가능합니다. 결국은 망상에 의해 날조된 이야기지만 어쩐지 꽤 흡사하게 들립니다.

사사키/ 전적으로 옳아요. 그런 것은 계산이 누락된 결과의 환상에 불과해요. 실은 수리경제학의 성립 시점부터 그러한 비판은 경제학 내부에서도 줄곧 있었습니다. 케인스의 입장도 그러했고요. 축적한 과거의 데이터를 토대로 미래도 이러하리라고 예측하다니 허무맹랑합니다.

우타마루/ 별자리 자체에서 의미를 파악하는 감각이지요.

사사키/ 프랑스 현대사상 이후 사상은 대개 근대경제학에 편향되어 있습니다. 경제학이 더 현실적이라고 합니다. 근대경제학, 수리경제학, 금융공학으로 파악하려는 사람들은 많았습니다. 하지만 허사였지 않나요. 역사에서 딱 한 번 일어난 일은 헤아릴 수가 없어요. 물론 경제학 전체가 공학화한 것은 아주 최근이므로 모든 경제학이 소용없다는 말은 아닙니다. 하지만 결국 그들은 예측 가능하다고 생각했고 난처해졌지요.

명시는 맹목과 바꿔서

우타마루/ 가능하다고는 생각지 않고 가능했다는 책을 내서 우위에 서는 것이 중요하지요.

사사키/ 노벨경제학상 수상자가 줄줄이 아시아 금융위기를 예측하기는커녕 서브프라임론의 이론적 기초가 되어 세계적인 위기를 초래했습니다.

우타마루/ 세계에서 가장 머리가 좋다는 사람들이 어쩌다 그런 큰 실수를 했을까요? (웃음) 얘기는 아주 간단합니다. 세계에서 가장 머리 좋은 석학이 세계의 근본인 경제를 통제하려다가 실패했다는 지극히 정직한 결론에 도달합니다. 제아무리 머리가 비상해도 그것은 무리니까요. 머리 좋은 사람이 머리 나쁜 사람을 통합하겠다는 사고방식 자체가 완벽하게 무리였습니다.

사사키/ 명시明視는 맹목과 바꿔서 손에 넣는 것입니다. 당연하지만 맹점이 없으면 시각은 성립하지 않습니다. 모든 방향이 보인다는 말도 안 되는 소리를 곧이곧대로 믿은 것이지요. 모든 것이 보이고, 모든 것을 아는 사람이 되고 싶어하는 사람만 가장 중요한 것이 보이지 않습니다. 바보, 얼간이라는 뜻의 '본쿠라'라는 말이 훌륭한 이유는 한계를, 보이지 않는다는 사실을 안다는 의미이기 때문입니다. 보이지 않고 도박실력도 어설프지만 도박합니다. 확률론적으로 더 유리해서 투자하는 것이 아닙니다. 도박실력은 어설프고, 한 치 앞은 어둠입니다. 그래도 전부를 거는 자세가 '본쿠라'가 아니고 뭔가요.

우타마루/ 무의식중에 앨런 무어의 이야기만 해서 좀 무엇하지만 『와치멘WATCHMEN』 같은 것이죠. 앨런 그린스펀[19]은커녕 거의 신에 가까운 능력을 가진 한 남자가 완벽하게 계산해서 세계를 통제하려고 합니다. 희생도 크지만 전체적으로는 사람들을 구하는 최선의 방법이라는 이유로. 그런데 그 계획이 그저 한 얼간이의 사소한 저항으로 붕괴되어 사라질지도 모른다는 가능성으로 그 소설은 희망을 남깁니다. 자신의 의도가 얼마나 옳은지는 모르지만 자만이 아니냐고. 이런 중요한 이야기를 최고로 재

---

19 Alan Greenspan: 1926~. 연방준비제도이사회 전 의장. 1970년대 초 최저 실업률, 재정흑자 및 고성장을 이끌어 미국의 경제대통령, 미국의 경제조타수, 통화정책의 신의 손으로 불린다. 그러나 재정적자와 무역적자도 사상 최대로 증가했고, 세계 금융위기의 원인을 제공해서 평가는 엇갈린다. 저서로 『격동의 시대』, 『지도와 영역: 리스크, 인간의 본성, 미래 예측The Map and Territory: Risk, Human Nature, and the Future of Forecasting』 등이 있다.

미있는 오락물로 만들어버리다니 과연 앨런 무어는 대단합니다.

사사키/ 또한 안고는 본디 인생은 도박의 결과라고 합니다. 왜냐하면 자신의 아이가 어떻게 될지 모르기 때문이지요. 장애아로 태어날 수도 있고. 지금은 다소 예측이 가능할지도 모르지만 어떤 인간이 될지 아무도 장담 못 합니다. 누가 아나요? 심각한 범죄자나 독재자가 될지. 따라서 아이를 낳는 것은 도박이고 우리 인생은 도박의 결과입니다. 그래서 안고는 본디 인생은 순수한 룰렛이다, 룰렛 안에서 살고 있다고 했습니다. 예술가란 그런 사람이다, 될 대로 되라고.

철저히 축적된 이론을 바탕으로 한 도박

우타마루/ 단, 안고의 그 말은 안이하게 오용할 위험성도 있습니다. 귀에 걸면 귀걸이, 코에 걸면 코걸이여서 편의대로 해석할 공산이 충분합니다. 괜한 기우인가…….

사사키/ 분명 기우입니다. 자신이 만든 것은 객관적으로 볼 수 없으며, 창조하는 과정도 전부 통제할 수 없습니다. 그래서 도박이며, 될 대로 되라고 했다고 생각합니다. 질의 차이는 반드시 있어요. 단적으로 창작은 심사숙고를 거듭해서 합리적으로 갈 수 있는 데까지 가서 막판에 아슬아슬하게 도박하는 긴장감으로 가득한 작업입니다. 그 사실을 알고 모르고의 문제가 아니지 않습니까. 처음부터 전부 알 수가 없습니다. 시로 씨의 영화비평은 그러한 영화에 대한 긴장감을 문제 삼고 있습니다. 영화를 깔보는 사람들에게 곧잘 그런 식으로 화를 내시죠.

우타마루/ 가령 '과학도 세상의 전부는 모른다. 따라서 과학은 무력하다'라는 극단론으로 가는 바보가 있습니다. 그러나 과학으로 가능한 것은 한계가 있으며 더욱이 항상 개정됩니다. 그러므로 노력도 하지 않는 인간이 어쭙잖게 과학이 무력하다는 둥 빤한 헛소리를 늘어놓아도 귓등으로 흘려들으세요.

사사키/ 지금의 과학으로는 불가능한 것을 확정하는 작업 자체가 과학의 일부니까요.

우타마루/ 즉 이제껏 쌓아올린 것을 전제로 미지의 미래를 채워나가겠다는 얘기거든요. 그래도 역시 '과학은 무력하다'는 식의 말투는 꽤 탄탄한 인기를 얻고 있습니다. 그런 사람에게 이렇게 말해주고 싶네요. '지금 당장 이 쾌적한 건물에서 나가서 옷 벗고 모든 문명의 혜택을 멀리해. 그리고 네가 그 헛소리를 할 수 있는 것이 누구 덕인지 잘 생각해봐'라고. (웃음)

사사키/ 창조성은 이론으로 계속 밀고 나갈 수밖에 없고, 과학도 마찬가지입니다. 하지만 과학을 포함하여 진실한 창조현장에서는 정말로 부득불 도박해야 하는 순간이 옵니다. 그러나 지적으로 밀고 나가는 것과 모순되지 않습니다. 항상 경신해야 하며, 다음은 어떻게 될지 모르는 것이 한데 섞인 이론일 테니까요. 제가 말한 우연성은 단지 어디에 걸거나 결과는 상관없는, 무엇을 선택해도 괜찮은 것이 아닙니다. 기필코 여기에 걸어야 해서, 막다른 길이어서, 아무리 따져봐도 여기에 거는 것이 최선인 듯 싶어서 거는 것이지요. 반면에 확률론의 경우는 유리하니까 겁니다. 처음부터 전부 알고 있어서 거는 것입니다. 그러나 대체 무슨 수로 처음부터 안다는 거죠?

'만능설교'는 사상이 아니다

우타마루/ 저 역시 제가 선택한 것을 버리고 머미디의 감각에 걸기도 합니다. 음악으로 말하면 특히 TK[걸그룹 A.O.A의 앨범 타이틀곡 〈Wow War Tonight〉의 원곡자이자 애니메이션 〈시티헌터〉 엔딩곡의 제작자로 유명한 고무로 데쓰야小室 哲哉의 애칭] 씨 이후부터인가. 프로듀서 혼자 모든 것을 치밀하게 계산해서 만들었다는 발언을 볼 적마다 '거짓말 좀 작작해!'라고 하고 싶어져요. 실제로 그런 사람들은 이후에 별로 성공하지 못했습니다.

사회자/ 다들 실패했죠.

우타마루/ 아는 척하는 사람은 정말로 어설퍼요. 그러나 아는 척하지 않으면 망하는 사람도 일정 정도 있습니다. 학자들 중에도 더러 그런 분이 계시고요.

사회자/ 신처럼 모든 것을 꿰뚫어보는 척해야 실현되는 무언가도 있으니까요.

우타마루/ 어떤 질문을 받았을 때 모르는 일이라고 해야 하는 입장의 사람도 있잖아요.

사사키/ 저는 모른다는 말을 입에 달고 삽니다.

사회자/ 모르는 것도 으레 있는 법이니까요.

사사키/ 질 들뢰즈가 아주 멋진 명언을 남겼습니다. "삼라만상에 관해 모조리 알고, 완벽하게 설명할 수 있어야 지식인이라면 나는 지식인이 아니다. 뭔가에 관해, 그것에 관해 아무것도 모른다고 하는 것은 정말로 유쾌하다"라고. 이 생각에 매우 공감합니다.

우타마루/ 그런데 들뢰즈가 그렇게 말했던 시대보다 지금이 오히려 모든 것을 설명하는 것이 지식이라고 여기는 듯해서 걱정스럽습니다. 언제부터 그리 되었는지 이상하지 않아요?

사사키/ 이상해요. 몰라도 돼요. 모든 것을 설명할 수는 없으니까. 그리고 아무런 쓸모가 없어서 사상과 철학이 고귀하다는 생각에는 절대 반대입니다. 분명히 유용합니다. 단, 모든 사람에게 유용한 것은 아닙니다.

우타마루/ 지금 당장 화장실 솔처럼 유용하다고는 하지 않겠습니다. 편리하다거나 유용성이라는 수준에서라면 어떨지 모르지만 목숨은 구할 거라고 하는 편이 낫다는 이야기지요.

사사키/ 사상은 두 가지밖에 없습니다. 하나는 '이렇게 다양하게 공부해야 하나? 앞으로는 뭘 해도 허사인가?' 하고 난처하게 만드는 사상이고, 다른 하나는 '옳거니, 좋아 해보자'라고 기운을 주는 사상입니다. 아무리 머리가 좋아도, 척척박사여도 전자는 쓸모가 없습니다. 사상의 가치가 없습니다. 참으로 순진한 소리 한다 싶으시겠지만 그렇지 않습니다. 괴테가 활력도 주지 않고 설교만 해대는 사람은 딱 질색이라고 단언한 말을 니체가 희희낙락하며 인용합니다. (웃음) 그런 '설교'는.

우타마루/ 무용지물이라는 말이죠.

사사키/ 아무짝에도 쓸모가 없습니다. 두리번거리며 빠른 말로 신의 관점에서 한눈에 굽어보며 무엇이든 설명해주겠다니 대체 무슨 속셈입니까. '나는 알고 있다. 나는 잘났다'라고 말하고 싶을 뿐 아닌가요. 유아적입니다.

우타마루/ 현실과 괴리되어 있는 것이지요. 이 양반의 책이 이해하기 쉬운 이유는 결국 그 점입니다. 현실과 일치하므로 자신을 대입시키면 순식간에 이해가 되거든요. 아아, 어디까지나 제 얘기니 다들 한번 읽어보세요.

2010년 2월 5일, 시부야에서

양서이나 전제하는 바가 많고 굴절을 잉태한: 푸코의 맹우가 푸코를 말하다

(서평: 폴 벤느의 『푸코, 사유와 인간』)

실로 푸코의 맹우盟友인 폴 벤느[01]를 필두로 이 책과 그 역서를 세상에 낼 즈음에 귀중한 노력을 아끼지 않았던 사람들에게 너무도 무례한 말투가 아닐까 한다. 그래서 비난받을 각오로 이 책이 지극히 한정된 독자를 위한 것이고, 그래야 한다고 처음부터 단호히 말하겠다. 물론 이 말은 이 책의 가치를 조금도 떨어뜨리지 않는다. 다만 추문에 관계된 성질 때문에 불가피하게 경박하고 왕성한 호기심을 자아내는 푸코의 전기적인 삽화를 다수 포함하고 있다. 또한 어떤 의미에서는 이론적인 관점도 완벽한 발군의 역사학자 벤느가 기록한 명쾌한 개설이기도 하다. 그래서 중독성과는 정반대로, 아니 그런 까닭에 독자를 고르는 책이라고 할 만한 내용이다. 특히 푸코라는 이름을 처음 알고 요약한 것이라도 막연히 그 훌륭한 말과 모습에 매료된 새로운 독자가 그 생생한 기분 그대로 떨리는 손으로 책장에서 꺼내드는 첫 번째 혹은 몇 번째 책으로서는 절대 부적합하다.

---

01 Paul Veyne: 1930~. 프랑스의 역사학자이자 고대사 분야의 세계적인 거장. 독창적인 역사해석과 논쟁적인 주장으로 유명하다. 주요 저서로 『그리스인들은 신화를 믿었는가?』, 『사생활의 역사』, 『푸코, 사유와 인간』, 『빵과 놀이』 등이 있다.

다소 두서없이 까다로운 필치로 의견을 펼치지만 그것은 프랑스어권 대학교수들은 모두 하는 일종의 습관에 가까우니 신경쓸 필요는 없다. 그가 펼치는 주장은, 가령 푸코의 경우는 '진리'가 문제가 되지만 그것은 진리 자체가 아니라 항상 '진리를 말하는 것', 다시 말해 '진리의 체제'가 문제가 된다고 했다. 이러한 그의 명쾌한 지적은 현재에도 '장치'에 내재한 성분의 이질성 heterogeneity을 강조하며 푸코 자신의 말을 인용한 후 "과학, 병원, 성애性愛, 군대 같은 역사적 형성물을 구성하는 것으로서의 여러 가지 법률, 여러 가지 행위, 여러 가지 말, 여러 가지 실천이다. 담론 자체는 담론과 동시에 형성되어 그것을 사회에 구현하는 것으로서의 장치에 대해 내재적이다"라고 한 점은 들뢰즈를 비롯해 푸코에게서 월등한 담론을 발견하지 못한 입장에서는 다소 반론하기도 한다. 그러나 이는 아름다운 성품을 지닌 뛰어난 역사가인 벤느의 비환원주의적인 통찰이라고 할 수 있다. 그의 입장에서는 당연할 테지만 상대주의자 푸코라는 조잡한 논란에 대해 완강하게 사실과 현실을 고집하는 역사가로서의 그를 강조한다. 그뿐만 아니라 그 현실 자체가 "시간의 흐름 속에서 구성되는 것이며 분기, 우발적인 사건, 다른 계열의 우연과의 만남이라는 예측 불가능한 단계를 거쳐, 역시나 예기치 않은 도달점으로 향한다. 역사적 인과성에 '부동의 제1동자第一動者'02

---

02 unmoved mover: 아리스토텔레스가 정의한 자신은 움직이지 않으면서 다른 것들을 운동시키는 제1의 원인으로서의 운동자Prime mover, 즉 신을 가리킨다.

는 없다는 것(경제는 다른 모든 것을 작동시키는 지고의 원인이 아니며 사회 또한 마찬가지다). 모든 것이 전부에 작용하며, 모든 것이 전부에 대해 반작용한다"라고 단언한다. 진리의 전체성은 존재하지 않고 "임의의 시대, 임의의 영역에서 사유되며, 볼 수 있고 말할 수 있었던 것은 다공적多孔的이라는 사실"을 확인했다. 또한 진리 없는 '방황'에 관한 어휘가 아무리 비슷해도 하이데거와 푸코의 개념화 사이에는 양립하지 않는 단절이 있다고 단언하는 부분에서는 이런 것은 당연히 모두가 아는 사실일 텐데 싶어 장탄식한다. 아울러 모두가 뜻밖에 망각 속에서 떠오르는 그 황혼의 시각을 개척하듯이 별안간 잊기 쉬운 까닭에 더욱더 귀중한 일을 포기하지 않는 관점을 새삼 들이대는 푸코와 벤느의 이중적인 모습을 공유하는 명석한 정신의 소재도 남김없이 전한다. 그리고 블랑쇼에 대한 '개종'을 말하고, 문학의 우위를 믿어 마지않는 푸코에 관한 증언은 감동적이며 과장한 것도 아니다.

그런데 문제는 사라지지 않는다. 그 집요함과 이미 고질병의 종류로도 이해할 수 있으나 벤느는 30년 지기인 푸코를 논할 적마다 그 애매한 '담론' 개념을 되풀이해서 지적한다. 물론 여전히 귀중한 지적이지만 그 지적하는 행동 자체가 무엇을 노리는지 내내 불확실해서 푸코를 이해하려는 사람들의 입장에서 말하면 천창을 활짝 열어젖히는 태도라고는 도저히 말할 수 없다. 푸코는 구조주의자가 아니라는 단언부터 무려 30년간 계속해서 속사포로 되풀이하고 있는 비방도, 오늘날에는 다소 진의를 의심하는 경향이 강하다. 세부적으로 들어가면 해석학이라는 어휘를 그토록 기피해온 푸코에게 '해석학적 실증주의positivism'라는 호칭을 붙이려면 이 정도의 변명으로는 부족하다. 벤느가 푸코와 정치에 관해 말하는 부분은 신중한 독해가 필요하다고만 말해두겠다.

전제하는 바가 많고 굴절_{屈折}을 잉태한 이 양서의 독자로서 적합한 것은 이미 푸코의 저서가 친숙한 사람이다. 자신의 의견에 비춰서 벤느에게 확고한 위화감 혹은 찬성을 표명할 수 있는 사람이다. 그렇지 않은 독자에게는 푸코 자신이 쓴 저서를 직접 보기를 권한다.

『도서신문』, 2010년 5월 22일호

'이소자키적 세계'의 반석과 동요

(서평: 이소자키 겐이치로[01]의 『세기의 발견』)

／

적어도 죽음은 두 가지가 있다. 하나는 **인간적인 죽음**이며, 또 하나는 **단적인 죽음**이다. 전자는 **공포의 죽음**과 **구원을 위한 진정한 죽음**인 이중의 죽음이다. 공포의 죽음이 언제부터인가 우리에게 말한다. '너는 어차피 죽을 운명이야. 그러니 기왕 죽을 거……'라고. 그래서 우리는 개인을 초월해서 민족을 위해, 대의를 위해, 성공을 위해, 이익을 위해, 향락을 위해 싸워야 한다. 삶이 유한하다는 방대하게 살포된 협박과 죽음을 선동하는 말들에 굴복해서 복종하고 착취당하며 고달프고 비참한 인생을 살아도 행복이라고 믿는다. 두려운 죽음을 상대적으로 가볍게 받아들이기 위한 참된 구원의 죽음은 최후의 심판처럼 나중으로 미뤄졌으며 그 대의를 보강하기 위해 존재한다. 유한성의 절망에서 초월성으로의 도약, 그리고 그 도약 때문에 무시된 개개인의 죽음—인간적인, 너무나도 인간적인 삶.

그러나 다른 죽음이 존재한다. 바로 '단적인 죽음'이다. 지금까

01 磯崎憲一郎: 2007년 『중요한 아이肝心の子供』로 문예상을 수상하며 데뷔한 뒤 2009년 『마지막 거처』로 아쿠타가와상, 2011년 『꼭 닮은 남남赤の他人の瓜二つ』으로 분카무라 두마고 문학상, 2013년 『왕고내금往古来今』으로 이즈미교카 문학상을 수상했다.

지 존재했던 현생인류는 몇 명인가. 10억 명으로 추정되며, 현재 그 수치의 3분의 2가 살고 있다. 한때 번영했던 지금의 인류는 창궐했다가 머지않아 멸종하는 메뚜기처럼 공격적으로 서로 잡아먹는 **무리살이형 집단**으로 탈바꿈했는지도 모른다. 지구가 탄생한 것은 46억 년 전이다. 현생인류가 태어난 것은 20만 년 전. 예술의 역사는 3만 년이지만 농경문명이나 경제의 역사는 고작 1만 년이다. 지구를 1미터의 구로 축척縮尺하면 대기권은 1밀리미터의 막이 된다. 그것이 우리의 생활권이다. 그 바깥에는 수많은 우주가 펼쳐진다. 이 책에도 나와 있듯이 증가하는 햇빛을 차단하기 위해 이산화탄소가 감소해서 광합성 생물이 살 수 없는 '5억 년 후'에는 '확실히' '생물이 소멸한다.'

단적인 죽음은 단순한 멸망이자 소실이다. **단적인 우주의 방대한 생성 그 자체다.** 단적인 죽음은 인간적인 죽음이 아니다. 인간의 감정은 통하지 않는다. 절망도, 흥분도, 공포도, 비탄도 없다. **어차피** 죽을 목숨이니 대의를 위해, 성공을 위해, 국가를 위해 바치라는 협박은 인간적인 죽음을 자신의 유한성Endlichkei으로서 인정하는 **미친** 인간에게만 통한다. 단적인 죽음에서는 협박과 선동, 복종과 지배, 착취도 불가능하다. 경쟁과 성공과 구원의 지렛대가 되지 않는다. 그렇다. 무한히 단적인 **죽음을 향해 가는 삶**이며 세상 그 누구도 자신의 죽음을 알거나 자기 주검을 본 적은 없다. 삶과 죽음을 넘나들며 죽음을 향해 가는 무한한 여정이 삶과 죽음이다. 인간적인 죽음이나 삶은 그저 **결과**다.

여기에 **이소자키적 세계가** 존재한다. 곤충과 새와 짐승과 사람

이 부단히 생식을 반복하며 **죽음을 향해 가는** 색다르고 견고한 작품세계가. 인격은 소멸한다. 개인의 인생을 살지 않으므로 왕들도, 무사들도 얼굴이 어우러진다. 『눈과 태양眼と太陽』[02]에 등장하는 토리와 미아의 형상이 한데 어우러져 분간이 안 된다. 누군가는 항상 누군가의 반복이며 뭔가는 기존의 뭔가의 반복이다. 새로운 것은 반복하는 까닭에 참으로 신선하다. 시간 축은 뒤틀린다. 단적인 죽음만이 존재하는 이소자키적 세계에서는 죽음으로 가는 노정은 직선적일 수 없기에 여기서는 누구나 난생처음인 사태를 이미 겪어서 알고 있었노라고 회상한다. 인간적인 죽음과 절망은 없다. 따라서 아문센 탐험대에게 추월당한 스콧 탐험대[03]의 에반스라는 대원이 추위와 배고픔과 절망으로 발광하다가 알몸으로 남극의 설원에서 죽었다는 이야기는 『세

---

02 미국의 디트로이트에서 사장이자 유일한 일본인 동료인 '엔토 씨'와 일하는 당시 30세의 주인공이 이혼 경험이 있는 미국인 여성 토리와 재혼하고 의붓딸 미아와 셋이서 가족을 꾸려 귀국하는 여객기에 탑승하기까지의 이야기다. 스토리 전개에 중점을 두지 않고 맥락 없이 에피소드를 끼워 넣는 방식이 독특한 매력이다. 주인공이 식사를 하는 일본 레스토랑에 들어온 작은 동물의 이야기, 카페 옆자리에 앉은 여성들의 대화, 엔토 씨와 뉴욕에 가서 한국 살롱(매춘시설)을 찾는 이야기, 주인공이 토리와 미아와 함께 세계에서 제일 큰 크리스마스 용품 전문점에 들러서 오는 길에 교통사고에 휘말렸다가 무죄로 풀려나기까지의 이야기, 그리고 엔토 씨가 젊은 시절에 만났던 여성 피아니스트와의 기묘한 연애담 등등.

03 영국의 군인이자 탐험가인 로버트 팰컨 스콧Robert Falcon Scott(1868~1912)이 이끌었던 남극 탐험대. 1911년 노르웨이의 아문센과 남극점 도달 경쟁을 벌이다가 실패했고 식량부족과 동상 등의 문제로 다섯 명 전원이 사망했다. 다만 대륙이동설의 완벽한 증거물인 석탄과 고생대 화석인 글로소프테리스Glossopteris(고생대의 고사리 식물)를 비롯한 동식물 화석, 바위 샘플, 비어드모어 빙하의 지질 견본을 채취하는 등 과학적으로는 많은 기여를 했다.

기의 발견世紀の発見』[04]처럼 웬 한물간 이야기냐고 발끈하며 가로
막아야 한다. 그보다는 이 참치처럼 거대한 잉어 이야기가 제격
이다. 여기에는 개체를 초월해서 굳건하게 반복되는 생식이 있
다. 흔해빠진 무수한 기적이 소용돌이치는 이소자키적 세계는
기쁨의 세계다. 주의하자. 부처도, 빔비사라[05]도 자식을 보고 기
뻐하며 말한다. "나와 아들은 다른 개체다"라고. 개체를 초월해
서 "삶의 바다에서 함께 어울려 사는 것"은 문제가 아니다. 그
반대다. 「그림絵画」[06]에 등장하는 자신이 하나의 독립된 개체라
는 개념은 없지만 50년간 "늘 끊임없이 고독했다는 말만은 인간
과는 다른, 거북이가 자기 나름의 방법으로 알고 있던" 고독이
느릿느릿 피어나는 세계를 상징한다. 반복과 생식에서 오는 이

04 시간이 도약하여 단 몇 줄로 10년이나 지나거나 중년에서 돌연 유년시절로 돌아간 것
   같은 착각을 불러일으키는 환상적인 구성이 흡사 『백년의 고독』의 가브리엘 가르시아
   마르케스를 연상케 한다는 평을 듣는다. 전반부는 재봉사 아들의 어린 시절 추억이 담겨
   있다. 기관차와 연못 속을 들여다보다가 목격한 참치만한 잉어, 집에서 기르던 개가 남
   의 집 닭을 무는 사건, 숲에서 함께 놀다가 어디론가 사라진 친구 A 등. 후반부는 11년
   의 시간을 뛰어넘어 홀로 건설회사의 엔지니어로 파견된 주인공이 나이지리아에서 지
   낸 생활상이 나온다. 정글에서 거대한 염소를 만나기도 하고 우여곡절 끝에 일본으로 돌
   아와 가정을 꾸린 그는 비로소 평범한 인생에서 기묘한 성취감과 소속감을 느낀다. 웅대
   한 시간 속의 일부일망정 인생에는 확실한 현실과 구체성이 있으며, 시작과 끝이 있고
   하나의 완결된 생이 있다는 주제로 인생을 마주하는 자세를 생각하게 하는 작품이다.
05 Bimbisāra: 기원전 546~494, 인도 고대 16개 왕국 중 하나인 마가다Magadha국의 국왕
   으로서 52년간 재위하다가 아들 아차타사투에게 시해당했다. 붓다가 깨달음을 얻고 왕
   사성을 찾았을 때 죽림동산에 부처님과 제자들이 거주하며 수도할 큰 절을 지어서 바
   쳤는데 이것이 불교 최초의 사원인 베누바라 비하라, 우리말로 죽림정사다.
06 『세기의 발견』에 함께 수록된 단편으로 아쿠타가와상 수상작이다. 어느 봄날 오전의
   그림 같은 풍경 속에서 60년이라는 세월을 산 노화가, 여고생, 주부, 강바닥의 거북이
   가 보내는 잔잔한 일상을 그렸다. 모든 생명이 꿈틀거리는 조용하고 치밀한 정경 속에
   죽음과 재생이라는 심오한 메시지가 숨어 있다.

절망 없는 죽음의 고독이 엎드려 절해야 할 확고부동한 이소자키적 세계다. 여기에서 죽음의 공포는 소멸했을 것이다.

그런데 이소자키적 세계가 별안간 어두워진다. 처녀작에는 없고, 『눈과 태양』에서도 극히 희미하지만 이 이소자키적 세계에서 불거지더니 다음 작품 「마지막 거처終の住処」[07]에서 전면에 내세우는 주제는 **여자들의 음모**다. 『눈과 태양』에서는 비밀을 안 이상 그 여자와 결혼해야 한다는 강박관념이 출현한다. 또한 『세기의 발견』 이후 주인공은 자신에게 일어나는 불가사의한 경험은 모두 수상쩍고 정체를 알 수 없는 엄마가 꾸민 일이거나 '위장'은 아닌지, 자신이 보고한 것을 이미 다른 사람에게 들어서 알고 있는 것은 아닌지 집요하게 의심한다. 드디어 이소자키적 세계의 중핵을 이루는 생식과 반복에까지 이른다. 역시나 여자들의 계략인가. 공원에 있는 부부의 아내가 히죽거리며 말한다. "이렇게 될 줄 예상했어요. 미리 각본을 짜놓았거든요"라는 말이 삽입된다.

---

07 20대 때 오랜 연애에 실패하고 제약회사에 근무하는 주인공은 서른이 넘어서 지금의 아내와 결혼하자마자 무려 여덟 명의 여자들과 끊임없이 사내연애를 즐긴다. 시대는 대폭적인 엔화 강세의 계기가 된 플라자 합의 이후다. 날마다 이어지는 잔업, 두 살짜리 딸아이 위주로 살다보니 아내와의 대화는 단절되고 급기야 11년간의 별거에 들어가지만 일에서 큰 성과를 거두고 행복감을 되찾는다. 얼마 후 땅을 사서 집을 지은 뒤 50세의 그는 미국 의약품 제조사의 적대적 인수합병을 성사시키라는 지시를 받고 홀로 미국으로 장기출장을 간다. 좌절을 겪기도 하지만 "과거의 하루, 한 시간, 1초가 현재를 만드는 것, 그리고 지금 이 순간을 포기하면 영원히 시간을 포기하는 것이다"라는 상사의 말이 주인공의 삶에 변화를 가져와서 임무를 완수하고 마지막 거처로 돌아온다. 아내가 홀로 기다리고 있는 그곳으로. 2009년 아쿠타가와상 수상작이다.

다음 작품 「마지막 거처」에서는 '배후에서 조종했던' 아내와 '검은 스타킹을 신은 여자', '선글라스를 낀 여자' 그리고 어머니가 꾸민 대로 움직이던 주인공이 대담하게 일을 주도해나간다. 그리고 이소자키는 시시한 술집에서 언쟁을 벌이는 장면에 전매특허인 '엎드려 절하게 만드는 말'을 삽입하여 확고부동한 작품 세계를 제시한다. 미리 알고 일을 꾸미는 여자들의 세계, 마녀인 아내의 복수. 심상찮은 분위기 때문에 동요하던 주인공은 무한정 지체할 시간이 없다고 판단한다. 때마침 "대항하기로 각오했다면 앞으로 죽는 날까지 싸워야 할 거야"라고 적힌 이사의 편지를 받고 그는 제약회사로 찾아간다. 술집에서 대면한 미국 제약회사의 사장에게 왜 만나려고도 하지 않느냐고 따지자 미국인 사장이 "인류에게 최대의 공헌을 한 발명이 뭔지 아나? 항생물질이야"라는 영문 모를 소리를 한다. 주인공도 이에 질세라 "당신의 그 알량한 궤변이 모든 것을 망쳤어"라고 되받아친다. 이 한마디에 제약회사 사장은 들고 있던 와인잔을 내동댕이치고 결국 적대적 인수합병은 성사된다. 귀국해서 거울을 들여다보듯이 아내의 얼굴을 보며 이 방에서 죽을 것을 안다. 무슨 일이 벌어지고 있는가. 이소자키적 세계는 인간적인 죽음으로 무너질 것인가. 아니면 다음 도약을 위한 일보 후퇴인가. 어쨌든 이 「마지막 거처」에 이르는 이소자키적 세계의 전환점이 되는 『세기의 발견』은 꼭 읽어봐야 한다.

『문예』, 2009년 가을호, 가와데쇼보신샤

햇살 가득한 여행에 미칠 것만 같은 그림자가 드리워진 기록으로

(서평: 노자키 칸의 『이방의 향기―네르발의 '동방기행'론』)

／

"그는 거기서 제라르 드 네르발[01]처럼 별과의 대화를 생각하는 것도 가능했다. 그럼에도 그런 것은 일체 생각하지 않고 눈앞의 인파만 바라보고 있었다." 솔직담백한 시인 가네코 미쓰하루金子光晴의 말이다. 똑같이 솔직담백한 시인 네르발을 본격적으로 논한 것은 아니다. 때로는 시리도록 찡한 여운을 남기는 묘사 때문에 무심코 마른침을 삼키지만 눈에 띄지 않고 소문나지 않은 만년의 촌극conte에 보랏빛 연기를 쫓는 멍한 시선처럼 우연히 끼워 넣은 묘사에 불과하다. 하지만 일단은 타당한 형용이지 않은가. "그는 거기서 네르발처럼 별과의 대화를."

그렇다. 오래도록 네르발은 별과 대화하는 것 같은 낭만파 시인으로 여겨졌다. 그 수수께끼 같은 자살, 빈곤과 광기, 방황 끝에 극도로 추운 파리의 아침 햇살 아래에서 발견된 목을 매고 죽은 시체에서 역산한 시인의 모습은 다양하게 찬양되어왔다. '억울한 검은 태양'을 응시하고 "신은 없어! 신은 이제 없어!" "모

---

01 Gérard de Nerval: 1808~1855, 19세기 프랑스의 시인이자 소설가. 저서로는 『불의 딸들』, 『오렐리아』, 『실비/산책과 추억』, 『시바의 여왕과 정령들의 왕자 솔로몬 이야기』 등이 있다.

든 것은 죽었어!"라고 절규한 미친 가수로서. 정신착란으로 정신병원에 입·퇴원을 반복하는 지병을 짊어진 저주받은 작가로서. 또한 실연의 추억 때문에 다른 많은 여성을 그 여인으로 혼동하고, 머리를 조아려야 할 여신의 모습 너머로 그녀의 환영을 보는 사람으로서. 그리고 놀라운 박람강기, 동서고금의 종교와 비밀의식과 신화에 통달하고 연금술과 점성술, 수비학numerology과 타로에 이르는 오컬트적인 박식함이 뒷받침된 환상문학의 대표자로서. 그런데 이 노자키 씨의 책 『이방의 향기』에 등장하는 그는 분위기가 약간 다르다. 물론 다름 아닌 그의 말이다. '별과의 대화'를 빼놓을 수도 없고, 그 결말은 누구나 안다.

하지만 이 책에서 그리고 『동방기행』 속에서 숨 쉬는 네르발은 실성한 환상시인은 전연 아니다. 여기서 그는 "눈앞의 인파만 바라보고 있을뿐더러 군중 속에 익명의 한 인간으로서 시치미를 떼고 섞이는 것"도 마다하지 않는 활달하고 낙천적인 사교성조차 갖췄다. 목적 없고 제멋대로인, 익살스럽고 때로는 슬랩스틱에 가까운 유쾌한 기행문인 데다 동시대에 유례가 없는 민첩하고 공평한 지성도 지니고 나아가는 것이다. 『동방기행』은 주요 저서라고도 할 만한 가장 두툼한 저서로, 결코 서적의 방계에 속하는 것은 아니다. 그리고 이러한 평형감각으로 가득 찬 여행기에 관해 논하려면 아마 노자키 씨 이상의 적임자를 생각하기는 어려울 것이다.

동양문화와 관련해서 『동방기행』을 논한다는 자세 자체는 네르발 연구사의 큰 흐름 속에 있다. 이 책은 동양문화를 통렬하게 비판한 에드워드 사이드[02] 자신이 네르발에게는 각별한 존경 hommage을 바치고 있다는 사실을 지적한 것에서 시작된다. 동방으로 가기 전부터 여행작가였던 그가 낭만파의 선구자가 썼던 여행기에 가득한 동양에 대한 상투적인 편견과 모멸과 몰이해를 가뿐히 뛰어넘는 모습이 간명하고 솔직한 필치로 생생하게 묘사되어 있다. 네르발은 그래서 동양학자의 여행기에서 보이는 '동방으로의 순례'라는 엄숙함과는 동떨어진 천진난만하기까지한 건전한 무관심을 자유롭게 발휘하여 무계획적인 탈선과 딴짓을 거듭하며 "한가로이 거리를 활보한다." 여성과 이방의 향기에 이끌리면서도 여성의 멸시에 빠지지 않고 이슬람으로 대표되는 동양문화의 '관용'과 그 제도적·문화적으로 정교하고 치밀한 지혜를 옹호하고, 서양의 멸시와 몰이해에 저항하며 바로잡으려는 끈질긴 노력에 불가결한 비판적 지성의 소유자로서 이야기를 자아낸다. 맑고 환한 낮 그리고 농밀한 밤 속을 하염없이 거닌다. 이방인과 유쾌하면서도 진지한 대화를 이어나가는 이국 여성들의 모습에 끌려서, '태양의 총애를 받은' 노란 이와나시岩梨[철쭉과의 상록교목으로 학명은 Epigaea asiatica, 일본 고유종] 꽃에서 감도는 향기에 도취해서만은 아니다. 그의 모습은 실로 오리엔탈리즘의 대상이 된 사람들의 모습으로 폄하되는 동시에 미적으로는 칭찬받는 정신의학의 대상이 되는 예술가인 현실로부터

---

02 Edward Said: 1935~2003, 팔레스타인 출신의 미국 영문학자, 비교문학자, 문학평론가. 주요 저서로는 『오리엔탈리즘』, 『말년의 양식에 관하여』, 『지식인의 표상』, 『평행과 역설』, 『펜과 칼』, 『저항의 인문학』 등이 있다.

끝까지 경쾌한 발걸음으로 도망치는 듯하다.

그러나 문제는 남는다. 노자키 씨가 네르발을 옹호하는 것은 당연하다—누군가를 또한 무언가를 비난하기 위해서만 책을 써서 어쩌라는 건가. 그래도. 독자인 우리에게 뭔가 불안한 떨림을 미처 억누를 수 없는 순간이 몇 번이고 찾아온다. 가령 여자 노예를 사서 프랑스어를 가르치려는 광경과 드루즈Druse, Druze파의 시조 알 하킴al-Hākim의 가르침을 대마초에 잔뜩 취한 까닭에 견강부회하는 죄를 정말로 면할 수 있을까. 이국 여자와의 혼인이 "안전한 퇴마의 범위를 넘은 지점에까지 돌진하는 행동인가." 네르발 자신이 영어에서 유래하는 신조어를 이용하여 서두에서 선언한 대로 그는 여행가일 뿐이다. 대개는 기술하지 않지만 이것은 훗날 크림전쟁에 이르는 동양 세계의 몰락과 위기의 시대의 여행이다.

하지만 그건 이제 아무래도 좋다. 마지막 장에서 약간 서술했듯이 광기의 시인으로서의 그에게서 벗어나려고 해도 다시 이 경쾌한 여행의 발자취가 이미 맹우 테오필 고티에[03]가 말하는 '몽유병'과 겹치는 순간이 찾아오는 것을 우리는 알고 있으니까. 더는 산책도, 한가롭게 걷기도, 관광도 아니며 그저 미치도록 아파서 얼이 빠진 것이다. 억지로 멈추지 않는 방랑이며 배회다. 실로 홀로 떠돌아다니다 나오는 광기로 그는 미끄러져 내려간

---

03 Theophile Gautier: 1811~1872, 프랑스의 시인, 소설가, 비평가. 주요 저서로는 『모팽양』, 『클라리몽드』, 『미라 이야기』와 시집 『칠보와 카메오*Emaux et Camees*』 등이 있다.

다. 방황인가. 이 쾌활하고 풍성하기조차 한 여행도 실은 광기와 서로 이웃하고 있지는 않았을까. 갑자기 어둡고 비통한 의심을 품지 않을 수 있도록. 네르발은 알렉상드르 뒤마[04]에게 이렇게 적어 보낸다. "나 자신을 시인이라고 믿는 것이 나의 마지막 광기가 되겠지. 비평으로 나의 이 광기를 고쳐줘." 그를 비평하는 모든 사람의 말문을 막히게 하는 이 편지의 글귀를 감히 여기에 적어둔다. 비평의 비평이 되기를 피하지 않고, 말문이 막히는 느낌을 조금밖에 공유할 수 없는 무기력 때문에. 햇살 가득한 여행에 미칠 것만 같은 그림자가 드리워진 기록으로, 이렇게 청한다. 많은 것을 우리에게 주었음에도 아직 보답이 없는 그의 광기와 노래에 그래도 다가가려고 할 수밖에 없다면.

『군상群像』, 2010년 6월호, 고단샤

04 Alexandre Dumas Père: 1802~1870, 프랑스의 소설가이자 극작가. 주요 저서로는 『삼총사』, 『몬테크리스토 백작』, 『철가면』 등이 있다.

나의 소설관을 바꾼 책 세 권

• 사무엘 베케트: 『말론, 죽다』
• 제임스 조이스: 『율리시즈』
• 헨리 밀러: 『남회귀선』

색다른 취향도 예술도 아닌 지극히 평범한 선택이어서 죄송하지만 소설에 대해 겉으로 삐딱한 태도를 보여도 무의미할뿐더러 겉치레로 말해봤자 눈 치켜뜨고 본심을 숨기려고 안달하는 짓일 뿐이다. 그것은 근대문학의 기원으로 평가되는 책을 끝까지 읽으면 누구나 안다. 세 권 모두 마지막 장까지 읽자마자 서두로 되돌아가서 한 구절을 읽는다. 그것을 쓸데없고 비능률적인 짓이라고 말리는 사람은 그저 사소한 일에 애태우는 것이다. 베케트는 3부작의 다른 2권(『몰로이』, 『이름 붙일 수 없는 자』)이나 『단편집』, 특히 『아무것도 아닌 것을 위한 소설과 텍스트들』과 바꿀 수 있다. 조이스는 물론 『피네건의 경야』와, 밀러는 『마루시의 거상』과 바꿀 수 있다.

『문예』, 2009년 겨울호, 가와데쇼보신샤

아날렉타analecta, 이것은 먹다 남은 음식, 즉 남은 것, 나아가서
는 빠진 것을 보충하고, 가외로 얻은 종류를 가리키는 라틴어
다. 이 전체 제목 아래 지금까지 의뢰할 적마다 써왔던 수필, 서
평, 대담, 토론, 인터뷰 등을 선별해서 모아 발간하게 되었다[원저
에는 'analecta 1'이라는 시리즈명이 붙어 있다]. 나중에 『잘라라, 기도하
는 그 손을—책과 혁명에 관한 닷새 밤의 기록』으로 결실을 맺
게 되는, 정처 없이 우회로를 잃고 헤매는 사유의 발자취를 일
단락 짓는다는 특질 때문에 가필 수정은 하지 않고 나중에 발
견한 과오와 미숙함도 그때그때 나의 미숙한 각인으로서 남기
기로 했다. 속간도 머잖아 발간된다.

　이런 잡동사니를 독자에게 보여드려도 되는 건가, 얕은 생각
으로 경거망동했다가 비난을 면치 못할 짓을 하는 것은 아닌가
하는 약간의 망설임이 없지는 없다. 지금 이 순간도. 그러나 다
양한 잡지에 뿔뿔이 흩어져 있는 글을 정리해서 읽고 싶다, 책
이 될 것 같다는 적지 않은 사람들의 갑작스러운 고마운 요청이
후원이 되었다. 또한 아날렉타라는 제목은 일종의 부끄러운 마
음의 표현인 것을 이해해주기 바란다. 글을 쓰는 인간에게 명예

가 손상되지 않도록 행동을 삼갈 자격 따위는 없다는 것은 익히 알고 하는 일이지만.

여기에 있는 것은 제철에 피는 꽃이다. 그것은 분노와 조바심, 경멸과 아이러니에 뿌리를 내리고 핀 것도 적지 않다. 보시다시피 원래 비판정신 없이 글을 쓰는 것은 용납할 수 없는 일이다. 어리석은 현상의 추인追認과 당파적인 생각이 끊이질 않는 작금의 경우는 더더욱. 그러나 여기에 수록된 많은 문장이 매일매일의 그리고 매일 밤 낙관하면서 왁자지껄하게 떠들며 웃었던 웃음을, 또 끓어 넘칠 정도로 팔팔 용솟음치는 힘을 자양분으로 성장한 사실을 기쁘게 생각한다.

그 기쁨을 나눌 수 있었던 대담과 토론 그리고 인터뷰에 함께 했던 분들에게, 잡지 등에 게재되었을 때 편집에 종사했던 분들에게 진심으로 감사한다. 특히 전자에 연이어서 담당해주었던 가와데쇼보신샤의 아베 하루마사阿部晴政 씨께 깊이.

2011년 늦은 겨울에 사사키 아타루

- 마쓰모토 준이치로松本潤一郎: 1974년생, 프랑스 문학자. 공저로 『들뢰즈―생성변화의 서브마린』이 있다.

- 사사키 아쓰시佐々木敦: 1964년생, 비평가이자 와세다대학, 무사시노 미술대학 비상근 강사, 잡지 『엑스·포/히어혼』 편집발행인. 저서로 『일본의 사상』, 『문학 확장 매뉴얼』, 『비평이란 무엇인가』, 『절대 안전 문예비평』, 『고다르Jean Luc Godard 레슨 혹은 끝에서 두 번째 영화』, 『테크노이즈 머티어리얼리즘Technoise Materialism』 등이 있다.

- 시라이시 요시하루白石嘉治: 1961년생, 프랑스 문학자. 저서로 『불순한 교양』이 있다.

- 우타마루宇多丸: 1969년생, 뮤지션, DJ, 라디오 진행자, 문필가, 힙합그룹 라임스타RHYMESTER의 래퍼. 저서로 『마브론 클래식マブ論 CLASSICS』, 『시네마 허슬러The Cinema Hustler』 등이 있다.

제자리걸음을 멈추고

2017년 4월 24일 초판 1쇄 발행
2017년 7월 7일 초판 2쇄 발행

지은이 | 사사키 아타루
옮긴이 | 김소운
펴낸곳 | 여문책
펴낸이 | 소은주
등록 | 제2014-000042호
주소 | (03994) 서울시 마포구 동교로 224, 102호
전화 | (070) 5035-0756
팩스 | (02) 338-0750
전자우편 | yeomoonchaek@gmail.com
페이스북 | www.facebook.com/yeomoonchaek

ISBN 979-11-87700-14-2 (03300)

이 도서의 국립중앙도서관 출판시도서목록(cip)은 e-CIP 홈페이지(http://www.nl.go.
kr/ecip)에서 이용하실 수 있습니다(CIP 제어번호: 2017008964).

이 책의 무단 전재와 복제를 금합니다.

여문책은 잘 익은 가을벼처럼 속이 알찬 책을 만듭니다.